法学与法治建设研究文丛

孟庆瑜　主编

RESEARCH ON JURISPRUDENCE AND RULE OF LAW

14

河北大学一流大学建设项目经费资助

河北省高等学校人文社会科学重点研究基地
——河北大学国家治理法治化研究中心资助

股东积极主义诸问题与新展望

The Issues and New Perspectives of Shareholder Activism

赵金龙　著

法律出版社 LAW PRESS·CHINA

总　　序

“完善和发展中国特色社会主义制度，推进国家治理体系和治理能力现代化”是党的十八届三中全会确立的全面深化改革的总目标。在实现这一总目标的过程中，法治发挥着至关重要的作用。《中共中央关于全面推进依法治国若干重大问题的决定》进一步深刻指出，“依法治国，是坚持和发展中国特色社会主义的本质要求和重要保障，是实现国家治理体系和治理能力现代化的必然要求”。因此，将国家治理的现代化目标与全面推进依法治国的战略布局相结合，实现国家治理的法治化，不仅是党和政府全面推进的重大改革任务，而且是广大社会公众，特别是广大法律、法学工作者必须积极参与的重大系统工程。正是在这样一个特定的时代背景下，河北大学国家治理法治化研究中心适时成立和运行，并成功获批为河北省高等学校人文社会科学重点研究基地。

河北大学国家治理法治化研究中心是依托河北大学人大制度与地方立法研究中心、河北省政府法治研究中心等学术机构，整合法学、政治学、经济学、社会学等多方面的科研力量创建的，与河北省人大常委会法制工作委员会、河北省人民政府法制办公室、河北省人民检察院和河北省高级人民法院等国家机关和法律实务部门之间已建立交流与合作长效机制。中心拥有一支政治素质高、业务能力强、富有团队协作和创新精神的专兼职相结合的学术队伍，主要围绕人大制度与地方立法、政府法治与政府执行力、社会治理与法治创新、京津冀协同发展与地方法治等方向开展科学研究、人才培养和社会服务等工作。迄今为止，中心在课题研究方面，承担国家社会科学基金项目近 10 项，其中，中心负责人孟庆瑜教授主持的国家社会科学基金重点项目《京津冀区域生态环境协同治理政策法律问题研究》实现了河北省在该领域的突破；在决策咨询与服务方面，接受省人大法制工作委员会、省政府法制办公室、省人民检察院等部门委托，承担委托起草、专家论证、立法后评估、检察公信力测评等工作40余项；在学术交流方面，承办或协办第三届海峡两岸能源经济与能源法学术交流会、第六届中国农村法治论坛、第九届中国财税法前沿高端论坛、中国经济法学研究会2015年年会等多次全国性学术会议。

《法学与法治建设研究文丛》是河北大学国家治理法治化研究中心创设的，由法律出版社负责出版的研究成果转化平台，着力对法学研究和法治建设方面的原创性或实用性成果予以资助出版，以期能为推进国家治理体系和治理能力现代化这一总目标的实现提供必要的理论支撑和决策参考。

河北大学国家治理法治化研究中心

《法学与法治建设研究文丛》编辑委员会

2015年12月

目录

股东积极主义一般理论

股东积极主义一般理论

股东积极主义相关概念辨析*

一、公司治理的界定

公司治理的含义是什么？关于这一问题的答复，就目前学术研究和理论探讨而言，有众多不同学说和界定。总体看来，公司治理理论大致可以归纳为契约不完全论、公司治理要素论、公司治理结构论、制度安排论等四种理论。[1]契约不完全论的代表者为奥利弗·哈特(Oliver Hart)，他认为，代理问题的存在、交易费用非常大以至于难以通过合约解决，就会出现公司治理问题。公司治理结构是一个决策机制，用来分配公司非人力资本的剩余控制。公司治理要素论将公司治理定义为影响公司方向和业绩表现的各类参与者之间的关系，主要涉及主要参与者的权利、责任和影响，以及在决定公司方向、战略、业绩表现时能做什么和应该做什么。公司治理结构论主张，公司是一个经济组织，这一经济组织的良好运行需要有一个有效的制度结构和市场结构，并由后者保障公司制衡、协调、监督和激励约束。制度安排论则将公司治理解释为一种制度安排，这一制度安排的目的是通过权、责、利的组织性安排，实现关系人利益最大化，该说代表有柯林·梅耶(Colin Myer)、钱颖一教授以及美国公司董事协会。

从总体上看，公司治理有狭义和广义两种不同理解。狭义的公司治理是指所有人即股东对经营者的一种监督与制衡机制，即通过作出制度安排来合理地配置所有者与经营者之间的权利与责任关系。在狭义公司治理理念下，公司治理目标是防止经营者及管理层所构成的公司治理结构进行内部治理，保证股东利益最大化。我国台湾地区学者冯震宇认为，公司治理的狭义范畴

---

* 本部分在武汉大学2012年博士学位论文《股东民主论》第26~30页基础上撰写而成。

〔1〕 杨斌：《欧盟公司治理：经验与启示》，天津大学出版社2006年版，第16~20页。

系指“公司监理”，尤其是上市上柜公司的监理，重点涵盖公司经营者之责任、公司股东之权利义务、公司董监事的结构与权责以及公司营运之防弊措施等；涉及之规范包括公司法、证券交易法、会计准则等。[2] 有人认为，公司是现代社会重要的经济组织形式，也是人类创造财富的重要法律载体。现代公司普遍采用了所有权与经营权相分离的原则，公司所有者委托职业经理人管理公司。[3] 股东利益与经营者利益的差异性，决定了公司代理成本的无法避免。因此，对于现代社会而言，公司治理将是一个永恒的话题。公司治理的全部意义，可以归结为如何保证经营者本着股东利益最大化的立场去经营公司、克服由于两权分离而带来的代理成本问题。这是公司治理本身的意义所在。[4] 上述观点，可以说基本上概括了狭义上公司治理的含义。

广义上的公司治理是指通过系列制度或机制来协调公司所有人与公司利害关系人的利益关系，这些制度或者机制既可以是正式或非正式的，也可以是内部或者外部的。公司治理目标不限于股东利益最大化，而在于所有利害关系人利益最大化。“不论如何定义，公司治理的目的在于：通过监控和利益平衡，来有效地监管所有者和经营者分离的公司的组织行为，以完善公司的运营，防止违法行为和欺诈行为的发生，实现公司的社会责任。”[5]广义上的公司治理，其所含范畴广泛，除了公司监理以外，还包括相关市场机制、企业并购、特定组织（如管制机关、公营事业等）的治理、机构投资人的机能、资本市场专业机构的建立、破产与重整机制、财经法的执行与改革等。[6] 我国台湾地区学者刘连煜认为，公司治理的目标应当不止于股东利益，其所谓之公司治理也应属于广义的公司治理范畴。一般而言，公司治理乃指一种指导及管理公司的机制，以落实经营者的责任承担，并保障股东的合法权益以及兼顾其他利害关系人之利益。准此，公司治理的目标，乃是为追求企业经营之经济效率的最大

---

〔2〕 冯震宇：《公司证券重要争议问题研究》，北京大学出版社2008年版，第56~57页。

〔3〕 张开平教授认为，“现代公司普遍采用了所有权与经营权相分离的原则”是一种错误观点。“两权分离”不是公司法上的一项原则。笔者对此完全赞同。参见张开平：《公司权利解构》，中国社会科学出版社1999年版，第24~30页。

〔4〕 伏军：《公司投票代理权法律制度研究》，北京大学出版社2005年版，序言。

〔5〕 陈彦良：《公司治理变迁——我国台湾地区学者的研究视角》，朴文丹译，载甘培忠、楼建波主编：《公司治理专论》，北京大学出版社2009年版，第116页。

〔6〕 冯震宇：《公司证券重要争议问题研究》，北京大学出版社2008年版，第56~57页。

化。[7] 公司治理不仅是公司与股东之关系,而应将其他利害关系人之利益纳入考量,以达成增加股东长期利益之目标,如此始称完整。[8] 不过,从上述学者对其他利害关系人利益与股东利益之间的考量和表述看,"利害关系人利益之考量"要依附于"股东长期利益之目标"。由此可知,在他们的视域中,公司治理最终目标仍然应当为股东利益最大化。

公司治理固然有狭义、广义之分,但是从公司治理的产生来看,狭义的公司治理更值得注意。1932 年,美国伯利(Berle)和密恩斯(Means)两位教授在其《现代公司与私有财产》一书中首次提出了大众持股公司中管理权与所有权相分离,公司的真正矛盾是股东和职业经理人之间的紧张关系,要防止经理人为自己图利而不是为股东谋取利益。要通过一系列"公司治理"措施,最终化解股东与职业经理人之间的矛盾,也就是说,公司治理的目的是探讨如何监督职业经理人以图利小股东。[9] "公司治理"这一伟大课题正是在此背景下开始的。可见,在狭义公司治理理念下,公司治理目标应是股东利益最大化。这一狭义上的解释能够在理论上得到证成和支持。"无论如何,公司是由股东出资设立的,因此在公司治理问题上重要的是处理好股东和董事、董事和监事以及股东和监事之间的关系,严格地说这实际上就是一种内部的权力分配和权力制衡的关系。现代公司的所有权和经营权的距离越来越远,但是无论公司的财产由谁经营,其最终归属都是股东,无论董事、监事,还是经理都是为了实现股东投资利益的最大化,帮助股东获得最大效益。因此,无论什么样的公司治理结构,都不能放弃股东对董事、经理的制约与控制。"[10] 不过,"这也是一个非常复杂的问题,一方面股东不能对董事会失去控制,另一方面董事会又要经常地作出风险决策。如果公司治理把所有的董事都变成了循规蹈矩、安分守己、不愿意承担商业风险的人,公司没有盈利,资产没有增值,显然这种治理是失败的,也是没有意义的。在加强治理的同时,还要鼓励董事和董事会大胆决策,这就需要引进'商业判断(裁判)规则',遗憾的是修订后的《公司法》对此

---

〔7〕 刘连煜:《公司法制的新开展》,中国政法大学出版社 2008 年版,第 91 页。

〔8〕 同上书,第 5 页。

〔9〕 郎咸平:《郎咸平说:公司的秘密》,东方出版社 2008 年版,第 89 页。

〔10〕 石少侠:《略论我国公司治理的问题与对策》,载甘培忠、楼建波主编:《公司治理专论》,北京大学出版社 2009 年版,第 69 ~ 70 页。

没有作出规定。"[11]从外部制度安排和机制设置来看,其最终目的也应当是解决所有人与代理人之间的代理问题、降低代理成本。所谓利益相关人利益以及利益相关人参与公司治理问题不应当是公司法的一个目标,也不应为之作出过分的制度安排和机制设置。

二、股东积极主义

由上可知,公司治理的目的在于实现股东利益最大化或者股东长期利益。但是,在实践中,由于种种因素影响,股东消极参与公司治理的现象仍然突出。股东消极参与公司治理的情形,正如我国台湾地区学者所言,虽然股东为公司之真正实质所有人,但由于一般多数之股东在大型企业之持股数相对较少,因此自然而然其在股东会表决权行使上,影响力自属有限。在此情形下,一般股东遂视自己为单纯"投资者"(investors),而非公司之所有者(owners of corporations)。职是之故,股东如不满意公司经营者的营运表现,他们宁愿出脱持股,也较不愿意积极另觅改变公司的方法。推缘其故,盖一般股东自认为其对公司的表决权乃可有可无,影响力不大,故普遍采取出脱持股之消极策略。[12] 与之相反,股东行使其投票权,积极参与管理公司事务,发挥公司主权者作用则体现出股东积极性。

至于何谓股东积极主义?学界有不同认识。有学者认为,"股东行动主义,一言以蔽之,乃是指公司股东,不论是机构投资人等之大型投资人或是一般小股东,均应积极参与公司之监控、治理,而非消极地、轻易地抛股求售,或只追求短期资本利得之价差"。[13] 也有学者认为,股东积极主义"可以理解为股东定期地以特定的公司经营政策为目标而实施的干预和影响行为。股东以直接或间接的方式试图改变公司命运所采取的一切措施,原则上均属股东积极主义的范畴。"[14]还有人强调股东积极主义主体,集中关注机构投资者,"机构股东积极主义是指机构投资者通过征集代理投票权和提出股东议案等形式

---

〔11〕 石少侠:《略论我国公司治理的问题与对策》,载甘培忠、楼建波主编:《公司治理专论》,北京大学出版社2009年版,第69~70页。

〔12〕 刘连煜:《公司法制的新开展》,中国政法大学出版社2008年版,第93页。

〔13〕 同上。

〔14〕 王彦明:《股东积极主义:股东积极行为的公司法界限》,载《行政与法》2009年第8期。

积极参与公司治理的行为。"[15]"所谓股东积极主义(shareholder activism),是指机构投资者凭借其所持有的股份,通过征集代理投票权和提出股东议案等形式积极参与公司治理的行为。严格意义上讲,股东积极主义既包括机构股东积极主义,也包括公众股东积极主义,但一般意义上的股东积极主义是针对机构投资者而言的,本文亦是如此界定。"[16]"股东积极主义,是指股东积极地行使股东的权利,就公司运营的各方面(如分红方案、投资计划、董事人选等)向管理层提出建议并施压,甚至不惜争夺控制权市场,以限制管理层的权力,进而影响公司的决策,达到自己的诉求。"[17]综合上述对股东积极主义的界定可知,学界一般均认可股东积极主义属于一种行为范畴,不过对于这一行为范畴的外延,却有侧重直接或者间接之分。

笔者认为,股东积极主义中的"股东"应当是指向一般股东而言,股东消极性强调的是一种行为状态而非主体差别,虽然实践中机构股东更容易积极参与公司管理,但这不能否认中小股东、个体股东随着大环境改变而从消极转向积极。笔者认为,随着网络信息技术的广泛普及以及股东民主意识的增强,中小股东也会趋于"用手投票",无疑属于"股东积极主义"范畴,是股东民主的应有之义。此外,笔者认为,股东积极主义行为不局限于投票权的行使,股东积极主义的平台多种多样,股东会、委托书、通信表决制度、股东提案权、股东提名权等都属于股东积极主义范畴和路径;通过这些路径和形式,股东寻求实现其股东权益。

三、公司治理、股东民主与股东积极主义的关系

公司治理是指所有者主要是股东对经营者的一种监督与制衡机制,即通过一种制度安排,来合理地配置所有者与经营者之间的权利与责任关系。公司治理的目标是保证股东利益的最大化。笔者认为,股东民主与公司治理关系的关键点在于前者为后者的逻辑起点和终点。有学者认为,公司治理权的

---

〔15〕 邵颖红、陈爱军:《机构股东积极主义发展中存在的主要争论》,载《同济大学学报》(社会科学版)2004年第1期。

〔16〕 冯果、李安安:《投资者革命、股东积极主义与公司法的结构性变革》,载《法律科学》(西北政法大学学报)2012年第2期。

〔17〕 吴三强:《日本公司治理中的外国对冲基金股东积极主义辨析》,载《现代日本经济》2015年第5期。

根基在股东民主与股东权利。股东会是股东民主与股东权利得以发挥作用的主要平台。[18] "股东民主的核心是充分挖掘股东会制度的资源,坚持股东集体参与决策,反对个别股东在股东会之外向股东会、董事会和公司经理层发号施令;坚持将多数股权蕴含的意思表示拟制为公司的意思表示,反对将少数股东的意思表示拟制为公司的意思表示;坚持股东集体决策的程序严谨、内容合法,反对股东集体决策的程序瑕疵与内容违法。"[19] 要把握股东民主,关键把握以下要点:第一,在公司中,股东是公司主权者,公司民主本质上为股东民主。第二,现代意义上的股东民主是一种资本民主。第三,股东民主内含着股东之间的平等,即对大股东和中小股东给予平等法律保护;坚持多数决,但同时保护少数的合法权益,既不能多数剥夺少数的基本权利,也不能少数否定多数的基本权利。第四,股东民主与民主一样也体现主权者的自主性,股东自治某种意义上表征着"人民当家作主"的意蕴。股东民主并不排斥自由,股东自由在公司这一共同体内,从宏观层面表现为公司自治、股东自治,在微观层面上表现为诸如退出公司、建议、质询的言论自由等相关权利。此外,根据笔者对股东民主形式的阐述可知,股东民主形式可以呈现多样化。由此观之,刘俊海教授所说"充分挖掘股东会制度的资源,坚持股东集体参与决策,反对个别股东在股东会之外向股东会、董事会和公司经理层发号施令"作为股东民主核心之一是正确的,但是却未能反映理论上和实践中的协商民主形式;协商民主色彩的电子股东论坛的存在、股东个体直接与公司管理层的沟通、协调和交流只要不属于个体股东"在股东会之外向股东会、董事会和公司经理层发号施令"也具有正当性,也属于股东民主范畴。

如上所述,股东民主既有静态内涵,也有动态含义。前者指出股东在公司中的主权者地位,后者则是指作为公司所有人的股东行使其股东参与权。由此推知,股东积极主义强调股东积极参与公司治理,应当与股东民主的动态含义所指相同。可知,如果撇开股东民主的静态含义,股东积极主义就是股东民主的外在表现。

---

〔18〕 孙继斌:《上市公司小股东维权全国首案开庭小股民起诉海航　请求撤销股东大会决议》,载股东维权网:http://m. gudong lawyer. org. cn/artide - View - 137107. html,最后访问日期:2011 年 2 月 2 日。

〔19〕 刘俊海:《弘扬股东民主理念　激活股东大会制度》,载《董事会》2008 年第 10 期。

四、机构投资者的股东积极主义

近20年来,股东积极主义近乎成了一个时髦词汇。就股东积极主义或者投资者积极主义而言,总体上,有两种表述形式,即强调积极主义的主体是一般股东还是指机构股东/投资者。

第一种情形中,并不强调积极主义的主体,是指一般意义上的股东积极主义。学者认为,股东积极主义可以理解为股东定期地以特定的公司经营政策为目标而实施的干预和影响行为。股东以直接或间接的方式试图改变公司命运所采取的一切措施,原则上均属股东积极主义的范畴。就此而言,股东积极主义实际上是对股东地位和职能的积极解释。股东积极主义有两方面的要义:一方面股东积极主义体现为股东在法律界限内实施的、有助于公司发展的积极行为,对此,公司管理机构应积极采纳、力推实施;另一方面则体现为超越法律界限、应受法律规制的对公司的危害性影响行为,对于后者公司法应及时作出反应。[20]

既然强调对股东地位和职能的积极解释,因而无须考虑股东主体是一般股东还是机构股东。股东采取的一系列能够改变公司经营状况的行为都可以成为股东积极主义。[21] 股东积极主义是指投资者使用表决权改变公司的经营现状,实行有利可图的投资项目和策略,或者颠覆无效率的决策者行为(Hirshman,1970)。[22] 股东积极主义是指股东实施的影响经理和董事的一系列行为:这些行为通常可以分为退出(出卖股权)或声音(写信、与管理层开会、形成股东联盟、在股东会议上提问和行使投票权)。[23]

第二种情形中,股东积极主义是指机构股东积极主义。这种界定在多数国内已有文献中得到肯认,尽管在是否指出公司类型、股东积极行动方式方面有不同表述。例如,所谓股东积极主义(shareholder activism),是指机构投资者

---

〔20〕 王彦明:《股东积极主义:股东积极行为的公司法界限》,载《行政与法》2009年第8期。

〔21〕 黄凯:《论股东积极主义:域外经验及中国实践》,北京交通大学法学院2018年硕士学位论文,第5页。

〔22〕 陈键:《机构投资者异质性、私下沟通与公司治理》,中国社会科学院研究生院2017年博士学位论文,第18页。

〔23〕 石婷:《我国公司治理中股东积极主义的绩效评估和制度完善》,西南政法大学经济法学院2015年硕士学位论文,第14页。

凭借其所持有的股份,通过征集代理投票权和提出股东议案等形式积极参与公司治理的行为。从严格意义上讲,股东积极主义既包括机构股东积极主义,也包括公众股东积极主义,但一般意义上的股东积极主义是针对机构投资者而言的。[24] 机构股东积极主义(Institutional Shareholder Activism)是指机构投资者通过征集代理投票权和提出股东议案等形式积极参与公司治理的行为。[25] 机构投资者"股东积极主义"(Institutional Stockholder Activism)是指机构投资者凭借其所持有的股份,以股东身份积极参与上市公司治理,通过股东大会表决机制,甚至直接进入董事会,对上市公司的日常治理及发展战略提出建议,从根本上维护机构投资者利益的理性投资行为。[26] 积极股东试图在不改变公司控制权的同时,通过自己的"声音"改变公司状况。他们通常是机构投资者。这些"声音"包括采取代理权投票、同管理层直接协商、将公司置于公众关注之下(利用媒体向其他投资者传递关于公司存在的问题及所需变化的信息)等。[27]

在过去的近 40 年里,股东积极主义已经发展成为西方资本市场中的一个重要现象,其中特别是机构股东起到了明显的领导作用。由于机构股东自身存在一些特殊情形,诸如持股规模庞大、指数化投资模式、单个机构股东难以操纵市场等因素,这使单纯遵循传统的"华尔街准则"难以应对公司治理失效、公司业绩亏损以及公司价值减损等情势。随着机构股东的发展壮大,从 20 世纪 80 年代开始,机构股东开始通过积极参与公司治理来提升公司运营效率和公司价值,从而保护其合法权益。不过,笔者认为,随着现代科学技术的飞速发展和广泛应用,广大的中小股东和投资者也可以充分利用这些科学技术优势,可以低成本快速进行集体行动,因此,机构投资者之外的股东积极主义也应当成为鼓励的对象。此外,根据每个国家或者市场的特殊情形,在股东积极主义发展路径和实践方式上,会出现一些颇具特色的制度、机制或实践。

---

〔24〕 冯果、李安安:《投资者革命、股东积极主义与公司法的结构性变革》,载《法律科学》(西北政法大学学报)2012 年第 2 期。

〔25〕 邵颖红、陈爱军:《机构股东积极主义发展中存在的主要争论》,载《同济大学学报》(社会科学版)2004 年第 1 期。

〔26〕 王秀华:《美国机构投资者"股东积极主义"的经验及其启示》,载《兰州学刊》2006 年第 12 期。

〔27〕 卢圣亮:《美国股东积极主义的经验及对我国的启示》,载《财贸经济》2007 年第 10 期。

践行中的股东民主:国际视阈下强化股东权利的效用*

引 言

在过去几年里,美国股东积极努力提高其在公司中的投票权力和权利。他们对某些人称为“股东民主”的追求包含系列不同问题。可能最突出问题一直是股东努力使公司在董事选举中采纳绝对多数决制。[1] 其他问题包括废除分类董事会以及利用公司委托书说明书提名董事。[2] 股东还发起运动旨在获得对公司高级职员薪酬的建议性投票,被称为“股东决定高管薪酬”(Say on Pay)。[3]

在许多情形,这些努力已经产生了积极效果。相当多的公司已经同意股东要求实行绝对多数决制并对公司治理标准作出其他修改。[4] 此外,立法机关通过修改公司治理规则对股东努力予以回应,承认股东对公司事务享有更

---

* 本部分原载于 1(1)*Virgina Law & Business Review*,2008,作者为乔治华盛顿大学法学院 Lisa M. Fairfax 教授,译者为赵金龙,载赵旭东、宋晓明主编:《公司法评论》(2012 年第 2 辑总第 21 辑),人民法院出版社 2013 年版,第 154 ~ 187 页。本部分在原文基础上修改而成。

〔1〕 See Thaddeus C. Kopinski, Investor Pressure Leads to Election Reform, Inst'l S'holder Servs. ,2006 Postseason Report 16, available at http:// www. issproxy. com/pdf/2006PostSeasonReportFINAL. pdf [以下简称 2006 Proxy Season Report](认为在 2006 年委托书季中,股东提交的提议董事选举实行绝对多数决制的提案多于其他提案).

〔2〕 See Subodh Mishra, Support Grows for Governance Proposals, 2006 Proxy Season Report, supra note 1 at 19.

〔3〕 Kevin Drawbaugh, Soaring Executive Pay Meets Reforms, Reuters, Mar. 9, 2007, http://www. reuters. com/article/ousiv/idUSN2427533920070310; Tomoeh Murakami Tse, Score One for Dissent: Aflac to Be 1st U. S. Firm to Allow Advisory Votes on Pay, Wash. Post, Feb. 15, 2007, at D1(指出:在 50 个不同公司中股东通过提案寻求实行“股东决定高管薪酬”).

〔4〕 See infra note 24 and accompanying text(指明主动实行董事选举绝对多数决制的公司数量).

大发言权。[5]

虽然许多人批评股东民主不明智和无效,但是股东民主仍有其支持者。卢西恩·拜伯切克(Lucian Bebchuk)教授在其开创性论文"强化股东权利的理由"中旗帜鲜明,主张强化股东权利将改进公司治理并且提高管理层责任心。[6] 事实上,Bebchuk 教授与其他人都主张,扩大股东权力会使董事和公司高级管理人员对股东更加负责任,因此削弱权力滥用并抑制不当行为。[7] 在 Bebchuk 教授看来,强化股东民主能提高股东价值。然而,其他学者和从业人员对股东民主的好处持怀疑态度。事实上,有一些人坚持,股东理性冷漠会阻止他们行使其新的权力,从而使股东民主相对失去意义。[8] 其他人也主张,股东民主并不会增加股东价值或者对公司净收入产生积极影响。相反,反对者认为,股东民主不仅有助于股东能够推动对自己特别有利的议程,[9]同样会削弱公司关注非股东利害关系人的能力。[10]

本文就股东民主潜在效用的争论提出了一个新视角,通过将美国股东行动与其他国家强化股东民主活动进行比较,探讨了股东民主的可能影响。事实上,最近美国提高股东民主的运动并不孤单,在其他国家也有股东加大努力以便赢得在公司中更多的发言权。[11] 不仅提高股东民主的运动在诸如德国、日本以及加拿大已经出现,而且在这些国家股东积极主义也处于上升阶段。[12] 这些国家中许多早已经实现了美国股东寻求的一些措施,因此可以在美国与这些国家间做一些重要比较。本文坚持认为,这些国际比较表明:一般意义上

〔5〕 See infra notes 25 – 26 and accompanying text(指出特拉华州法律与《模范商事公司法》修改之处).

〔6〕 See Lucian Arye Bebchuk, The Case for Increasing Shareholder Power, 118 *Harv. L. Rev.* 833, 836 (2005).

〔7〕 See id. at 842 – 43.

〔8〕 See Stephen M. Bainbridge, Response, Director Primacy and Shareholder Disempowerment, 119 *Harv. L. Rev.* 1735, 1746(2005).

〔9〕 See Iman Anabtawi, Some Skepticism About Increasing Shareholder Power, 53 *UCLA L. Rev.* 561, 575(2006)(指出强化股东权利会导致股东的寻租行为); Bainbridge, Director Primacy, supra note 8, at 1754 – 1755.

〔10〕 See Margaret M. Blair & Lynn A. Stout, A Team Production Theory of Corporate Law, 85 *Va. L. Rev.* 247, 304 – 05(1999).

〔11〕 See discussion infra Part Ⅱ.

〔12〕 Id.

股东民主可以对股份价值和公司治理有积极影响。

第一部分阐述了当前发生在美国的有利于股东民主的趋势。相比之下,第二部分阐述了其他国家的趋势。第三部分通过强化股东权利的国际经验批判性评价股东民主。这一评价揭示出,股东民主批判者可能低估了股东民主有益于公司的能力。相反,虽然扩大股东权利不可避免存在某些缺陷,但是本文仍然坚持,人们有理由对股东民主对公司及其所有利益相关人产生积极影响持乐观态度。

一、美国的股东民主

(一)绝对多数决暴政

争取董事选举中的绝对多数决制已经成为在美国公司强化股东权利中最突出的一方面。在美国,董事选举的默认规则是相对多数决制。[13] 这意味着:只要某个人得到选票的相对多数,就可以被选进董事会,无须考虑反对票或者保留投票数。从技术上看,相对多数决制意味着:即使99%的股东投票反对某提名人,但是该被提名人只需获得一票赞成,就能入选董事会。股东与股东支持者认为,相对多数决制削弱了股东影响选举结果的能力并且削弱了董事对其行为负责任的能力。[14] 事实上,股东寻求改变相对多数决制的努力开始于迪斯尼公司(The Walt Disney Co.)股东寻求驱逐董事之后。[15]迪斯尼公司股东相信,相对多数决制严重妨碍了他们取得成功的能力,该制度使股东几乎不

---

〔13〕 包括特拉华州在内的44个州董事选举实行相对多数决制。See Claudia H. Allen, Study of Majority Voting in Director Elections, at 4 – 5 n. 7 (2007), available at http:// www. ngelaw. com/files/upload/majority_callen&uscore;020707. pdf; Del. Code Ann. tit. 8, § 216(3). 相对多数决制也是《模范商事公司法》的默认标准。See Model Bus. Corp. Act § 7. 28(a)(1984). 相比之下,只有阿拉斯加州、伊利诺伊州和新墨西哥州明确规定实行绝对多数制,亚拉巴马州与宾夕法尼亚州的绝对多数制为默认规则。See Allen at 4 – 5 n. 7.

〔14〕 See Inst'l S'holder Servs., Majority Elections: Questions and Answers on ISS 2006 Voting Policy 2, available at http:// www. issproxy. com/pdf/FAQMVPolicy2006. pdf.

〔15〕 See Inst'l S'holder Servs., 2004 Postseason Report: A New Corporate Governance World: From Confrontation to Constructive Dialogue 5, available at http://www. issproxy. com/pdf/2004ISSPSR. pdf [以下称为2004 Proxy Season Report](描述了旨在罢免董事会主席 Michael Eisner 的保留投票运动,该运动使股东选票中有45%不予 Eisner 投票). 这一运动源于股东为给予 Michael Ovitz 的一份巨额离职补偿金所激怒,后者在任职不到一年后被解职,但是得到了1.4亿美元报酬。See In re Walt Disney Co. Derivative Litig., 731 A. 2d 342, 352(Del. Ch. 1998). 除保留投票外,这一支付还引起几起诉讼。See id.

可能将董事选出董事会。[16]

这一想法促使其他股东寻求改变董事选举制度。在 Disney Co. 投票后的下一个委托书征集季节里，绝对多数决制成了一个关键的公司治理问题。因此，在 2005 年及 2006 年，股东提交了创纪录的提案，要求公司将董事选举的默认规则改为绝对多数决制。[17] 事实上，在 2006 年，绝对多数决制提案成为提交给美国公司股东提案的主要类型。[18] 而且，这些提案获得了越来越多股东投票支持。在 2006 年，绝对多数决制提案获得股东投票的支持率为 48%。[19] 这与这些提案在 2004 年只获得平均 12% 的支持率相比形成鲜明对照。[20]

股东努力产生了一定作用。在 2004 年，不到 30 个公司中绝对多数决制成为董事选举的默认规则，[21] 但是在 2007 年初期，将近 52% 的标准普尔公司以及 45% 的财富 500 强公司都采纳了某些形式的绝对多数决制。[22] 许多公司采纳一种“附加的相对多数决”标准（a “plurality plus” standard）。辉瑞公司（Pfizer Inc.）首先实行这一标准，根据这种制度，未能获得多数股东投票的董事必须提出辞呈，然后公司必须就此决定是否接受该辞职。[23] 然而，其他公司采纳真正绝对多数决政策，董事当选必须获得多数股东投票。[24] 经验证据表明，股东积极主义使公司投票选举制度产生重大改变。

此外，立法机关与其他管理机构开始寻求承认股东建立绝对多数决的努

---

〔16〕 See 2004 Proxy Season Report, supra note 15, at 5.

〔17〕 See Thaddeus Kopinski, Banner Year for Majority Elections, available at http://www.issproxy.com/governance/publications/2006arcived/175.jsp（指出股东于 2005 年提交了创纪录的 89 份绝对多数决提案）；2006 Proxy Season Report, supra note 1, at 16（指出在 2006 年提交的绝对多数决提案超过 150 件）.

〔18〕 See 2006 Proxy Season Report, supra note 1, at 16.

〔19〕 See id.

〔20〕 See Stephen Taub, Investors Back Shareholder Resolutions, CFO.com, Aug. 23, 2006, http://www.cfo.com/article.cfm/7826000/c_7826282.

〔21〕 See Brooke Masters, Proxy Measures Pushing Corporate Accountability Gain Support, Wash. Post, June 17, 2006, at A1.

〔22〕 See Allen, supra note 13, at iii.

〔23〕 See 2006 Proxy Season Report, supra note 1, at 16. For a discussion of Pfizer's adoption of plurality plus, see Inst'l S'holder Servs., 2005 Postseason Report: Corporate Governance at a Crossroads 10 (2005), available at http://www/issproxy.com/pdf/2005PostSeasonReportFINAL.pdf [以下称为 2005 Proxy Season Report].

〔24〕 See 2006 Proxy Season Report, supra note 1, at 16（指出超过 40 个公司采用真正的绝对多数决制）.

力。例如，在2005年，特拉华州修改其公司法典规定：未能获得在当选董事所需投票比例的董事所交辞呈不得撤销。[25] 同样美国律师协会也修改《模范商事公司法案》并作出这种规定。[26] 新规则确保：一旦董事由于未能获得多数投票而被逐出董事会，他不能恢复原职。特拉华州也修改其公司法典规定，董事不能修改或者撤销由股东提交的表明选举董事所获票数的内部细则修正案。[27] 因为许多绝对多数决的股东提案包含在内部细则修正案中，这一修改确保董事不能通过改变股东已经作出的修改从而阻止股东成功。此外，美国律师协会修改的《模范商事公司法案》允许公司采纳附加的相对多数决制。[28] 这样，美国律师协会为实施绝对多数决创建了一份蓝图。

所有这些修改支持了股东强化其投票权的努力。这些变化也体现了股东取得的成功。事实上，多数分析家相信，绝对多数决制会以某种形式迅速成为美国公司标准。[29]

（二）股东利用公司选票

在过去几年里，股东努力赢得利用公司委托书说明书或者"选票"占据舞台中心。目前，美国联邦法律禁止股东使用公司委托书说明提名自己的董事候选人。[30] 因此，如果股东要提名董事候选人，他们必须向其他股东发送自己的委托书说明书。制作和发送委托书说明书相当昂贵；[31] 结果，股东很少提名自己的候选人，很少对管理层的候选人提出挑战。[32] 由此，许多学者认为：联邦委托书规则限制了股东参与董事选举的能力，并因此削弱了股东影响公司

〔25〕 See Del. Code Ann. tit. 8, § 141(b)(2007).

〔26〕 See 1984 Model Bus. Corp. Act § 8.07(1984).

〔27〕 See Del. Code Ann. tit. 8, § 216(2007).

〔28〕 See 1984 Model Bus. Corp. Act § 10.22(1984)（要求未能得到多数股东投票多数的董事要辞职）.

〔29〕 See, e. g., Martin Lipton, Some Thoughts for Boards of Directors 5(2007), available at http://www.realcorporatelawyer.com/pdfs/Some%20Thoughts%CC20for%CC20Boards%CC20of%CC20Directors%CC20in%C08.pdf(predicting that majority voting will become "universal").

〔30〕 See 17 C. F. R. §240.14a-8(i)(8)(2007).

〔31〕 See Battling for Corporate America, Economist, Mar. 11, 2006（解释了提名董事候选人的成本）; see also Brief of Harvard Law Professors as Amicus Curiae Supporting Appellants at 3, AFSCME v. AIG, 361 F. Supp. 2d 344(S. D. N. Y. 2005)（指明发起委托书争夺的成本）.

〔32〕 Bebchuk, supra note 6, at 856（指出：从1996年到2002年，股东提名自己的董事候选人平均每年11次）.

事务的能力。

最近几年,股东在尝试改变这一制度方面取得一定进步。在 2002 年公司治理丑闻之后,美国证券交易委员会(Securities and Exchange Commission, SEC)提出一项新规则,允许股东在有限情形下有权在公司委托书说明书上提名候选人。[33] 令该规则支持者沮丧的是,大量的反对意见导致 SEC 放弃了付诸实施。[34] 然而,在“美国州县市雇员联盟诉美国国际集团公司案”(American Federation of State, County, & Municipal, Employees v. American International Group, Inc.)中,美国第二巡回法院使这一股东运动重新活跃起来。[35] 在该案中,股东寻求“一项股东利用委托书说明书提案”记载于公司选票,该提案允许股东对股东提名的董事候选人是否能够出现在公司委托书说明上进行表决。[36] 美国第二巡回法院认为,联邦法律没有禁止股东提交股东利用公司委托书说明书的提案,因为这些提案只是涉及一般选举程序规则,而非董事候选人的特定选举或者提名。[37] 当时美国第二巡回法院鼓励 SEC 澄清其对该问题的立场。[38] 最终,SEC 对利用公司委托书说明书这一问题作出处理,决定采取一项措施阻止股东提交有关选举程序的内部细则提案。[39] 然而,SEC 同时表明,在 2008 年委托书征集季里重新评估这一问题的大门仍然打开。[40]

因此,股东没有改变这一领域现状,但是他们促使 SEC 重新考虑股东利用公司选票问题。至少,股东使这一问题重新活跃,这体现了股东在公司选举中

---

〔33〕 Security Holder Director Nominations, Securities Act Release No. 34 – 48626, 68 Fed. Reg. 60,784, (proposed Oct. 23, 2003) (to be codified at 17 C. F. R. pt. 240, 249, and 247) [以下称为 Proposed Rule on Nominations] (指出:采用新规则源于对“公司丑闻以及公司董事责任心”的担忧),根据提议的 Rule 14a – 11,股东能够利用公司委托书资料提名董事,如果出现如下两种触发事件:(1)股东对公司提名的董事候选人不予投票的比例超过了股东票数的 35% 时;或者(2)拥有 1% 以上公司证券的证券持有人或者证券持有人集团提交提案要求公司遵守 Rule 14a – 11 中证券持有人提名程序并且该提案得到 50% 以上股东投票支持。Id. at 60,789 – 90.

〔34〕 See David A. Katz & Laura A. McIntosh, Corporate Governance Update: Proxy Access—Not Then, Not Now, *N. Y. L. J.*, Sept. 28, 2006, at 3.

〔35〕 See 462 F. 3d 121, 123 – 124 (2006).

〔36〕 Id. at 123 – 24.

〔37〕 Id. at 129 – 30.

〔38〕 See id. at 130.

〔39〕 See Shareholder Proposal Relating to the Election of Directors, 72 Fed. Reg. 70,450 (Dec. 6, 2007).

〔40〕 See Karey Wutkowski, SEC to Look Outside Ballot on Proxy Access, Reuters, Jan. 4, 2008, http://www.reuters.com/articlePrint?articleId=USN1741224720080104.

寻求更大发言权的一个积极发展。

(三)对分类董事会的抨击

对分类董事会的抨击,被一位专家称为2006年"潜伏者"治理问题,[41]股东废除分类董事会的努力也在过去几年的选举中崭露头角。分类或交错董事会是这样一种董事会,即股东每年只选举一部分董事,一般是1/3董事。董事会成员不参加每年改选,因此这样的成员有多年任期。因为多年任期原因,很难取代整个董事会,分类董事会反对者认为,这种董事会削弱了董事责任心并且增强了董事会掘壕自保的能力。[42] 因此,股东在超过10年时间里寻求迫使公司废除分类董事会的路径。[43]

在2005年和2006年,股东在这一领域的努力终于取得成果。事实上,在2005年,股东投票赞成取消分类董事会的比例平均是60%,而2006年,投票率平均几乎达到67%。[44] 更重要的是,虽然公司没有回应股东前几年的努力,[45]但公司最近同意了股东终结分类董事会的呼吁。因此,到2006年年底,大多数董事在标普500公司是根据非分类董事会制度选举的。[46] 这意味着,这些董事的任期是1年。与绝对多数决制相比,股东们经过努力成功废除了分类董事会。

(四)股东决定高管薪酬(Say on Pay)

公司高级职员薪酬和投资者要求阻止薪酬增长成为近年来的热点。传闻证据大量出现,主要涉及公司高级管理人员薪酬过高。最著名的例子当属对被驱逐的迪斯尼董事长的解职补偿,在任职只有14个月后得到1.4亿美

---

〔41〕 Barry B. Burr, Majority Vote Issue Draws the Most Proxies: But Declassifying Boards Has Become 2006's "Sleeper" Issue, Pensions and Inv., Apr. 3, 2006, at 3(引用一家在弗吉尼亚州注册的委托书咨询公司管理董事的话).

〔42〕 See Bebchuk, supra note 6, at 853.

〔43〕 See id. at 854. 自20世纪90年代以来,股东一直通过提案主张废除分类董事会,对这些提案的支持率一直处于上升态势,自2000年以来每年的支持率平均超过50%。See id. at 853 – 54.

〔44〕 2006 Proxy Season Report, supra note 1, at 19(指出:2005年平均支持率为60.5%,而2006年则达到66.8%).

〔45〕 See Bebchuk, supra note 6, at 854(发现在那些超过50%投票主张废除分类董事会的公司中,实际废除分类董事会的公司不到1/3).

〔46〕 2006 Proxy Season Report, supra note 1, at 19; Masters, supra note 21, at D1.

元。[47] 引发公众愤怒的离职补偿是,他被迫辞职后得到2.1亿美元补偿。[48] 此外,研究证实,这些年来公司薪酬大幅上涨。[49] 这些研究也表明,这些薪酬与经理人员业绩没有明显关联。[50] 例如,在家得宝公司(Home Deport),纳德利(Nardelli)在职期间其薪酬一直上涨,甚至在公司股票价格下跌时也是如此。[51] 研究表明,美国首席执行官薪酬显著地高于其他国家类似公司管理人员薪酬。[52]

由于这些因素,股东与立法者发起许多行动来控制公司高级职员薪酬。股东提交提案寻求高级职员工资薪酬与业绩挂钩、更广泛地披露薪酬水平以及要求股东批准辞职补偿计划。[53] 在几个场合,SEC制定规则要求更详细披露公司高级职员薪酬,最近一次是在2006年12月。[54]

最近尝试削弱公司高级职员薪酬的重点是鼓励公司允许对这种薪酬进行建议性投票。在2006年委托书征集季里,股东提交了一批这种提案。[55] 这些提案在7个会议上平均得到股东投票54%的支持。[56] 这些提案的结果是:在2007年2月,世界上最大的补充保险销售商美国家庭人寿保险公司(Aflac Inc.)成为第一个主动实施"建议性投票"的公司。[57] 同一时期,41个美国机构投资者总共在54个公司中提交提案,寻求对公司高级职员薪酬进行建议性

---

〔47〕 See generally In re Walt Disney Co. Derivative Litig., 731 A. 2d 342 (Del. Ch. 1998).

〔48〕 Tomoeh Murakami Tse, Morgan Stanley, Bank of N. Y. Investors Reject "Say on Pay"; Activist Shareholders Encouraged by Vote Totals, Wash. Post, Apr. 11, 2007, at D1.

〔49〕 See, e. g., Randall Thomas, Explaining the International CEO Pay Gap: Board Capture or Market Driven?, 57 *Vand. L. Rev.* 1171, 1175 - 76 (2004); Lucian Bebchuk et al., Managerial Power and Rent Extraction in the Design of Executive Compensation, 69 *U. Chi. L. Rev.* 751, 751 (2002).

〔50〕 See Thomas, supra note 49, at 1182 - 83.

〔51〕 See Tse, supra note 48, at D1.

〔52〕 Thomas, supra note 49, at 1182 - 84.

〔53〕 See 2006 Proxy Season Report, supra note 1, at 3.

〔54〕 See Executive Compensation and Related Person Disclosure, 71 Fed. Reg. 53158 - 01 (Sept. 8, 2006) (to be codified at 17 CFR pts. 228, 229, 232, 239, 240, 245, 249, and 274), available at http://www.sec.gov/rules/final/2006/33-8732a.pdf.

〔55〕 See Posting of L. Reed Walton to Risk & Governance Blog, http://blog.riskmetrics.com (May 31, 2007). See also Tse, supra note 48, at D1 (noting that the "say on pay" vote at the Bank of N. Y. received forty-seven percent of the shareholder vote, while the Morgan Stanley proposal garnered thirty-seven percent of the vote).

〔56〕 See Walton, supra note 55.

〔57〕 See Tse, supra note 48, at D1. Aflac's vote will take effect in 2009.

投票,这些公司包括可口可乐公司(Coca-Cola)、Home Deport、时代华纳公司(Time Warner)以及辉瑞制药(Pfizer)。[58] 2007年5月,百视达公司(Blockbluster Inc.)成为第一个建议性薪酬投票获得股东多数支持的公司。[59] 2007年4月,美国众议院通过法案要求公司授权股东进行"建议性投票"。[60] 这项法案同样授权股东对"金色降落伞"计划进行投票,该计划主要针对由于收购或者一些未料(unplanned)事件终止职务的公司高级管理人员进行补偿。[61] 参议院也通过一项类似法案。[62] 因此,"建议性薪酬投票运动"已经获得支持,反映了股东扩大在公司内权力的另一项尝试。

如本文所述,过去几年中出现了股东要求增加其投票权利和对公司事务影响的活动。总体看来,这些努力已经产生了积极结果。绝对多数决制似乎已成为股东民主运动最成功之处,股东也在其他领域有所收获。结果,股东已经改变了公司在美国运营的程序环境。

二、世界各地的股东民主

最近增加股东权力的努力并非美国独有,在其他国家,股东及其他机构已试图提高其投票权利。本部分开始分析其他地区绝对多数决制以便进行比较,然后评估废除股份锁定投票(block voting)、采纳一股一票规则以及实行"股东决定高管薪酬"。本部分简要概述股东积极主义并得出一般结论,以展示其他国家增强股东权利的一个更强画面。

(一)重新讨论绝对多数决制

在大多数国家,并不存在像美国那样追求绝对多数决制选举董事的情形,

---

〔58〕 Anne M. Odell, "Say on Pay" Highlighted in Upcoming 2007 Proxy Season, Social Fund, Jan. 30, 2007, available at http://www.socialfunds.com/news/article.cgi/2216.html.

〔59〕 Moira Herbst, Blockbuster Gives Say on Pay, BusinessWeek.com, May 11, 2007, http://www.businessweek.com/bwdaily/dnflash/content/may2007/db20070511_961122.htm?campaign_id=rss_daily. 鉴于有57%的投票支持,Blockbuster通过了股东决定薪酬提案。Verizon成为第二家通过该种提案的公司,有50.2%的投票予以支持,Motorola是第三家公司,有51.8%的股东投票支持"股东决定薪酬"提案。Walton, supra note 55.

〔60〕 Herbst, supra note 59; Tse, supra note 48, at D1.

〔61〕 关于金色降落伞的探讨, see Richard P. Bress, Golden Parachutes: Untangling the Ripcords, 39 *Stan. L. Rev.* 955(1987)。

〔62〕 See Herbst, supra note 59; Walton, supra note 55. 2008年总统候选人参议员Barack Obama支持这一法案. Walton, supra note 55.

美国董事选举的相对多数决制具有独特性和鲜明特色。事实上,大多数其他发达市场国家在董事选举中早就实行绝对多数决制。[63] 各国标准稍微有些不同,但是大多数国家采纳的默认规则都是,允许股东通过绝对多数决制选举董事。在英国,是由董事会任命董事。然而,必须由股东在下一次年度股东大会上批准董事任命,并且股东批准必须是通过股东多数票同意。[64] 几乎在所有采用和继承英国式法律制度的国家都采纳了相似标准,允许股东通过绝对多数决选举董事。[65] 在法国,公司结构或是单层制或是双层制董事会。在法国,既有单层制的公司不仅由股东多数投票选出董事,而且任何弃权票也被认为是反对董事选举。[66]

在另外一些国家,包括捷克、德国、波兰和俄罗斯,董事会实行双层董事会模式。[67] 根据法律规定,公司存在一个监事会和管理委员会。[68] 监事会成员(雇员代表除外)由股东大会通过绝对多数决选出,而管理委员会由监事会指定董事组成。[69] 因此,与大多数其他投票制度相比,美国相对多数决制是个例外。结果,在大多数其他国家中并没有大量追求绝对多数决的股东积极行为。

然而,像美国一样,在加拿大,绝对多数决制成为一个重要公司治理问题。[70] 在过去两年里,机构股东发起活动试图改变加拿大的相对多数决制,他们与公司董事会一道工作以使他们相信对那些未能得到股东多数投票的董事实行 Pfizer 式的董事辞职政策。[71] 由于他们的努力,在 2006 年委托书征集季节里,加拿大最大的 60 个公司中超过一半采纳了董事辞职或者附加的相对多

---

〔63〕 See 2006 Proxy Season Report, supra note 1, at 18.

〔64〕 Id.; see also Alex Kay & Gary Milner-Moore, Power to the People: The Growing Influence of Shareholder Activism, PLC Cross-Border Q., Oct.-Dec. 2006, at 40.

〔65〕 Paul Lee, Majority Voting: The Worldwide Orthodoxy, at 1, available at http://www.icgn.org/organisation/documents/sri/lee_document.pdf. This includes countries such as Australia, Hong Kong, India, Singapore, and South Africa.

〔66〕 Id.; see also Kay & Milner-Moore, supra note 64, at 38.

〔67〕 See id.

〔68〕 See 2006 Proxy Season Report, supra note 1, at 18.

〔69〕 Id.; see also Kay & Milner-Moore, supra note 64, at 38 – 39.

〔70〕 2006 Proxy Season Report, supra note 1, at 17.

〔71〕 See id. 这一运动由加拿大善治联盟(Canadian Coalition for Good Governance)带头发起,该组织由投资于加拿大市场的 48 个机构投资者组成。See Canadian Coalition for Good Governance, About the Canadian Coalition for Good Governance, http://www.ccgg.ca/about-the-ccgg/(last visited Mar. 24, 2008).

数决政策。[72] 到2007年6月,至少72家加拿大公司和信托公司组织采纳这一政策。[73] 通过效仿美国的股东积极主义,加拿大投资者不仅进一步努力废除了相对多数决制,并且许多大公司改变了其治理规则以便符合绝对多数决制。

日本股东也采用类似方法,积极努力来保持通过绝对多数决制罢免董事的能力。像大多数其他国家股东一样,日本股东可以通过绝对多数决选举董事。[74] 然而,2006年前的政策是罢免董事需要有2/3股东投票。[75] 在2006年5月,新日本公司法开始生效,允许简单多数投票罢免董事。[76] 作为对该法律的回应,几家公司试图通过股东同意修改公司内部细则恢复原来2/3股东投票标准。[77] 然而日本投资者发起了系列活动反对这种改变。[78] 许多日本股东一贯表现冷漠,这些活动并不总是成功,但是这些努力令人瞩目。[79] 当然,日本法律变动反映了强化股东投票权利的变化。更重要的是,日本股东努力维持这一变化表明投资者日益增加的股东积极主义。

(二)阻止"股份锁定"

其他国家股东同样最终设法利用一些理由废除股份锁定。在许多欧洲大陆国家,包括法国、意大利和荷兰在内,那些希望在公司年会投票的股东必须将股份在会议召开前几天寄存,[80]之后这些股份从寄存时开始直到会议召开之时被禁止交易。这一做法被称为"股份锁定"。美国法律禁止这一做法。根

---

〔72〕 See 2006 Proxy Season Report, supra note 1, at 17.

〔73〕 See Canadian Corporation for Good Governance, Guidelines, Majority Voting, http://www.ccgg.ca/guidelines/majority-voting/majority-voting-adoptees/(last visited Mar. 24, 2008).

〔74〕 See 2006 Proxy Season Report, supra note 1, at 18.

〔75〕 See id.

〔76〕 See id.

〔77〕 See id.

〔78〕 See John Taylor, Japanese Investors Step Up Activism, Risk & Governance Blog, http://blog.issproxy.com/2006/07/000114print.html(July 7, 2006).

〔79〕 See Douglas G. Smith, A Comparative Analysis of the Proxy Machinery in Germany, Japan and the United States: Implications for the Political Theory of American Corporate Finance, 58 U. Pitt. L. Rev. 145, 171 (1995)(指明日本投资者一般性冷漠情况).

〔80〕 See Sofie Cools, The Real Difference in Corporate Law Between the United States and Continental Europe: Distribution of Powers, 30 Del. J. Corp. L. 697, 713 (2005); Thaddeus C. Kopinski, 2006 Preview: Continental Europe, Risk & Governance Blog, http://blog.issproxy.com/2006/02/000021print.html(Feb. 27, 2006).

据美国法律,公司在股东会前不能锁定股份。[81] 然而,公司通过确定登记日来决定投票人资格。[82]

股份锁定被认为是股东行使投票权的一个重要障碍。事实上股份锁定反对者认为,股份锁定降低了投票人出席率,特别对外国投资者而言,他们宁可不投票也不冒放弃流动性的风险。[83] 一位分析家指出,股份锁定可以强力阻止投票赞同机构投资者。[84] 最终,反对者认为,通过改善较低的投票参与率,股份锁定削弱了公司对股东负责的激励。[85]

投资者很早就对这种制度提出挑战。事实上,积极行动的投资者多年以来就寻求鼓励公司主动废除股份锁定。[86] 而且,在几年时间里,机构投资者与公司治理团体已经向欧洲委员会递交提案,敦促欧洲委员会禁止成员国内部的股份锁定。[87] 尽管有这些努力尝试,股份锁定依然存在,欧洲委员会对此一直保持沉默。

然而,这一沉默已被打破。2005 年德国修改公司法,要求德国公司废除股份锁定并转而采纳 21 天的登记日期制度。[88] 经过几次公开咨询之后,2007 年 6 月欧洲委员会通过《股东权利指令》,要求公司废除股份锁定以便建立投票登记日期制度。[89] 公司有 2 年时间来执行该指令。[90]

这些变化被视为提高股东投票权利。事实上,分析人士相信,废除股份锁

---

〔81〕 See id. 根据特拉华州法律,董事会在股东会议之前不能锁定股份。相反,特拉华州法律只允许董事会确定一个登记日(fix a record date)。See Del. Code Ann. tit. 8, § 213(2001).

〔82〕 See Cools, supra note 80, at 713.

〔83〕 See Kopinski, supra note 80.

〔84〕 See Karina Litvack, Standing Up Against Share Blocking, European Pensions and Investment News, June 19, 2006, http://www.epn-magazine.com/news/fullstory.php/aid/2207/Standing_up_against_share_blocking.html.

〔85〕 See id.

〔86〕 See id. (noting activism by many investors).

〔87〕 See id.

〔88〕 See 2006 Proxy Season Report, supra note 1, at 40.

〔89〕 See id. at 38. 2007 年 6 月 12 日欧盟委员会通过了《上市公司股东特定权利行使指令》。See Vaughn Stewart, European Commission Formally Adopts Shareholder Rights Directive, Risk & Governance Blog, http://blog.issproxy.com/2007/06/european_commission&uscore;formally_a.htm(June 20, 2007). 该指令废除了股份锁定,要求披露投票结果,并且规定了公司股东对公司高级职员的提问权。See id.

〔90〕 See Stewart, supra note 89; see also 2006 Proxy Season Report, supra note 1, at 38.

定将会激励投资者特别是在外国投资者间更多的投票参与。[91] 此外,这些变化是欧洲提高股东民主进度的典型代表。

(三)"一股一票"

虽然人们对一股一票规则的效用意见不一,但是各国投资者都已经鼓励公司采纳该原则。一股一票原则要求按照投资者持有股份数量分配投票权。纽约证券交易所与其他美国上市机构要求:在他们交易所上市的公司应当采纳一股一票制。[92] 结果,一股一票成为美国模式。支持者认为,该规则不仅民主,也代表了最优投票结果。[93] 然而,其他国家的许多公司并没有实行这种规则。例如,最近一项研究发现,泛欧富时 300 指数公司将近超过 30% 的公司背离了一股一票原则。[94] 背离一股一票原则最突出的国家包括法国、荷兰和瑞典。[95] 背离源于这些国家实行多样化投票结构,包括多样化投票权利以及投票权限制(不管投资者拥有股份数量多少,股票投资者可以投票的数量有一上限)。[96] 这些和其他做法致使全球许多国家投资者不能享受到一股一票原则的好处。

当然,对于这一股东权利原则的重要性,人们意见不一。事实上,一项研究认为,这一规则不是通过经济效用来证明的。[97] 另一项研究得到相似结论。[98]

尽管观点不一,但是一直存在对其的关注和一股一票原则复兴活动。投资者及欧洲委员会已经对公司施加压力要求他们接受这一规则。[99] 而且,许

---

〔91〕 See Kopinski, supra note 80.

〔92〕 1994 年 SEC 批准了由纽约证券交易所、美国证券交易所以及全国证券交易商协会提出的一项规则,该规则规定了统一的投票标准。这一新标准禁止在 NYSE、AMEX 或者 NASDAQ 系统上市的公司进行任何公司行为或者发行任何股票,如果这些行为严重减损或者限制现有普通股票股东的投票权。

〔93〕 But see Shaun Martin & Frank Partnoy, Encumbered Shares, 2005 *U. Ill. L. Rev.* 775(不同意一股一票经济最大化这一传统观点).

〔94〕 See Deminor Rating, Application of the One Share-One Vote Principle In Europe(2005), available at http://www.deminor.com/download.do?doc=deminorratingDocs/ABIOneShareOneVoteFullReport.pdf.

〔95〕 See id.

〔96〕 See id.

〔97〕 See Guido A. Ferrarini, One Share-One Vote: A European Rule? 3 – 4(Univ. of Genoa and ECGI, Working Paper No. 58, 2006), available at http://ssrn.com/abstract=875620.

〔98〕 See Martin & Partnoy, supra note 93.

〔99〕 See Ferrarini, supra note 97, at 2.

多公司已经主动采纳了该规则。[100] 向一股一票原则转化具有不定性，但是对该规则日益增加的关注反映了其他国家股东试图保护和强化其投票权的努力。

（四）股东决定高管薪酬

其他国家股东也将目标直接对准公司高级职员薪酬。事实上，虽然其他国家公司高级职员薪酬不像美国那样呈现快速增长趋势，但是全球范围内公司高级职员薪酬最近几年已经提高。[101] 而且，在其他国家，投资者已经对公司高级职员薪酬和公司业绩间缺乏明显关联提出严厉批评。[102]

特别有趣的是，与绝对多数决制一样，其他国家股东决定薪酬活动比美国的进展更大。2002 年，英国成为第一个要求股东对公司董事会薪酬进行建议性投票的国家。[103] 因此，英国股东几乎在美国股东开始发起这种投票活动的 5 年前，就已经开始对薪酬进行无约束力投票。虽然，在英国，这一投票没有约束力，但是为股东提供机会来表达他们对其公司薪酬问题的意见。[104] 其他国家追随英国的做法。比如，澳大利亚与瑞典公司也必须允许股东对董事会薪酬进行无约束投票。[105] 而且，在澳大利亚，已经出现一家公司董事薪酬过高而股东拒绝通过的情况，与此同时，其他几个国家公司的薪酬报告得到将近 40% 的反对票。[106] 与澳大利亚和英国相比，近些年荷兰规定，公司必须授权其股东对公司高级职员薪酬进行有约束力的投票。[107]

股东对公司高级职员薪酬投票代表股东控制公司高级职员薪酬水平的持续努力，以确保公司高级职员薪酬与业绩紧密相关。进一步而言，他们反映了股东追求在公司事务中有更大发言权。

（五）股东积极主义

全球股东在过去几年里显示了日益增加的积极主义，这种积极主义与股

[100] See id. at 5.
[101] See Thomas, supra note 49, at 1174 - 76.
[102] See id. at 1175.
[103] See id. at 1175.
[104] See id.
[105] See id.
[106] See id.
[107] See id. at 15.

东原先的冷漠截然相反。[108] 这一积极主义加强了对股东民主的推动,促进了股东争取在公司事务中发挥更大的作用。

例如,在过去几年里日本股东已经显示出空前的积极性。事实上,研究证实日本多数股东传统上倾向于极度冷漠。[109] 冷漠的典型代表事实是,历史上,只有相当少的股东参加股东年会。[110] 事实上,出席股东会议的投资者比例一直在不断降低。[111] 出席人数不足对股东能够在日本公司中提高发言权有重要影响。事实上,由于相对较弱的控制权市场和其他非法律因素,专家相信:股东参与公司年会是股东可以对日本公司表达不满并且在公司治理中发挥积极作用的几种方式之一。[112]

股东能够在股东会议中发挥作用至少在两个方面受到限制:第一,大多数日本公司在同一天举行年会,这严重限制了积极股东参与多个股东会议的能力。[113] 第二,可能最麻烦的是,总会屋的出现削弱了股东参与股东会议的能力。[114] 总会屋实质上是公司勒索者,他们代表公司参加股东会目的在于镇压任何不满股东,并且使该会议时间缩短,通常不足 30 分钟。[115] 显然,不同意雇用总会屋的公司通常要受到威胁或者情况更糟。[116] 一项研究表明,约有 77% 的日本公司承认要向总会屋支付费用,尽管根据日本法律这一支付非法。[117] 事实上,在同一天举行股东会议的理论基础是为了限制总会屋约束大多数股东会议的能力。[118] 尽管有这种理由,但同一时间召开股东年会与总会屋的出现结合起来,严重抑制了股东参加会议的能力。这一阻碍阐释了历史上日本

---

〔108〕 See Smith, supra note 79, at 178 – 79(准确指出股东冷漠情况严重,特别是在德国与日本).

〔109〕 See, e. g., In the Locust Position: Shareholder Activism in Japan, Economist, June 30, 2007, at 76 [hereinafter Shareholder Activism in Japan]; Smith, supra note 79, at 171(指出日本股东冷漠代表了一种"股东参与公司治理的严重障碍").

〔110〕 See Smith, supra note 79, at 171 – 72.

〔111〕 See id.; Yoichiro Taniguchi, Japan's Company Law and the Promotion of Corporate Democracy: a Futile Attempt?, 27 *Colum. J. Transnat'l L.* 195, 229 (1988); Christopher Heftel, Corporate Governance in Japan: The Position of Shareholders in Publicly Held Corporations, 5 *U. Haw. L. Rev.* 135, 169 – 70(1983).

〔112〕 See Smith, supra note 79, at 170 – 71.

〔113〕 See Shareholder Activism in Japan, supra note 109.

〔114〕 See Smith, supra note 79, at 172; Heftel, supra note 111, at 170.

〔115〕 See Heftel, supra note 111, at 107.

〔116〕 See id.

〔117〕 See id.

〔118〕 See Shareholder Activism in Japan, supra note 109.

投资者的普遍冷漠。

然而,在过去几年里,这些投资者已经开始积极参与股东年会。事实上,一项研究发现:不仅会议时间超过了传统的30分钟,而且参加会议的股东人数以及会议上提出问题的数量也在增加。[119] 之外,股东在会议上提交了更多提案。因此,在2006年有近30家公司面临股东决议,是2005年经历这种决议公司数量的2倍。[120] 一些评论人士认为,这一上升的积极主义归因于外国投资者比例的增加。[121] 事实上,现有外国投资者占日本企业股份的28%。[122] 外国投资者愿意参加股东会议已经明显刺激了日本股东参加会议。[123] 鉴于积极主义在股东会议上的重要性,最近更多参与的趋势表明,在日本的股东已经开始在公司事务中发挥更大作用。

与日本相似,德国股东也展示出日益增加的股东积极主义水平。与日本股东一样,德国股东历史上也呈现极大的冷漠。[124] 一些人士认为,相对其他国家而言,这一冷漠源于银行在德国委托书制度中的突出作用。[125] 然而,在过去几年里,德国股东积极主义上升势头令人吃惊。[126] 股东积极主义者发起一些运动对治理实践提出挑战,并且在德国公司收购战中发挥关键作用。[127] 并且,股东一致活跃在对被认为业绩不良的董事和CEO提出挑战。[128] 这些挑战的象征是2005年股东成功驱除德国证券交易所(Deutsche Borse)的总经理(head of Deutsche Börse)。[129] 虽然在德国,许多人对最近增加的股东积极主义不满,但是这一上升趋势反映了股东赢得在德国公司中有更大发言权的努力。

---

〔119〕 See Taniguchi, supra note 111, at 228 – 29.

〔120〕 See Shareholder Activism in Japan, supra note 109.

〔121〕 See id.

〔122〕 See id.

〔123〕 See id.(解释了在日本,传统机构投资者与新型股东积极主义者一道在日本治理问题上发挥了更积极的作用)

〔124〕 See Smith, supra note 79, at 186; Carter Dougherty, Deutsche Chief Looks at a Legacy of Change, Int'l Herald Trib., Dec. 16, 2005 at 13(指出德国公司多年来"停滞不前"并没有采纳股东积极主义).

〔125〕 See Smith, supra note 79, at 187.

〔126〕 See Dougherty, supra note 126; Ben McLannahan, Rebels with a Cause, CFOEurope. com, Feb. 2004, http://www.cfoeurope.com/displayStory.cfm/2383150(将日益增加的股东民主描述为德国投资者间的一种"文化转型").

〔127〕 See McLannahan, supra note 127.

〔128〕 See id.; see also Kay & Milner-Moore, supra note 64, at 44.

〔129〕 See Dougherty, supra note 126.

在英国,机构投资者中的股东积极主义也已经增强。传统的股东积极主义在英国较少出现。[130] 然而,最近研究表明,股东特别是机构投资者开始在公司事务中发挥更为积极的作用。[131] 增强的积极主义已经显示出,近些年来,投资者反对公司的一些决议在不断增加。[132] 此外,2006 年一项研究表明,英国股东在更换 CEO 与董事职位、参与重组决策以及改变投资和公司政策方面发挥着积极作用。[133] 这一研究认为,股东高度参与与原来有别,那时股东很少在公司治理事务中发挥作用。[134] 该项研究同样发现,这些活动为股东带来了积极回报。[135]

在英国,最近一些股东积极主义可能受到了投资者能够对公司高级职员薪酬进行建议投票的激励。分析人士坚持认为,通过增加投资者与公司管理层的对话程度,强制性股东投票利于股东积极主义。[136] 法律要求的投票与日益增加的股东参与决定公司高级职员薪酬都反映了英国境内股东民主的水平。

虽然并非所有日益增加的积极行动都有效果,但是专家还是同意:强化的股东积极主义是一种新的世界现象。像美国股东一样,其他国家股东一直争取在公司事务中有更大发言权,并且相应利用这一影响来改变公司结构。

三、国际经验中呈现的股东民主

(一)美国的股东民主争论

股东民主支持者坚持认为,强化股东权利会提高公司业绩和股东价值。[137] 在他们看来,股东民主是一种确保董事和公司高级职员更负责任的重要方法。

---

[130] See Marco Becht et al. , Returns to Shareholder Activism: Evidence from a Clinical Study of the Hermes U. K. Focus Fund (Eur. Corp. Governance Inst. , Finance Working Paper No. 138, 2006), available at http:// www. edebodt. net/workshop_2007/SupportFiles/ReturnToShareholderActivism. pdf; John Hendry et al. , Responsive Ownership, Shareholder Value, and the New Shareholder Activism 8 (ESRC Centre for Bus. Res. Working Paper No. 297, 2004), available at http://www. cbr. cam. ac. uk/pdf/wp297. pdf(指出股东积极主义在英国并非一种普遍现象).

[131] See id. at 6.

[132] See id.

[133] See Becht et al. , supra note 130, at 14 – 16.

[134] See id. at 8.

[135] See id.

[136] See id.

[137] See Bebchuk, supra note 6, at 842 – 43.

这种强化的责任应该转化为减少欺诈和公司不当行为。它同样可以转化为更高效率,并因而提高经济回报。

反对者表达了对股东民主的怀疑。这种怀疑体现为四个独立且重复的问题。第一个问题,反对者会提出疑问:一旦给予强化的权力,那些传统上一直冷漠的股东是否能够真正利用这些强化的权力。第二,反对者坚持认为,股东权利不会转化为提高股东回报,也不会改善公司治理。[138] 在一些学者看来,现行董事会集体决策制度最优。通过授权股东更大权力并由此剥夺董事会权力,股东民主可能会损害美国公司效率和价值。[139] 第三,批评者坚持认为,强化股东民主将有利于某些股东以公司总体财富为代价来实现自己的个人目的。[140] 第四,有学者主张,强化股东权利会对非股东利害关系人有负面影响,削弱公司关注所有公司成员问题的能力。[141] 下一部分通过观察其他国家的经验来阐述这些论点的正确性。

(二)一种国际视角

1. 股东民主与消极性

贝恩布里奇(Bainbridge)教授和其他学者认为,股东天然理性冷漠会削弱利用他们被给予的权利。[142] 布莱克(Black)教授和其他学者认为,股东倾向于相对消极,不能行使被给予的投票权利或者积极行动。[143] 这种相对消极性使股东不可能从强化的权力中获益。这种分析(assessment)会给予股东民主反对者些许安慰,这意味着支持者在这一领域的努力化为无有。

一方面,其他国家经验似乎会证实这种观点,即股东天然冷漠会限制他们行使任何强化权力的程度。例如,我们研究的绝对多数决实践,这一原则是美国之外大多数现代市场的标准(norm)。表面上看来,绝对多数决没有在遵守该规则的国家中产生更强的股东权利。相反,股东似乎不利用投票对董事发

〔138〕 See Bainbridge, supra note 8, at 1749.

〔139〕 See id at 1746; Stephen M. Bainbridge, The Case for Limited Shareholder Voting Rights, 53 *UCLA L. Rev.* 601, 624(2006).

〔140〕 See Bainbridge, supra note 8, at 1754.

〔141〕 See infra notes 185 – 188.

〔142〕 See Bainbridge, supra note 8, at 1753.

〔143〕 See Bernard S. Black, Shareholder Passivity Reexamined, 89 *Mich. L. Rev.* 520(1990).

起挑战。研究表明,股东挑战管理者的董事选举情况相当少见。[144] 这在屡遭丑闻的公司中也是如此。并且,这是真实的,尽管存在这一事实:与美国不同,大多数其他国家提名替代董事候选人相对容易。[145] 当然,文化和其他非法律障碍可以解释其他国家股东的相对消极性。[146] 然而,研究表明,问题关键可能在于股东间的相对冷漠。[147] 因此,其他国家经验似乎证实了这一主张:扩大股东民主可能对公司治理环境影响相对较小。鉴于绝对多数决代表了美国追求强化股东民主运动,这些经验对强化股东权利的支持者而言不是个好兆头。

另一方面,有证据表明,股东可以采用更微妙的方式行使强化的权利;因此,强化股东权利可能事实上比理性冷漠理论对公司事务影响更大。因为突出强调了保留投票运动的影响,绝对多数决结构可用来提高股东与管理人员对话。[148] 从这一角度来说,股东很少挑战管理人员选举可能反映了这种选举前更多的妥协。证据同样表明,股东在意识到危机期间确实会行使其权利。当然,股东能够驱逐德国一个重要 CEO 印证了这一观点。此外,众所周知,英国股东一直对一些董事投出高比例的不信任票。[149] 在一些情况下,这些不同意票超过了 30%,一位分析家认为是相当“突出”。[150] 在其他情况下,即使股东投票失败(由于驱逐董事需要多数票),这些投票也会导致董事免职。[151] 一个类似现象发生于 Disney 公司,尽管股东“否决”票没有达到多数,但是股东表达的不满最终促使公司采取行动。在这一方面,对股东投票方式的简单统计可能会低估股东投票的影响。另外,股东只在关键场合行使其罢免权或者表

〔144〕 See 2006 Proxy Season Report, supra note 1, at 18(显示了英国董事很少获得少于多数支持的情形).

〔145〕 See, e. g., Cools, supra note 80, at 745 – 47; Kay & Milner-Moore, supra note 66, at 38 – 40(阐明法国、德国及英国制度允许罢免董事); see also Shareholder Activism in Japan, supra note 109(指出:虽然日本公司法对股东更友好,使股东能够罢免整个董事会,但是日本股东倾向于对董事会唯命是从).

〔146〕 See Smith, supra note 79, at 170 – 73, 186 – 89(阐明存在法律外的因素阻碍德国与日本的股东积极主义).

〔147〕 Id. at 186(指出:在日本和德国,股东冷漠“相对严重”).

〔148〕 See Joseph A. Grundfest, Just Vote No: A Minimalist Strategy for Dealing with Barbarians Inside the Gate, 45 *Stan. L. Rev.* 857, 866(1993)(指出一项成功的保留投票可能对交流产生的影响).

〔149〕 See Alan Brett, Manifest Info. Servs. Ltd., Voting Season Review 2002 – 2003(2003), at 33 – 34(提供了一项委托书数据的研究,揭示出 4 名董事得到的反对票超过 30%, 16 名董事得到反对票超过 20%, 另有 67 名董事得到超过 10% 的反对票).

〔150〕 Id. at 34.

〔151〕 See id.

达不满也反映了对股东权利的最大化使用。正如 Bebchuck 教授所说,强化股东权利的目的不在于取代管理层权力,而是确保股东与管理人员间更多对话,同时确保在重要情形下股东可行使发言权。[152] 在这一方面,这些证据可以表明:在正确的时候股东会使用其权利。

2. 股东民主与公司价值

班布里奇(Bainbridge)教授和其他人还主张,股东民主和积极主义不会提高公司价值。事实上,美国评估股东民主和股东积极主义对企业价值影响的研究有不同结果。至少有研究表明,股东积极主义和对公司治理结构有积极影响。[153] 其他研究表明,股东积极主义与股份价值和盈利有很少或没有关联。[154] 甚至其他研究结果证实这一观念:股东积极主义对公司业绩的影响极小。[155] 这些研究结果表明,股东激励与增加的参与并不必然为股东带来更大价值。

有趣的是,由伦敦商学院资助的一项研究与这一评估相矛盾。[156] 这一研究发现提高的公司价值与作为机构投资者的股东积极主义之间有很大的关联性。[157] 这项研究的作者告诫人们:这些结果可能不会广泛应用于其他国家,特别是美国。[158] 因为英国公司治理机制与美国不同,并且在许多方面的成本高于美国。因此,学者认为,法律障碍包括限制股东提名和董事选举过程阻碍了美国投资者积极主义。[159] 而且,学者指出美国缺乏绝对多数决制阻碍了股东积极主义对股东价值和回报具有积极影响的能力。[160] 因此,正如几位美国学

---

[152] See Bebchuk, supra note 6, at 876.

[153] Jonathan Karpoff, The Impact of Shareholder Value on Target Companies: A Survey of Empirical Findings 19, 26(未公开发表,2001) available at http://ssrn.com/abstract=885365.

[154] See id. at 23, 26; see also Bernard Black, Shareholder Activism and Corporate Governance in the U.S., in The New Palgrave Dictionary of Economics and the Law (Peter Newman ed., 1998); Stuart Gillian & Laura Starks, A Survey of Shareholder Activism: Motivation and Empirical Evidence, Contemp. Fin. Dig., Autumn 1998, at 27.

[155] See Roberta Romano, Less is More: Making Institutional Investor Activism a Valuable Mechanism of Corporate Governance, 18 *Yale J. on Reg.* 174, 187 – 89(2001).

[156] See Becht et al., supra note 130, at 3, 6 – 7.

[157] See id. at 6.

[158] See id. at 3 – 5.

[159] See id. at 4 – 5; Black, supra note 154, at 459; Bernard Black, Shareholder Passivity Re-examined, 89 *Mich. L. Rev.* 520(1990).

[160] See Becht et al., supra note 130, at 4 – 5; Cools, supra note 80, at 746 – 48.

者所说,英国治理情况可能为该国股东积极主义提供了一个更有利的环境,这就增加了一种可能性:这种积极主义会对股东回报产生积极影响。[161]

至少,这些研究表明,股东积极主义在正确环境中能够对股东产生有利影响。许多与美国公司治理机制相关的问题使美国公司治理机制对于有效的股东积极主义不太理想,诸如绝对多数决制和股东利用公司委托书说明书参与董事提名制度,这些问题现在正以一些新方式得到解决。因此,就美国股东开始废除这些制度而言,英国研究提出了一种可能:像英国一样,改变的美国公司治理结构可能会导致为股东积极主义提供一个更有利的环境。结果,这一研究也提出了这种可能:股东民主可以对股份价值和盈余产生积极影响。

3.股东民主与公司事务

一些人坚持认为,强化股东权利会很少影响公司事务。事实上,以前研究表明,强化股东权利可能不会导致管理人员更有责任心或者纠正公司治理失败。在其他情况中,学者指出,通过股东提案程序的股东积极主义已经展示出一种改变公司实践的治理机制,特别是公司高级职员薪酬计划的做法。[162] 因此,并不清楚强化股东权利是否会变得更为有效。

其他国家的经验似乎证实了这种观点:强化股东权利对于阻止公司不当行为很少发挥作用。事实上,其他国家股东不仅根据绝对多数决制在运作,同时也拥有扩大的能力罢免董事。[163] 这种能力对于防止公司不当行为没有显著影响。然而,与美国相似,这些国家也见证了几种公司管理不当和欺诈行为。绝对多数决制支持者一直主张:绝对多数决制会增加管理人员的责任心,因为股东会有实际能力来防止董事任职董事会。[164] 这种能力可以成为一种极大威胁及一种有力阻碍。[165] 然而,绝对多数决制在其他国家似乎没有这种影响,这一事实意味着:绝对多数决制存在的罢免威胁并没有压制董事不当行为或者

---

〔161〕 See Becht et al., supra note 130, at 3 – 5; see, e. g., Bebchuk, supra note 6, at 849; Bernard Black & John Coffee, Hail Britannia?: Institutional Investor Behavior under Limited Regulation, 92 *Mich. L. Rev.* 1997, 2003 (1994).

〔162〕 See Lori B. Morino, Executive Compensation and the Misplaced Emphasis on Increasing Shareholder Access to the Proxy, 147 *U. Penn. L. Rev.* 1205, 1236 – 37, 1246 (1999)(指出:尽管股东提出薪酬提案能力增强了,但是公司高管薪酬继续上涨).

〔163〕 See Cools, supra note 78, at 746.

〔164〕 See Masters, supra note 21.

〔165〕 See id.

使董事更加负责。

然而英国在公司高级职员薪酬等方面的经验意味着：在一些情况下，强化股东权利可能会对公司事务产生影响。事实上，在2002年，英国成为第一个要求股东对董事薪酬进行建议投票的国家。[166] 这种投票显然会导致股东和管理人员在公司问题上更多的对话。此外，投票表面上明显对于薪酬水平产生影响。最近一项研究表明：英国高级管理人员薪酬在2006年上升幅度为5%至6%。[167] 这一上升很明显，因为在过去5年中董事薪酬水平平均每年增长13%。[168] 这一变化意味着：股东在公司内强化的权利已影响公司事务。事实上，许多薪酬建议投票支持者在美国将英国经验描述为建议投票可以对过度薪酬产生积极影响的证据。[169] 鉴于薪酬问题是美国股东积极主义的主要动力这一事实，英国股东积极主义对管理人员薪酬的影响这一事实至关重要。从这一角度来看，英国经验至少是管理人员薪酬支持了股东民主会影响公司事务这一观点。

4. 股东民主与特殊利益治理

几名学者表达了对一种可能的担忧：给予股东更大权力将会使某些投资者有更大能力以牺牲整个公司利益为代价来实现其特殊利益。这些批评者认为，作为一个集体的股东的多样性意味着他们不享有共同利益，因此赋予他们权力将会鼓励寻租行为并因此减少股东价值。[170] 事实上，Bainbridge教授和斯特兰（Strain）大法官都提出质疑：如果给予扩大的权力，股东是否会以公司代理最佳利益而行动或者会实现他们自己狭隘的个人利益。[171]

公司最积极的股东通常是那些最容易受到外界影响的股东。罗马诺（Romano）教授指出，公共退休基金面临着很大政治压力迫使其关注个人和社

---

〔166〕 See 2006 Proxy Season Report, supra note 1, at 14.

〔167〕 See id.

〔168〕 See id.

〔169〕 See H. R. 1257, 110th Cong. (2007), available at http://www.house.gov/apps/list/speech/financialsvcs_dem/muhr1257032107.pdf.

〔170〕 See Anabtawi, supra note 9, at 575.

〔171〕 See Bainbridge, supra note 8, at 1754; Leo Strine, Jr., Toward a True Corporate Republic: A Traditionalist Response to Bebchuk's Solution for Improving Corporate America, 119 *Harv. L. Rev.* 1759, 1771 (2006).

会问题。[172] 其他学者也论证了诸如公共基金和职工联盟这类投资者追求他们各自利益的趋势而不是他们对公司整体的影响。[173] 例如,一些证据表明:职工联盟在与管理层对话失败后提出股东提案。[174] 在这方面,许多反对者认为,强化股东权利只会扩大某些投资者实现个人动机或目标的能力。

此外,无论是在美国还是在其他国家,处于强化股东权利运动前线投资者的类型似乎证实了这种担忧。特别是在美国,对冲基金一直积极从事这种新型股东民主。[175] 同样,对冲基金在其他国家也发挥越来越大的作用,激励着股东积极主义。[176] 对冲基金比传统股东更容易取得巨大成功,因为他们有更多的资源、金融创新和灵活性。[177] 此外,对冲基金通常将其投票运动与威胁利用委托书争夺公司控制权结合在一起。[178] 这一威胁极大提高其谈判能力。然而,对冲基金通常目的狭窄,不考虑公司整体利益。因此,对冲基金在股东民主中的出现和突出支持这一认识:这种民主不会对公司整体产生积极影响。

然而,其他投资者卷入股东民主也减轻了对对冲基金积极主义的这一担忧。在美国,机构投资者及退休基金也在实现股东权利这一运动中发挥重要作用。[179] 与此相似,许多学者认为,最近在其他国家的股东积极主义不仅源于对冲基金,也源于机构投资者。例如,德国机构投资者在最近的股东积极主义浪潮中发挥作用。[180] 这些投资者一直关注改善公司治理。因此,他们的许多行动是围绕影响所有股东的公司治理问题,诸如首席执行官薪酬、股息以及公司治理法典。[181] 从这一角度看,其他投资者在这种股东民主运动中的出现意

---

〔172〕 See Roberta Romano, Public Pension Fund Activism in Corporate Governance Reconsidered, 93 Colum. L. Rev. 795, 811 - 812(1993)(指出公共基金和私人基金的区别以及公共基金关注地方和社会问题所面对的压力).

〔173〕 See Frank Partnoy & Randall Thomas, Gap Filling, Hedge Funds, and Financial Innovation 5, (Vanderbilt Law and Economics Research Paper No. 06 - 21, 2006) available at http://ssrn.com/abstract=931254.

〔174〕 See id. at 14.

〔175〕 See Partnoy & Thomas, supra note 173, at 22. 关于对冲基金的定义, see id. at 23.

〔176〕 See Shareholder Activism in Japan, supra note 109.

〔177〕 See Partnoy & Thomas, supra note 173, at 22.

〔178〕 See id. at 173, at 49.

〔179〕 See 2006 Proxy Report, supra note 1, at 5, 10(指出了机构投资者与养老基金对绝对多数决制提案的支持).

〔180〕 See McLannahan, supra note 126.

〔181〕 See id.

味着：广泛的公司治理问题而不是狭隘的特殊利益将会继续成为重点。虽然这并不否认特殊利益治理的可能，但是它确实削弱了强化股东权利会不可避免导致这种治理问题的认识。

此外，正如 Bebchuk 教授主张，那些寻求实现个人利益的投资者不可能获得那些可能引起公司管理人员关注的股东的支持。[182] 如果投资者寻求实现狭隘的目的，不可能出现支持。[183] 相反，投资者会承认有助于改善公司整体健康的问题或者那些大范围内股东认为最重要的问题。[184] 这意味着：股东民主可能会清除那些能够提升公司最大价值以外的事情，从而削弱股东实现个人目的的能力。

5. 股东对抗利益相关者？

对股东民主的另一个批评是：股东民主会对公司关注股东外的集团或者短期利润外问题的能力产生负面影响。[185] 学者布莱尔（Blair）和斯托特（Stout）强调了董事会在协调公司内部许多成员间利益的重要性。[186] 反对者认为，如果股东积极主义者从公司董事会拿走权力，就会防止董事会关注其他问题。[187] 此外，它会确保公司只处理盈利相关问题。[188]

强化股东权利会较少关注其他利益相关者，这当然是合理的。如上所述，

---

〔182〕 See Partnoy & Thomas, supra note 173, at 14 – 15; Stewart Schwab & Randall S. Thomas, Realigning Corporate Governance: Shareholder Activism by Labor Unions, 96 *Mich. L. Rev.* 1018, 1035 – 36, 1082 – 83 (1998)（指出：劳工行动没有股东支持不能获得成功，这种支持不会出现除非他们关系到有改善公司业绩的可能）; Battling for Corporate America, supra note 31, at 63（指出："有政治动机的股东和对冲基金只有能够劝说一般消极股东支持他们，才可能得到真实权力管理公司"）.

〔183〕 See id.

〔184〕 See Schwab & Thomas, supra note 184, at 1041 – 42.

〔185〕 See Bebchuk, supra note 6, at 912.

〔186〕 See Blair & Stout, supra note 10, at 253 – 54, 286; John H. Matheson & Brent A. Olson, Corporate Cooperation, Relationship Management, and the Trialogical Imperative for Corporate Law, 78 *Minn. L. Rev.* 1443, 1446 (1994)（将董事会描述为各种成员利益的协调人）.

〔187〕 See Blair & Stout, supra note 10, at 253 – 54, 286.

〔188〕 See Bebchuk, supra note 6, at 908; Blair & Stout, supra note 10, at 304 – 05; Lynn Stout & Iman Anabtawi, Sometimes Democracy Isn't Desirable, Wall St. J., Aug. 10, 2004 at B2（指出：董事会调解股东和其他公司成员之间冲突，并确保公司政策"不被一群匿名、短见和利润饥渴的股东所左右"）. But see Stephen Bainbridge, Director Primacy: The Means and Ends of Corporate Governance, 97 *Nw. U. L. Rev.* 547, 593 – 605 (2003)（提出反对董事会为协调人的观点）; David Millon, New Game Plan or Business as Usual?: A Critique of the Team Production Model of Corporate Law, 86 *Va. L. Rev.* 1001, 1024 – 42 (2000)（声明公司法并不反映董事会是协调人这一观点）.

对冲基金一直处于强化股东权利运动的前沿。然而,对冲基金主要目标似乎是短期经济利益,并且这些基金看起来并不关心其他成员利益,〔189〕其他国家的股东积极主义似乎同样与利益相关者利益相悖。比如在日本,多数股东积极主义目标在于促进收购行为。〔190〕这些收购行为对利益相关者会产生负面影响,导致工人失去工作、信用降低以及关闭工厂和商店而影响消费者和更广泛的社会利益。Bebchuk 教授指出:“终止游戏”〔191〕的决策,像涉及收购问题一样,会对股东有利而通常对利益相关者有负面影响。〔192〕这些决策所激励的股东因此可能采取对其他公司成员有负面影响的行为。

然而,在许多情况下,股东利益和利益相关者利益是融合的。事实上,最近许多学者强调了这一认识:股东由不同目的多样化股东集团组成。〔193〕通常这些目的与利益相关者利益相吻合。因此,一些股东的投资在于长期利益,这意味着他们对于实现短期经济回报率之外等问题有利益。〔194〕事实上,这些长期性投资鼓励关注其他成员,因为他们相信这些成员对于公司总体健康发展很重要。

当然,更确切地说,许多股东投资目标包括支持其他利益相关者和更广泛的社会政策。在美国,这些所谓的“社会投资者”包括以信仰为基础的组织、退

---

〔189〕 See Anabtawi, supra note 9, at 580; K. A. D. Camara, Classifying Instituional Investors, 30 *J. Corp. L.* 219, 239(2005) But see Larry E. Ribstein, Accountability and Responsibility in Corporate Governance, 81 *Notre Dame L. Rev.* 1431, 1445(2006)(指出:“即使关注最狭隘的股东”也会关注其他成员,因为通过改进这些成员关心之事,公司可以避免与社会侵害相关的诉讼与其他成本).

〔190〕 See 2006 Proxy Season Report, supra note 1, at 43(指出股东积极主义一直受到日本公司引入的系列毒丸的激励). See also Shareholder Activism in Japan, supra note 109(指明许多股东积极主义的中心是可解除毒丸措施).

〔191〕 结束游戏决定包括合并、出卖全部公司资产或者解散等决定。See Bebchuk, supra note 6, at 837.

〔192〕 See id. at 910.

〔193〕 See, e. g., Anabtawi, supra note 9, at 564(指出存在于股东间的各种冲突利益); K. A. D. Camara, Classifying Institutional Investors, 30 *J. Corp. L.* 219, 229 – 42(2005)(探讨不同投资者及其不同关注点); Stout & Anabtawi, supra note 188(指出许多人因为错误假设即公众公司股东具有共同利益而遭受损害).

〔194〕 See Ribstein, supra note 189, at 1459(“公司长期利润可能严重依赖于对消费者、雇员和当地社区社会要求的满足”); Anabtawi, supra note 9, at 579 – 80; Matheson & Olson, supra note 186, at 1487(指出长期股东明白公司持续发展取决于关注其他利益相关人).

休基金以及以社会负责方式投资的基金。[195] 在其他国家，诸如英国，机构投资者已经率先向公司施加压力，使其行事方式能被社会接受。[196] 此外，一些股东也是利益相关者。像这种情况没有哪个国家比德国和法国更明显，在那里职工利益相关者选举代表进入董事会。在美国，这种现象最突出的典型事例是联盟退休基金，他们由职工组成，由此可以论证寻求实现职工利益。[197] 一些股东同时为利益相关者这一事实削弱了“股东不会考虑利益相关者利益”这种主张。[198]

最近股东积极主义经验证据表明，更传统的股东，诸如机构投资者，事实上已经同社会投资者共同行动。相应地，美国委托书数据也表明，社会性议案已经得到机构投资者和传统投资者日益增加的支持，因为这些更传统的投资者开始相信：关注特定利益相关者问题，包括职工、消费者和更大的社会并不会损害全体公司的利益。[199] 无论是美国还是其他国家的证据都揭示出：社会投资者和传统投资者已经合为一体，并且正是这种协作才促使许多股东投票的成功。[200] 此外，这种合作也模糊了治理问题和社会问题的界限：传统投资者开始将社会问题视为对股东价值非常重要，与此同时社会投资者越来越变得

---

[195] See Cynthia A. Williams & John M. Conley, Is there an Emerging Fiduciary Duty to Consider Human Rights?, 74 *U. Cin. L. Rev.* 75, 95 – 96 (2005); Lynn Stout, Takeovers in the Ivory Tower: How Academics Are Learning Martin Lipton May Be Right, 60 *Bus. Law.* 1435, 1449 (2005) (讨论了社会股东).

[196] 虽然在美国社会股东积极主义通常限于特定投资者，但是在其他国家，似乎股东支持社会问题的水平更广泛。事实上，英国主流投资者引领对公司施压要求后者提供更强的社会责任披露. See Williams & Conley, supra note 195, at 97 – 98.

[197] 然而，也有可能某些养老基金会关注那些不是员工最佳利益的问题。See Roberta Romano, Public Pension Fund Activism in Corporate Governance Reconsidered, 93 *Colum. L. Rev.* 795, 811 – 14 (1993) (探讨时常激发公共养老基金辩护的政治压力).

[198] See id.

[199] See Olubunmi Faleye & Emery Trahan, Is What's Best for Employees Best for Shareholders? 1, 24 (2006), available at http:// ssrn. com/abstract = 888180 (指出市场似乎会对公司关注工人作出评价); Williams & Conley, supra note 195, at 78 – 79 (探讨改变社会对商业预期的趋势).

[200] Timothy Smith, Institutional and Social Investors Find Common Ground, J. Investing, Fall 2005, at 57 (指出：社会和环境问题已经融入机构投资者关注问题中，引导这些投资者支持与这些问题相关的提案); see also 2006 Proxy Season Report, supra note 1, at 41 (指出：人们总结最近委托书季的特征是社会责任问题支持者与其他投资者间的协作日益增强); 2004 Proxy Season Report, supra note 15, at 28 (指出：日益增长的对社会提案的支持源于公司领导者更大支持，这些公司领导者开始认为这些提案与公司治理其他方面一样值得关注).

日益关心传统治理问题。[201] 在这里,最近证据表明,强化股东权利并没有使股东和利益相关者相互矛盾。相反,它已经改进股东和利益相关人的命运。在这一方面,股东民主可仍会提高利益相关者利益,特别是因为它可能会提高社会投资者与其他投资者合作从而实现所有公司成员的利益的能力。

四、结论

美国股东正变得越来越积极主张和行使其投票权利。类似现象正出现于其他国家。通过比较美国投资者经验与其他国家投资者的经验,本文为在美国内持续的股东民主提供一个国际视角。

美国股东在他们的股东积极主义中并不孤单。相反,这种积极主义已经在许多其他国家开始生根发芽,那里股东民主不仅寻求强化其投票权利,同时在监督管理公司治理事务上发挥更积极的作用。

股东积极主义与更多民主要求同样对股东有积极影响。事实上,其他国家的研究表明:股东积极主义可以积极影响股份价值和公司盈利。就这些结果可以适用于美国股东民主运动而言,他们提出了一种可能性:股东民主可以实现他们改良公司价值的目标。其他国家已经见证了通过增加股东参与改变公司事务的成功,这对美国股东民主运动来说是一个好兆头。此外,股东民主并不必然损害利害相关人利益。相反,本文论述了为什么强化股东权利会有助于所有公司成员的理由。

股东民主不是治疗公司病态的“万灵药”。然而,在正确情况下,它可以对公司治理产生积极影响。鉴于股东民主运动在美国和其他国家的发展势头,关于其必要性的争论现在无关紧要,这种民主至少在一些形式上似乎已经成为既成事实。如果这是真的,美国学者将会很好地来调查研究股东民主的国际经验——为美国公司如何才能利用好股东民主并减少其不足而得到启示。

---

[201] See Smith, supra note 200, at 1(指出:传统股东间的合作越来越多与宗教投资者及社会责任投资公司的行动已经模糊了社会问题与公司治理问题的界限).

股东民主的未来*

引　言

股东积极主义最近在公司治理中占据统治性影响的地位。特别是股东已经发起积极攻势提高其在公司内部的投票权。股东积极主义者将其运动称为"股东民主",因为该运动关注提高其投票权的能力。[1] 在公司治理丑闻与其他突出公司非法行为出现后,股东民主运动旨在使公司高级职员与董事更负责任,并因此不太可能从事不当行为。通常而言,这一运动取得了成功,发生了一些使许多人相信会提高股东权利的变化。

一直以来,股东民主所缺失的一个因素就是股东利用公司委托书参与董事提名。[2] 在每次董事选举中,公司为股东准备和发送委托书说明书,这使股东毋庸出现在年会会场就可以对董事候选人进行投票。[3] 利用公司委托书参与董事提名意味着股东有能力将自己选择的董事候选人提名记入公司委托书

---

* 本部分原文载于 84 *Indiana Law Journal*,1259(2009),作者乔治华盛顿大学法学院教授丽莎·M.费尔法克斯(Lisa M. Fatrfax),原文发表时为马里兰大学法学院教授。译文原载于黄红元、徐明主编:《证券法苑》(第 11 卷),法律出版社 2014 年版,第 323 ~ 382 页。本部分在译文基础上进行了相应修改。

[1] See Thomas W. Joo,Comment:Corporate Governance and the "D-Word",63 *Wash. & Lee L. Rev.* 1579,1587(2006);Usha Rodrigues,The Seductive Comparison of Shareholder and Civic Democracy,63 *Wash. & Lee L. Rev.* 1389,1390(2006). But see Dalia Tsuk Mitchell,Shareholders as Proxies:The Contours of Shareholder Democracy,63 *Wash. & Lee L. Rev.* 1503,1509 – 10(2006)(阐释了相互竞争的股东民主概念).

[2] 在本文将发表之际,特拉华州州长签署了特拉华州众议员第 19 号法案使之成为法律,该法案修改了《特拉华州普通公司法》,增加一个新的第 112 条。该条款规定:公司可以通过(而非要求通过)内部细则允许股东提名个人记载于公司委托书说明书,公司可以规定这种记入的法定程序和条件。See H. B. 19,145th Gen. Assem. ,Reg. Sess. (Del. 2009)这一新条款明确了特拉华州公司可以在其内部细则中规定股东利用公司委托书参与董事提名的内容,但是由于缺乏股东利用公司委托书参与董事提名要求而没有达到目标。See id.

[3] See Securities Exchange Act of 1934 Rule 14a – 3,17 C. F. R. § 240. 14a – 3(2007). 股东委托书声明书中包含被投票候选人信息。

说明书。股东支持者早就将利用公司委托书参与董事提名视为股东民主的"圣杯"。[4]通常,只有管理层支持的董事候选人能够出现于公司委托书说明书;公司可以排除股东支持的董事候选人。[5] 这种排斥意味着绝大多数董事不会遇到反对。因为没有选举竞争,这一排除也意味着董事选举结果成为一个几乎预定的结论。鉴于这一现象,股东支持者为获得利用公司委托书参与董事提名而战已经有半个世纪之久。[6]股东支持者相信:利用公司委托书参与董事提名确保股东有能力影响公司选举和日常事务,因为该制度承认股东自己提名和投票表决董事候选人。

在2007年晚些时候,SEC认真研究,但随后最终否决了股东利用公司委托书参与董事提名。[7] 本文批判性地评估了这对股东民主努力的不利影响。事实上,股东支持者将这一否决视为一个严重退步,一些公司法学者和证券专家近来主张:新的积极行动可能使利用公司委托书参与董事提名毫无意义。[8] 鉴于股东支持者历史上强调的利用公司委托书参与董事提名的重要性,如果这种观点正确,它会极大改变将来股东权利努力,使股东支持者将其重心和资源转移到其他措施上。

通过评估这一观点的正确性,本文对股东民主运动以及公司治理文献作出许多重大创新贡献。事实上,本文对新的股东赋权措施及他们对于提高股东投票权的影响破天荒地进行了第一次全面评估。在此评估之后,本文得出结论:虽然这些措施会扩大股东权利,但是他们存在瑕疵,这些瑕疵使这些扩大股东权利措施的吸引力相对于作为股东赋权工具的利用公司委托书参与董事提名而言逊色许多。因此,这一结论不利于这一主张:这些新的行动使利用公司委托书参与董事提名失去意义。如此,这一结论强调了继续争取利用公司委托书参与董事提名的重要性并为股东支持者以及将来股东权利努力提供

---

[4] See Karey Wutkowski, SEC to Look Outside Ballot on Proxy Access, Reuters, Jan. 4, 2008, http://www.reuters.com/articlePrint?articleId=USN1741224720080104.

[5] See Securities Exchange Act of 1934 Rule 14a-8, 17 C.F.R. § 240.14a-8(i)(8)(2007)(规定有关董事选举的股东提案排除问题).

[6] See infra Part Ⅱ.A(描述了历史上尝试获得利用公司委托书参与董事提名情况).

[7] See Shareholder Proposals Relating to the Election of Directors, Exchange Act Release No. 56,914, Investment Company Act Release No. 28,075, 72 Fed. Reg. 70,450, 70,453(Dec. 11, 2007)(以下称为2007 Final Shareholder Proposal Rule).

[8] See, e.g., Wutkowski, supra note 4(引自前SEC主席Harvey Pitt发言).

重要指导。

显然,本文目的不在于判断利用公司委托书参与董事提名或者任何其他机制是否会实现改进公司治理或者减少公司不当行为这一最终目标。[9] 恰恰相反,本文试图判断哪个是提高股东投票权最迅速、最有效的机制。当然,如果不理解股东投票权目的,则难以作出这一判断。本文认为这些目的具有双重性:(1)直接影响选举结果;(2)通过增加董事与股东交流或者在作决策时考虑股东关注的这种可能性,从而间接影响董事行为并由此影响公司事务。本文利用这两个度量指标来衡量所有行动措施的有效性。

本文第一部分首先概述联邦委托书制度,然后讨论利用公司委托书参与董事提名可以强化股东投票权的方式。这一部分突出强调为什么股东支持者相信利用公司委托书参与董事提名表征着任何股东民主运动的核心。第二部分讨论历史上和现行的利用公司委托书参与董事提名的各种提案。该部分突出这一机制是如何多次被否决的。第三部分对近来旨在提高股东权利的行动予以评价,然后批判性地研究这些行动是否可以被视为利用公司委托书参与董事提名的有效替代方法。该部分包括评价多数决制、废除交错董事会、网上委托书征集以及旨在促进股东间以及股东和管理人员间的以网络为基础的交流。第三部分揭示出这些行动表征着股东权利运动的重要胜利,因此以一种有意义方式扩大股东投票权。然而,第三部分得出的结论是,这些替代行动无法得到利用公司委托书参与董事提名所能提供的权利类型。因此,本文认为利用公司委托书参与董事提名应当继续充当将来任何股东权利运动的核心因素。

---

〔9〕 关于强化股东权利的争论, see Stephen Bainbridge, Director Primacy and Shareholder Disempowerment, 119 *Harv. L. Rev.* 1735, 1746 (2005) [以下称为 Bainbridge, Director Primacy]; Stephen Bainbridge, The Case for Limited Shareholder Voting Rights, 53 *UCLA L. Rev.* 601, 624 (2006) [以下称为 Bainbridge, Shareholder Voting Rights]; Lucian Arye Bebchuk, The Case for Increasing Shareholder Power, 118 *Harv. L. Rev.* 833, 851 (2005)。关于历史上股东在公司中作用的讨论, see Mitchell, supra note 1。本文并不寻求解决强化股东权利是否正确这一理论问题(normative question)。相反,本文假设强化股东权利正确,由此重点论述实现这一目标的最佳机制。

一、大环境下的股东利用公司委托书参与董事提名

(一)利用公司委托书参与董事提名的障碍

股东选举董事的能力一直被视为股东最基础性的权利之一。[10] 因为股东是唯一被赋予投票权的群体,其投票权似乎反映了公司内部一个极其重要权力来源。当然,股东有其他途径影响公司事务,诸如有能力起诉董事和公司官员。[11] 然而,法院已经强调股东投票的重要性。[12]

选举董事的投票权可能代表股东投票权中最重要的一面。当然,股东投票权限于批准某些基础性交易和选举董事。[13] 相比之下,大部分权力掌握于公司董事会和经理人员手中,他们总体上被称为管理人。[14] 股东既不能投票选举和罢免公司高级职员,[15] 也不能干涉公司高级职员和董事作出的普通营

---

〔10〕 See Blasius Indus. ,Inc. v. Atlas Corp. ,564 A. 2d 651,659(Del. Ch. 1988);Bebchuk,supra note 9, at 851;Julian Velasco,Taking Shareholder Rights Seriously,41 *U. C. Davis L. Rev.* 605,607(2007).

〔11〕 股东有权对董事违反其对股东和公司的义务提起诉讼。See,e. g. ,Model Bus. Corp. Act,ch. 7, subch. D(2007)(规定了派生诉讼程序).然而,提起这种诉讼存在重大程序性和实质障碍,可能会损害享有确保管理层负责的权力的能力。See James D. Cox,Searching for the Corporation's Voice in Derivative Suit Litigation:A Critique of Zapata & the ALI Project,1982 *Duke L. J.* 959,960;Daniel R. Fischel & Michael Bradley,The Role of Liability Rules and the Derivative Suit in Corporate Law:A Theoretical and Empirical Analysis,71 *Cornell L. Rev.* 261,286(1986)(指出派生诉讼法律规则的总体效果是削弱了旨在约束管理人员行为的责任规则的作用);Donald E. Schwartz,In Praise of Derivative Suits:A Commentary on the Paper of Professors Fischel and Bradley,71 *Cornell L. Rev.* 322,339 –40(1986).股东也有权出售其股份。有些人认为这种所谓退出权特别重要,因为它能够通过取代经营业绩不良管理人员来推动控制权市场。See Robert C. Clark, *Corporate Law* 95(1986).然而,学者指出控制权市场是不完善的。See John Coffee, Regulating the Market for Corporate Control:A Critical Assessment of the Tender Offer's Role in Corporate Governance,84 *Colum. L. Rev.* 1145,1211 –12(1984)(指出:即使股东出卖股份以及附属投票权,管理层在收购后仍然时常拥有权力);James D. Cox, Compensation, Deterrence and the Market as Boundaries for Derivative Suit Procedures,52 Geo. *Wash. L. Rev.* 745,752 –53(1984)(指出:虽然敌意收购可能对严重滥权的管理层有效,但是派生诉讼是处理违反单一诚信义务的唯一真正手段).

〔12〕 See Blasius,564 A. 2d at 659(指出股东投票权表征着公司权力的重要基础);Stokes v. Cont'l Trust Co. ,78 N. E. 1090,1093(N. Y. 1906)(指出股东投票权力至关重要).

〔13〕 这些重大交易包括同意修改公司章程和同意合并、重大资产出售以及解散。See,e. g. ,Del. Code Ann. tit. 8, § § 242(amendments to certificate of incorporation),251(mergers),271(sale of assets), 275(c)(dissolutions)(2007);Model Bus. Corp. Act § § 10. 03(b)(articles of incorporation),11. 04(b)(mergers),12. 02(a)(disposition of assets),14. 02(e)(dissolution)(2007).

〔14〕 See Del. Code Ann. tit. 8, § 141(2007)(要求公司由董事会或者在董事会指导下经营);Model Bus. Corp. Act § 8. 01(b)(2007).

〔15〕 See McQuade v. Stoneham,189 N. E. 234,236(N. Y. 1934)(禁止股东达成协议选出公司高级职员以及干扰董事会自由裁量权).

业决定。[16] 因此,股东选举董事的能力代表了股东可以通过投票影响公司事务的一个主要途径。

事实上,投票权的设计是用来鼓励管理层对股东负责。[17] 虽然董事被视为股东代理人,但董事利益会偏离股东利益。[18] 投票权的目标在于使这两种利益协调一致。因此,股东能够投票罢免董事或者拒绝将其选入董事会,直接控制业绩较差的董事。而且,股东有权力间接替换董事可以诱导董事作出有利于股东的决策。[19]

提名董事候选人是内含于股东投票权的一项权利内容。[20] 董事与股东都有资格提名董事候选人。对股东而言,提名权不仅使股东在选举过程中有发言权,同样也可以确保由管理层选取的董事拥有挑战者。在此方面,董事提名权强化了股东投票权。

然而,委托书的广泛使用对提名权产生影响。公众公司股东通常通过委托书投票。[21] 委托书意味着股东授权第三人代表股东进行投票。[22] 由于公众股东具有分散性,并非所有股东都可出席股东会议,这时很难达到选举或者其他事项必需的法定人数。[23] 通过委托书投票可以解决这些问题。

由于股东通过委托书进行投票,公司必须在股东会召开前进行委托书征集。联邦法律即众所周知的委托书规则对公众公司的委托书征集行为进行规

---

〔16〕 See id.

〔17〕 See Bebchuk, supra note 9, at 851.

〔18〕 公司学者将这种差异视为代理问题并指出公司法大部分旨在回应这一代理问题。See, e. g., Adolf A. Berle & Gardiner C. Means, The Modern Corporation and Private Property 4 – 7 (1932); Michael C. Jensen & William H. Meckling, Theory of the Firm: Managerial Behavior, Agency Costs, and Ownership Structure, 3 *J. Fin. Econ.* 305, 309 (1976). But see Margaret M. Blair & Lynn A. Stout, A Team Production Theory of Corporate Law, 85 *Va. L. Rev.* 247, 290 – 91 (1999) (指出:与代理人相比,董事角色更像是受托人).

〔19〕 See Bebchuk, supra note 9, at 851.

〔20〕 See Shareholder Proposals, Exchange Act Release No. 56, 160, Investment Company Act Release No. 27, 913, 72 Fed. Reg. 43, 466, 43, 467 (proposed July 27, 2007) [以下称为 2007 Shareholder Proposals] (指出股东的一个重要权利就是出席股东会议并提出表决提案的权利,这种提案包括提名董事候选人的提案).

〔21〕 See Clark, supra note 11, at 360.

〔22〕 See Del. Code Ann. tit. 8, § 212 (2007) (通过委托书投票的权利).

〔23〕 See Jill E. Fisch, From Legitimacy to Logic: Reconstructing Proxy Regulation, 46 *Vand. L. Rev.* 1129, 1135 (1993) (指出公司进行委托书征集的主要原因是符合州法定数规则要求).

制。[24] 该委托书规则规定，任何人未先向 SEC 提交委托书说明书而向被征集股东提供该委托书说明书的则构成违法。[25] 在委托书说明书这种文献上，它所包括的信息涉及公司以及投票表决事项。[26] 该委托书说明书必须包括一张卡片式选票，在该选票上股东可以记录其投票指示。[27] 因此，当公司进行委托书征集时，必须向所有股东准备和发送委托书说明书。在股东会议选举董事时，该说明书必须包括参选候选人信息。这种委托书说明书有时被称为“公司选票”。[28]

委托书规则并不要求公司将股东提名的候选人写在公司选票上。因为委托书规则适用于所有寻求征集委托书的人，股东必须遵守这些规则。然而，如果股东寻求代表公司管理层不支持的被提名人进行征集，股东则不能利用公司委托书参与董事提名。当然，根据《1934 年证券交易法》的规则 14 - 8，修改后被称为“股东提案权规则”，公司必须为那些符合特定条件的股东使其能将各种提案写入公司委托书说明书，这一机制使其他股东能够对这些提案进行投票。[29] 然而，《1934 年证券交易法》的规则 14 - 8 规定公司能够在委托书说明书中排除某些提案，包含任何有关董事选举的提案。[30] 根据 SEC 的要求，排除目的非常清楚：股东提案规则目的不是发动选举竞争或者改革措施的正

---

〔24〕 See Securities Exchange Act of 1934 Regulation 14A, 17 C. F. R. § 240. 14A(2007).

〔25〕 See Securities Exchange Act of 1934 Rule 14a - 3, 17 C. F. R. § 240. 14a - 3(a)(2007). 当委托书说明书是为涉及董事选举的股东年会的发行人而制作时，该委托书说明书必须附有公司年度报告或者在委托书说明书制作前先行发布公司年报。See 17 C. F. R. § 240. 14a - 3(b)(2007).

〔26〕 See 17 C. F. R. § 240. 14a - 3(2007).

〔27〕 See Securities Exchange Act of 1934 Rule 14a - 4, 17 C. F. R. § 240. 14a - 4(a)(2)(2007).

〔28〕 See Jayne W. Barnard, Shareholder Access to the Proxy Revisited, 40 *Cath. U. L. Rev.* 37, 56 (1990); Bebchuk, supra note 9, at 856; Lucian A. Bebchuk, The Myth of the Shareholder Franchise, 93 *Va. L. Rev.* 675, 688(2007)[以下为 Bebchuk, The Myth of the Shareholder Franchise].

〔29〕 See Securities Exchange Act of 1934 Rule 14a - 8, 17 C. F. R. § 240. 14a - 8(2007). 这些条件包含某些程序要求，包括股东必须至少持有 1% 或者市值 2000 美元能够在股东会议上进行表决的证券、必须告知这一提案。See 17 C. F. R. § 240. 14a - 8(b). 此外，公司必须在其主要行政办公室收到提案，并且必须在“向股东发送与公司上一年度股东年会相关的委托书说明书的日期”之前不晚于 120 个工作日 (calendar days)“17 C. F. R. § 240. 14a - 8(e)(2). 而且，一个股东每次股东会议只能提交一份提案。See 17 C. F. R. § 240. 14a - 8(c); Adam G. Brimer, Getting Wired at the SEC: Reforming the Proxy Process to Account for New Technologies, 58 *Ala. L. Rev.* 179, 185 - 86(2006); Alan R. Palmiter, The Shareholder Proposal Rule: A Failed Experiment in Merit Regulation, 45 *Ala. L. Rev.* 879, 886(1994).

〔30〕 See 17 C. F. R. § 240. 14a - 8(i)(8). 公司可以有各种理由排除股东提案，即使提案符合 Rule 14a - 8 的程序要求。See generally Palmiter, supra note 29, at 890 - 92(指出排除股东提案最常见的理由).

确场所。[31] 作为这种排除的结果,任何股东寻求提名未能获得管理层支持的董事候选人必须通过准备和发送自己的委托书说明书进行委托书竞争。

委托书争夺比较罕见。尽管有数千家公众公司,但是每年发生的委托书争夺战平均只有40起或者更少。[32] 在敌意收购时委托书争夺情形之外,这一数字大幅下降。因此,Lucia Bebchuk 教授发现,从1996年到2002年,与收购竞争无关的委托书竞争每年平均只有11起。[33] 委托书争夺战的缺乏表明,股东很少利用该规则来提名竞争候选人。

专家相信,委托书竞争稀少的现象源于准备和寄送委托书说明书的成本。SEC 已经认识到,对大多数股东而言,"因为涉及巨大费用支出,选举争夺战不可行"。[34] 经验证据表明准备和寄送委托书说明书要支付巨额费用。[35] 这些费用妨碍了大多数股东发动委托书争夺战。[36]

股东不能利用委托书说明书同样引发不公平。事实上,现行规则意味着:现任董事或管理人员支持的董事可以使其费用由公司承担,而股东挑战者则必须自己承担成本。[37] 在这方面,在现行制度中管理层被提名人更具有优势。

此外,股东不能利用公司委托书说明书大大影响了他们提名董事候选人的能力。虽然股东能够向公司提名委员会建议候选人。然而,这种能力却很

---

〔31〕 See Proposed Amendments to Rule 14a - 8, Exchange Act Release No. 12, 598, Investment Company Act Release No. 9343,41 Fed. Reg. 29,982,29,982(proposed July 7,1976). 这些排除也用来设计为防止规避委托书规则其他披露要求。See Shareholder Proposal Relating to the Election of Directors, Exchange Act Release No. 56,161,Investment Company Act Release No. 27,914,72 Fed. Reg. 43,488,43,491 (proposed July 27,2007);2007 Shareholder Proposals, supra note 20, at 43,469.

〔32〕 See Bebchuk, The Myth of the Shareholder Franchise, supra note 28, at 683 tbl. 1.

〔33〕 See Bebchuk, supra note 9, at 856.

〔34〕 See Reexamination of Rules Relating to Shareholder Communications, Shareholder Participation in the Corporate Electoral Process and Corporate Governance Generally, Exchange Act Release No. 13, 482, Investment Company Act Release No. 9740, 42 Fed. Reg. 23, 901, 23, 902 (May 11, 1977) [以下称为 Shareholder Participation].

〔35〕 See Melvin Aron Eisenberg, Access to the Corporate Proxy Machinery, 83 *Harv. L. Rev.* 1489, 1499 (1970)(指出1969年委托书争夺成本估计为4万~100万美元).

〔36〕 See Bebchuk, The Myth of the Shareholder Franchise, supra note 28, at 683; Elizabeth Cosenza, The Holy Grail of Corporate Governance Reform: Independence or Democracy?, 2007 *BYU L. Rev.* 1, 43(2007).

〔37〕 股东无权要求返还他们发动委托书争夺的费用。See Lucian Arye Bebchuk & Marcel Kahan, A Framework for Analyzing Legal Policy Towards Proxy Contests, 78 *Cal. L. Rev.* 1071, 1107 - 09(1990). 然而,只有在股东被认为合理并且董事会批准该项费用返还时,股东才可以得到补偿。相比之下,现任者有权就委托书争夺支出费用得到补偿,只要这些费用合理。See id.

少转化为管理层对该提案建议的认可。[38] 如果股东建议被忽略或者拒绝，他们没有什么救济途径。[39] 因此，股东可以寻求在股东会议现场提名候选人。[40] 然而由于股东分散的特点，委托书程序已经取代股东会议作为提名董事候选人的平台。[41] 这意味着：在股东会议现场提名候选人不会起作用，因为这种提名是发生在绝大多数股东早已通过委托书投票之后。因此，如果股东不能通过委托书说明书提名候选人，相对而言该提名权就失去了意义。

结果，公司选举只不过成为管理层选择的一个橡皮图章。[42] 因为股东没有充分手段提出其董事候选人，所以大多数董事的被提名人选举没有挑战者。选举不存在竞争，意味着选举结果早就注定。在此方面，现行规则将股东投票变成一种形式操练。正如一位专家所言，"让任何集团享有利用公司委托书资料专门用来指定其董事候选人，事实上等于赋予该集团选举董事会的权力"。[43]

股东缺乏利用公司选票的途径剥夺了股东能够直接影响选举的投票权以及其潜在的间接权利。这是因为，董事再次当选实际上得到保障，削弱了他们对重复以利于股东方式行动的关注。[44] 结果，股东投票权作为一种确保管理人员负责任的手段失去了其效力。[45]

（二）股东利用公司委托书参与董事提名制的希望

1. 投票权的实现

使股东投票权富有生命力的努力不可避免地以股东利用公司委托书参与

---

〔38〕 Security Holder Director Nominations, Exchange Act Release No. 48,626, Investment Company Act Release No. 26,206, 68 Fed. Reg. 60,784, 60,786 (proposed Oct. 23, 2003) [以下为 2003 Proposed Nomination Rule] (指出对提名委员会的提案很少有效).

〔39〕 See id.

〔40〕 See 2007 Shareholder Proposals, supra note 20, at 43,467; Franklin Balotti & Jesse Finkelstein, Delaware Laws of Corporations and Business Organizations § 7.9 (4th ed. 2006).

〔41〕 See Proposed Amendments to Rule 14a-8 Under the Securities Exchange Act of 1934 Relating to Proposals by Security Holders, Exchange Act Release No. 19,135, Investment Company Act Release No. 12,734, 47 Fed. Reg. 47,420 (proposed Oct. 14, 1982) [hereinafter 1982 Proposed Shareholder Access Amendments]; Eisenberg, supra note 35, at 1505 (指出"在委托书资料中指明候选人就是现在的提名").

〔42〕 See Eisenberg, supra note 35, at 1504 (指出无法在各种候选人之间选择使投票过程形式化).

〔43〕 Id.

〔44〕 See Bebchuk, supra note 9, at 856.

〔45〕 See Blair & Stout, supra note 18, at 310 (指出股东投票权对他们而言很少或者不能控制董事).

董事提名为中心。股东利用公司委托书参与董事提名是一种理想方式,具有直接和间接好处。通过去除委托书征集的成本障碍,股东利用公司委托书参与董事提名,通过确保股东拥有真实机会来选取自己选择的候选人从而直接影响选举结果。[46] 此外,股东利用公司委托书参与董事提名间接地确保,董事能够注意股东所关心的问题或者可能被罢免的风险。[47] 当然,股东大会罢免权利必须可靠,否则,董事就会随意忽视股东利益。然而,股东利用公司委托书参与董事提名确实存在真实威胁,因为它确保股东有真实机会提名董事并且表决。结果,这种途径也带来一种威胁,即有可能鼓励股东与公司管理人员的联系。在此方面,股东利用公司委托书参与董事提名渐渐扩大了股东在公司中的参与权利,因此股东利用公司委托书参与董事提名制似乎成了提高股东权利的一个最佳机制。

股东利用公司委托书参与董事提名同样似乎代表了一种实现股东权利的理想机制,因为它提高了股东更高层面的参与。因为股东能够发起委托书争夺现在通常取决于他们能够承担巨大成本,只有少数股东可以有效地利用现行委托书征集制度。[48] 这就是问题所在,因为这意味着:只有少数股东可以对公司事务产生重大影响。通过确保股东能够有一种更节省成本的提名董事候选人的手段,股东利用公司委托书参与董事提名显然使更大范围股东参与成为可能。但是同样,大多数提案能够使股东利用公司委托书参与董事提名,只要他们掌握一定数量股票。[49] 因此,这些提案能够保证更多股东有能力不仅能够提名候选人载入公司选票,同样也可以影响选举过程及公司事务。

---

〔46〕 Cf. Bebchuk, The Myth of the Shareholder Franchise, supra note 28, at 688 – 90.

〔47〕 See Cosenza, supra note 36, at 42 – 43(指出允许股东利用公司委托书参与董事提名会改善公司监督).

〔48〕 See Bebchuk, The Myth of the Shareholder Franchise, supra note 28, at 687(指出少量异议者);id. at 691(指出争夺成本).实际上,对冲基金在委托书争夺中越来越发挥作用。See Institutional S'holder Servs. ,2006 Postseason Report:Spotlight on Executive Pay and Board Accountability 2(2006)[以下为 2006 Proxy Report][向《印第安纳法律学刊》(Indiana Law Journal)提交的报告].

〔49〕 See infra notes 92,105 and accompanying text. 例如,最近两个股东利用公司委托书参与董事提名的提案允许任何股东或者股东集团,至少持有 5% 公司证券一年,利用公司委托书参与董事提名。See infra notes 105,123. 然而,一些支持者批评这一门槛过于严格,特别是鉴于这一事实:股东提交其他提案的唯一要求是股东拥有 2000 美元公司股份。See RiskMetrics Group, 2007 Postseason Report: A Closer Look at Accountability and Engagement 16(2007)[hereinafter 2007 Proxy Report];see also 17 C. F. R. § 240. 14a – 8(b)(2007)(规定股东必须持有至少公司 1% 的证券或者市值 2000 美元市值的证券).

同时,至少在间接意义上,股东利用公司委托书参与董事提名鼓励股东之间进行协作,这增加了当选董事重点关注全体股东相关问题的可能性。实际上,对现行制度的一个担忧是,如果只有一个集团(如公司管理人员)能够提名候选人,那么这些候选人就会对该集团感恩戴德。[50] 进而,这些候选人可能会以牺牲整个公司的利益为代价提高该集团利益。通过为更多股东打开利用选票之门,股东利用公司委托书参与董事提名机制可以减轻这种担忧。此外,因为提名股东需要获得其他股东支持才能使其候选人当选,股东利用公司委托书参与董事提名就要求股东之间进行协作。事实上,股东需要彼此之间加强团结以确保其具有提名董事候选人所必需的股份比例。因为该机制依靠这些协作形式鼓励股东合作,因此增强了董事能够代表全体股东利益的可能性。

2. 最佳效应的障碍

(1)集体行动问题

当然,股东利用公司委托书参与董事提名可能不会获得其所要求的结果,因为股东行使投票权存在集体行动问题。[51] 两个最著名的集体行动问题是理性冷漠与"搭便车"问题。许多评论人将股东描述为理性冷漠。[52] 伯利(Berle)与米恩斯(Means)在其开创性著作中,描述了理性冷漠及其在公司治理问题中的中心地位。[53] 理性冷漠,是指股东获取特定行为的信息以及投票反对管理层的成本会超过他们投票后所预期的或者实际的好处。[54] 基于这种成本效益分析,股东会理性地选择不投票或者至少不投票反对管理层。"搭便车"问题源于股东认识到:他们只需要依靠其他股东的行动就能获得好处,这便削弱了股东亲自行动的激励。[55] 通常股东未能充分利用公司委托书参与董事提名可能源于理性冷漠、"搭便车"问题,或者两者都有。倘若如此,股东利用公司委托书参与董事提名制度可能不会达到激励股东行使投票权的目的。

---

〔50〕 See Cosenza, supra note 36, at 42 – 43; Eisenberg, supra note 35, at 1504.

〔51〕 See Bernard S. Black, Shareholder Passivity Reexamined, 89 *Mich. L. Rev.* 520, 526 – 28 (1990)(提出这一观点"集体行动问题使得股东消极不可避免").

〔52〕 See Berle & Means, supra note 18, at 81; Black, supra note 51, at 527.

〔53〕 See Berle & Means, supra note 18, at 81.

〔54〕 See Clark, supra note 11, at 390 – 91; Daniel R. Fischel, The Corporate Governance Movement, 35 Vand. L. Rev. 1259, 1277 (1983).

〔55〕 See Clark, supra note 11, at 392 – 93; Black, supra note 51, at 528; Fischel, supra note 54, at 1277.

然而证据表明,这些集体行动问题可以被克服。事实上,近年来股东一直不断活跃着,发起各种各样活动增加自己在公司内部的投票权以及在一系列问题上影响公司政策。不但如此,他们的积极主义已经产生一定结果。[56] 因此,正如本文第三部分将要叙述的股东投票运动,包括那些反对管理层政策的投票运动,已经获得股东强力支持。甚至个体股东的积极行动已经取得的结果也令人瞩目。[57] 此外,投资者更愿意对董事保留支持,特别是董事忽视股东对某项行动的要求时。[58] 而且,尽管发动一场委托书争夺战存在障碍,但是仍有迹象表明:股东不仅发动了这种战争,而且在这些战争中股东提名的候选人最终击败了管理层支持的候选人。[59] 这一讨论意味着:尽管根据现行制度,股东利用这种权利存在障碍,但是他们能够并且愿意利用他们的这一权利。由此可知,集体行为问题不构成股东有效利用委托书参与董事提名的一个重大障碍。

(2)股东能力

对股东能力的担忧同样会削弱股东利用委托书参与董事提名的效果。事实上,股东会相信:董事处于更有利的地位来选举董事被提名人。[60] 相比之下,股东可能在信息上处于劣势,并且缺乏选举董事候选人必需的资源和专业知识。[61] 基于这种评估,股东有效利用委托书参与董事提名可能不会产生其所要求的结果,因为股东会相信:赋予其他股东广泛的提名权是不正确和无效率的。

为支持这一观点,有人可能会指出股东近来通过修改章程细则规定股东利用公司委托书参与董事提名的努力并未成功。事实上,在 2007 年委托书征集季里,股东对 3 个股东利用公司委托书参与董事提名的提案进行投票。[62] 最引人注目的是提交给 HP 公司的提案。在该提案提交之后,HP 公司寻求排

---

〔56〕 See 2007 Proxy Report, supra note 49, at 5 – 7.

〔57〕 See id. at 5.

〔58〕 See id. at 26.

〔59〕 See id. at 22. 2007 年有 34 起委托书争夺战进行了投票表决,而 2006 年有 21 起。至少一个股东集团在争夺战中占据上风,得到三个董事会席位。See id.

〔60〕 See Bebchuk, supra note 9, at 877(指出:股东倾向于投票赞成管理层可能源于对被认为有更好信息当事人的理性尊重).

〔61〕 See id. at 880.

〔62〕 2007 Proxy Report, supra note 49, at 16.

除该提案,要求 SEC 工作人员颁布无异议函(这种书信表明:对公司排除该提案的决定,SEC 不会采取行动)。因为那时 SEC 正在积极考虑股东利用公司委托书参与董事提名问题,工作人员拒绝颁发无异议函。[63] 此后,HP 公司将这种利用委托书的提案包含在委托书说明书中。人们可能会认为,HP 公司所引起的关注会增加该提案成功的可能性。然而,该提案失败了,只得到股东投票 43% 的支持。[64] 该提案未能得到提案通过所需的 2/3 投票,可能反映了股东没有利用这种机制的要求。后来,HP 公司一项类似的委托书利用提案由于未能取得必需的股东支持而失败。[65] 这些投票表明,股东积极行动者可能对其他股东并不支持的问题过于迫切。这些投票同样表明,股东可能并不认为将股东利用公司委托书参与董事提名的优势赋予其他股东是正确的,这削弱了这些途径的有效性。

然而,其他证据掩饰了这种建议。值得注意的是,在 2007 年,至少一项利用章程细则修改赋予股东利用公司委托书参与董事提名的提案得到多数支持。[66] 而且,股东积极行动者主张:HP 公司投票是一种成功的象征。[67] 事实上,这些提案获得超过股东投票 40% 的支持。[68] 正如委托书专家所言,这些比例反映了对股东利用公司委托书参与董事提名的强烈支持,特别是考虑是第一次投票,并且,在他们第一次写进公司选票时,大多数股东提案得到的支持比例一般会相当低。[69] 同意股东利用委托书参与董事提名的股东比例高意味着,相当一部分股东赞成这种机制。这进一步表明,股东相信其他股东能够正确行使提名权利。

---

〔63〕 See Hewlett-Packard Co. ,SEC No-Action Letter,2007 WL 224970, at ＊1(Jan. 22,2007)(指出 SEC 工作人员对 HP 能否排除该提案没有表达任何观点).

〔64〕 See Tomoeh Murakami Tse,HP Investors Reject "Proxy Access";Proposal Would Have Opened up Board-Nominating Process,Wash. Post,Mar. 15,2007,at D02. 该提案得到 39% 的投票支持,但是后来修改为 43% 。Id.

〔65〕 这一投票源于 United Health Group 提交的一项提案,该提案得到股东投票 45. 3% 的支持。2007 Proxy Report,supra note 49,at 16.

〔66〕 See id. (描述了一家小型生物技术公司 Cryo-Cell International 的投票情况).

〔67〕 See Tse,supra note 64.

〔68〕 See 2007 Proxy Report,supra note 49,at 16.

〔69〕 See Tse,supra note 64.

(3)特殊利益股东

许多人士认为,股东利用委托书参与董事提名可能会无效率,因为它将权力赋予一些特殊利益的股东,他们提出的一些问题对大部分股东或者公司整体无意义。诸如公共退休基金以及所谓的社会投资者(那些提出有关社会或者环境问题的股东)一直是股东提案权机制的使用者,然而历史证据表明,这些股东倾向于提出一些狭小或者个人问题。[70] 考虑到他们积极行动主义的历史,这些股东最有可能利用委托书参与董事提名。最近,对冲基金在公司治理领域日益活跃。[71] 流行的说法是,这些基金倾向于采取一些短期行为,可能与其他股东利益不一致。[72] 然而他们的资源使他们能够对公司管理人员运用相当直接和间接的权利。[73] 在这些股东看来,几名学者和评论人士已经表达了这种担心:增加股东权利的运动将会给那些意在提高自己狭隘目标的投资者提供更有利的条件。[74] 即使这些股东不能取得对他们候选人的直接支持,他们也可以利用委托书参与董事提名作为平台来间接对公司施加压力[75],或者进行干扰。[76] 一些股东可能会利用委托书参与董事提名迫使公司关注一些影响全体股东之外的事情,这种可能会严重削弱股东利用委托书参与董事提名的效用。虽然这种可能代表了一种担忧,但是这种担忧程度可能已经被夸大。

第一,认为社会投资者或者对冲基金的利益与大部分股东利益不一致可能并不准确。事实上,这些社会投资者引发的一些担忧已经获得股东强力支

---

〔70〕 See Bainbridge, Director Primacy, supra note 9, at 1754; Roberta Romano, Public Pension Fund Activism in Corporate Governance Reconsidered, 93 *Colum. L. Rev.* 795, 811 - 12(1993).

〔71〕 See Frank S. Partnoy & Randall S. Thomas, Gap Filling, Hedge Funds, and Financial Innovation 2, 20(Vanderbilt Univ. Law Sch. Law & Econ. Research Paper Series, Paper No. 06 - 21, 2006), available at http://ssrn.com/abstract=931254.

〔72〕 See id. at 24. 但是 Partnoy 与 Thomas 发现对冲基金从事各种行为,其中一些集中于更长期的战略问题。Id.

〔73〕 See id. at 49.

〔74〕 See Bainbridge, Director Primacy, supra note 9, at 1754; Romano, supra note 70, at 811 - 12(指出公共基金与私人基金的区别以及公共基金关注地方和/或者社会问题所面临的压力); Stewart J. Schwab & Randall S. Thomas, Realigning Corporate Governance: Shareholder Activism by Labor Unions, 96 *Mich. L. Rev.* 1018, 1022 23(1998).

〔75〕 See Bainbridge, Director Primacy, supra note 9, at 1754; Bebchuk, supra note 9, at 878.

〔76〕 See Bebchuk, supra note 9, at 879 80.

持。[77] 因此,在最近一些委托书征求季节里,一些社会性提案与公司治理提案进展得很顺利。[78] 同样,最近有证据表明,一些对冲基金从事对所有股东都有益的行为。[79] 在这方面,不能够自动地假设:社会投资者或者对冲基金将以狭隘视角推荐候选人或者进行其他对所有股东无益的活动。

第二,通过为所有股东提供一种更符合成本效益的行使发言权的手段,股东利用委托书参与董事提名可能不会削弱具有更大资源集团的影响。事实上,对冲基金积极行动主义成功的一个原因就是其巨大资源。然而,股东利用委托书参与董事提名可以削弱这些资源在股东进行委托书争夺中的影响。如此,当这些投资者被认为所提出的利益与更大范围内的股东的利益不一致时,股东就可以挫败对冲基金的努力和其他投资者。[80] 比如,股东投票否决对冲基金买断,已经表明他们愿意将公司企业及其他成员利益置于自身短期盈利利益之上。[81] 这些行为表明,增加股东权利可以使更多股东在公司治理实践中采取积极行动,并可以更好地击败那些会损害公司整体利益的人员。

第三,候选人需要得到多数支持的事实减弱了具有特殊利益的股东劫掠选举过程的程度。[82] 与此同时,它增加了这种可能,即股东将会提出更有吸引力的候选人。现行股东积极主义的证据支持了这种可能。因此,最近几年委托书数据揭示了各种股东群体之间日益增加的协调。[83] 这表明,强化股东权利也可增加激励他们协同工作。最近几年的委托书数据支持了下面的看法:股东会利用委托书机制提出更多对更大范围内股东集团有吸引力的候选人,

---

〔77〕 See 2007 Proxy Report, supra note 49, at 20, 31(准确指出股东提案得到很大支持,甚至在一些场合是大多数支持).

〔78〕 See id. at 44.

〔79〕 See Partnoy & Thomas, supra note 71, at 46(指出:对冲基金积极主义一些形式,特别是关注目标公司治理程序的形式,可能有益于更大范围的股东集团).

〔80〕 See id. at 21.

〔81〕 See id.

〔82〕 See Partnoy & Thomas, supra note 71, at 14 – 15; Schwab & Thomas, supra note 74, at 1035 – 36, 1082 – 83(指出:股东提案没有其他股东支持不能成功,并且,除非这些提案与引起股东大多数共鸣的问题有关,否则这种支持不会出现).

〔83〕 See Institutional S'holder Servs., 2005 Postseason Report: Corporate Governance at a Crossroads 10, 41(2005)[以下称为 2005 Proxy Report]; Institutional S'holder Servs., 2004 Postseason Report: A New Corporate Governance World: From Confrontation to Constructive Dialogue 5, 28(2004)[以下称为 2004 Proxy Report].

因此削弱了那种认为该机制将会导致股东提出倾向于狭隘或者特殊问题的候选人的观点。

3. 结论性评价

如上所述,股东会利用委托书参与董事提名可能有不足之处,但是总体上,似乎能够实现确保股东投票权具有意义这一期待。此外,该机制似乎增强了更大范围股东的投票权,同时大大减少了少数股东不当影响选举程序或者公司事务的可能。在这方面,股东积极行动者重点关注股东会利用委托书参与董事提名似乎正当并且可以理解。

当然,股东会利用委托书参与董事提名只代表了有限的权利。这一途径只是赋予股东取代现行董事或者选举不同董事的权利。然而,该制度并没有为股东提供提出公司政策的权力,或者正如 Bebchuk 所说,制定"游戏规则"。[84] 因此,尽管有股东会利用委托书参与董事提名制度,董事与公司高级职员仍然继续有权利管理公司事务,不需要股东干预。从这一角度看,股东会利用委托书参与董事提名制度没有自动改变公司内部权力平衡。[85] 然而,这种改变并不是股东会利用委托书参与董事提名制度的目标所在。事实上,股东会利用委托书参与董事提名制度的目标在于确保股东在现行框架内可以更有效地发挥投票权利。当前,从事委托书竞争的成本已经增加了投票权不必要的负担。股东会利用委托书参与董事提名制度目标在于去除该负担,并因此恢复投票权在公司治理中的正确作用。

二、委托书争夺战

(一)历史视野中股东利用委托书参与董事提名的争夺战

1942 年 SEC 第一次考虑授权股东利用公司选票。那一年,SEC 提出一项

---

〔84〕 Bebchuk, supra note 9, at 856 – 57. 然而,利用公司委托书参与董事提名确保具有影响公司决策的间接利益。See id. at 878.

〔85〕 But see Bainbridge, Shareholder Voting Rights, supra note 9, at 603 – 06(指出:任何管理层责任的强化必然限制管理者权力).

规则要求公司将股东提名的董事候选人记载在公司委托书说明书中。[86] 对该规则的批评数量之多非常惊人,以致 SEC 拒绝实施该规则。[87]

1977 年,SEC 在对选举程序与公司治理全面研究情况下重提股东利用公司委托书参与董事提名问题。[88] 1977 年 4 月,SEC 征求一项评论:是否应当改变委托书规则允许股东利用公司选票提名自己选择的候选人。[89] 作为这一行动的结果,1982 年 SEC 提出股东利用公司委托书说明书的三种方案。[90] 第一种方案保留现行框架,但是增加额外的程序规则,对一些实质规则做出解释性指南。[91] 方案一主要的变化是股东提起提案需要持有至少一定数量股份至少一年。[92] 当时,这种限制并不存在。第二种方案是公司经过股东批准,通过自己程序让股东利用公司选票。因此,方案二实质上允许公司选出有关提案的联邦委托书规则,[93]赋予股东和公司一定灵活性来决定他们股东提案程序的计划。方案三是取消公司在选票上排除股东提案的能力,但是州公司法认为不正当或者影响董事选举的提案除外。[94] 方案三消除公司将股东提案排除于选票上的能力,而不是州公司法认为不正当或者影响董事选举的提案。[95] 方案三对包括在公司委托书说明书上的提案总数量有一定限制。[96]

最终,SEC 倾向于拒绝通过股东利用公司委托书参与董事提名这一方案。在这三种方案中,方案二会授权股东利用公司委托书参与董事提名,它使股东

---

〔86〕 Securities Act Release No. 2887, Exchange Act Release No. 3347, Investment Company Act Release No. 417, 7 Fed. Reg. 10,655, 10,656 (Dec. 18, 1942); see also Barnard, supra note 28, at 54 n. 102. SEC 还提议一项规则即规则 14a-8 的前身,允许股东在反对管理层提案的委托书说明书中包含 100 字说明。See Securities Act Release No. 2887, 7 Fed. Reg. at 10,656; Barnard, supra note 28, at 47.

〔87〕 See Barnard, supra note 28, at 54; Fisch, supra note 23, at 1163.

〔88〕 See Shareholder Participation, supra note 34, at 23,901.

〔89〕 See id. at 23,903. 提交讨论的问题是:"股东应该利用管理层的委托书征集资料用来提名自己选择的人进入董事会么?" Id. The Release 接着提出这种提名程序问题。Id.

〔90〕 See 1982 Proposed Shareholder Access Amendments, supra note 41, at 47,420.

〔91〕 See id. at 47,421.

〔92〕 See id. 股东通常必须是至少持有发行人证券的 1% 或者市值 1000 美元的名义持有人或者实质持有人。Id.

〔93〕 See id. at 47,422.

〔94〕 SEC 预料这一计划的任何规则对资格和排除任何股东提案的基础会规定最低限制。See id.

〔95〕 See id. 在这一方面,Proposal Ⅲ会自动生效,因此省去了 SEC 工作人员参与股东提案程序的大量工作。Id.

〔96〕 Id.

与公司可以灵活地建立利用公司选票的程序。然而方案二招致严厉批评。[97] 评论人士认为,该方案赋予公司和股东自由裁量会导致公司间缺乏一致性,可能产生混乱及由此混乱增加的诉讼。[98] SEC 拒绝方案二,采纳了方案一,从根本上维持不允许股东利用公司委托书参与董事提名的现状。[99]

1992 年 SEC 对委托书规则进行全面审查。[100] 然而,在对联邦委托书规则进行系列修正的同时,SEC 没有作出任何股东利用公司委托书参与董事提名的规定。[101]

(二)最近新的冲突

2002 年公司治理丑闻激发了对股东利用公司委托书参与董事提名的重新探讨。2003 年年初,SEC 指定工作人员研究委托书规范,目的之一是改善公司民主。[102] 这项研究指出了关注的领域,包括由于股东不能在公司选票上提名自己候选人造成的不平等。[103]

结果,2003 年 SEC 提出规则 14,该规则授权股东在特定情况下可以利用公司委托书参与董事提名。[104] 根据该规则草案,如果两个触发事件有一个发生,股东就可以要求公司将股东提名的候选人载于公司委托书说明书上,只要该股东进行提名时持有至少 5% 的有表决权股份并且持有期间至少 2 年。[105]

---

〔97〕 See Amendments to Rule 14a – 8 Under the Securities Exchange Act of 1934 Relating to Proposals by Security Holders, Exchange Act Release No. 20,091,48 Fed. Reg. 38,218,38,218(Aug. 16,1983)[以下称为 1983 Final Rule](Final Rule).

〔98〕 See id.

〔99〕 See id. 事实上,绝大多数评论人士赞同 Proposal I。Id. 支持者相信确保股东在公司中有经济利益会抑制该规则滥用。Id. at 38,219. 有趣的是,Proposal I 的通过引起 Longstreth 委员的严厉批评,他相信新修正案中的其他程序规则“[斜体]明显并且不必要地不利于股东寻求利用委托书参与董事提名(significantly and unnecessarily against shareholders seeking access to the proxy machinery)”。Id. at 38,223. Longstreth 委员聪明地简单保留了那时形式的 Rule 14a – 8。Id.

〔100〕 See Regulation of Communications Among Shareholders, Exchange Act Release No. 31, 326, Investment Company Act Release No. 19,031,57 Fed. Reg. 48,276,48,277(Oct. 16,1992)(指明对委托投票规则和程序的三年期进行认真研究).

〔101〕 See Fisch, supra note 23, at 1170.

〔102〕 See 2003 Proposed Nomination Rule, supra note 38, at 60, 784; Press Release, U. S. Securities & Exchange Comm'n, Commission to Review Current Proxy Rules and Regulations to Improve Corporate Democracy, 2003 – 46(Apr. 14,2003), available at http://www. sec. gov/news/press/2003 – 46. htm.

〔103〕 See 2003 Proposed Nomination Rule, supra note 38, at 60,784.

〔104〕 See id.

〔105〕 See id. at 60,794.

根据第一项触发事件,如果一项要求公司采纳多数决制的决议得到50%以上股东投票的同意,并且该公司在该投票120天内未能实施多数决,股东有权利用公司选票。[106] 第二项触发事件为,如果股东对上一次董事选举中一个或更多董事候选人保留投票比例占投票的至少35%。[107] 规则14也对规则14a-8予以修改,明确规定:股东利用公司委托书参与董事提名的提案不能根据规则14a-8予以排除。[108]

对规则14a-11的反对最终导致其夭折。事实上,在获得该规则相关评论后,SEC没有做任何努力来通过该规则。直到2005年年底,SEC工作人员将该不作为解释为一个信号:SEC废除了其制定股东利用公司委托书参与董事提名的承诺。[109]

美国第二巡回法院在"美国州县市雇员联盟诉美国国际集团公司案"(AFSCME v. AIG)中重新提起这一问题。[110] 在该案中,作为雇员退休金计划兼AIG公司股东的AFSCME向法院寻求强迫公司将股东提案记载于公司委托书说明书上,该股东提案涉及公司章程细则规定允许在特定情况下允许股东提名的候选人记载于公司选票。[111] SEC工作人员的立场是:公司可以从其委托书说明书中排除该提案。[112] 事实上,将近2个世纪以来,SEC将规则14-8解释为:基于可以排除与选举有关的提案,关于选举程序的股东提案可以被排除。[113] 然而,美国第二巡回法院反驳认为:这一立场与SEC原来的委托书规

---

[106] See id. at 60,789-90. 只有至少1%持有公司发行股份一年的股东才能提出绝对多数决提案。Id. at 60,789.

[107] Id. at 60,789.

[108] Id.

[109] 因此,在系列"无异议"(no-action)函中,SEC工作人员所持立场是:公司委托书声明书中可以排除基于规则14a-11的股东提案,考虑到随着时间推移而SEC并未采取行动,这种提案的通过似乎反映了一种立场:SEC不再支持该类提案。See, e. g., Halliburton Co., SEC No-Action Letter, 2005 WL 283290, at *1(Feb. 7, 2005); Qwest Communications Int'l Inc., SEC No-Action Letter, 2005 WL 283288, at *1(Feb. 7, 2005).

[110] 462 F. 3d 121(2d Cir. 2006).

[111] See id. at 123. 这一建议规定:股东提名候选人可以记载于公司选票,只要提名股东持有已发行股份3%至少一年时间。Id. at 124 n. 3.

[112] Am. Int'l Group, Inc., SEC No-Action Letter, 2005 WL 372266, at *1(Feb. 14, 2005).

[113] See 2007 Final Shareholder Proposal Rule, supra note 7, at 70,453; AFSCME, 462 F. 2d at 123.

则相互矛盾。[114] 在美国第二巡回法院看来,规则 14 – 8 通过以后,在排除选举程序的股东提案时,SEC 既没有明确解释也没有适用委托书规则。[115] 因此,SEC 最近对该规则的解释反映了一个变化,然而这种变化未经任何解释。[116] 美国第二巡回法院认为,应当更加考虑 SEC 以前的解释,因为该解释出现在对股东提案排除之时。[117] 基于这种认识,美国第二巡回法院主张:不能排除包含股东利用公司委托书参与董事提名程序的股东提案,因为他们与规则 14 – 8 界定的选举含义无关。[118] 美国第二巡回法院建议,SEC 要澄清它对允许选举程序的股东提案的立场。[119]

最终,SEC 作出回应。[120] 2007 年 7 月,SEC 对两种相互冲突的股东利用公司委托书参与董事提名的方案寻求评论。[121] 一种方案就是修改规则 14 – 8,允许将股东提案包括在公司委托书资料中,该提案涉及公司内部细则规定股东提名候选人的程序。[122] 公司委托书资料可以包括这种内部细则提案,只要提交提案的股东或者股东集团持有超过公司证券 5% 以上且持有至少 1 年。[123] 修订规则同样要求,任何提交的股东提案必须与州法、公司现行内部细则和章程一致。[124] 由此,该方案赋予股东有能力制定自己的规则而不是强制实行一项特定规则。[125] 第二项方案将会修改规则 14 – 8,明确规定:公司可以在委托

〔114〕 AFSCME,462 F. 3d at 126;see also 2007 Final Shareholder Proposal Rule,supra note 7,at 70,451(指出 SEC 的立场不允许基于选举排除的排除行为).

〔115〕 See AFSCME,462 F. 3d at 123.

〔116〕 Id. at 129.

〔117〕 See id.

〔118〕 See id. at 129 – 30. 这一判决出现是因为第二巡回法院将该规则解释为只禁止那些导致直接选举竞争的提案,而以程序为重心的内部细则并不引发这种直接选举战。

〔119〕 See id. at 131(指出:SEC“当然能够改变其对选举排除的解释”).

〔120〕 2007 年 SEC 举办了系列圆桌会议讨论更一般的股东权利问题。See generally U. S. Securities & Exchange Comm'n,Spotlight on:Roundtable Discussions Regarding the Proxy Process,http://www. sec. gov/spotlight/proxyprocess. htm.

〔121〕 SEC 也寻求对电子股东论坛以及公司或股东应该有能力提出并通过内部细则程序(为了将无约束力的股东提案记载于委托书资料)进行评论。2007 Shareholder Proposals,supra note 20,at 43,469.

〔122〕 Id.

〔123〕 See id. 一年持有期限适用于股东集团每个成员。Id. 此外,任何征集股东必须有资格报备并且报备一份 Schedule 13G. Id. Schedule 13G 只适用于那些取得股份同时并不寻求改变公司控制权的发行人。See id.

〔124〕 See id. at 43,470.

〔125〕 See id. 事实上,股东甚至可以决定提出包含于委托书提案的最低持股水平。See id.

书说明书中排除任何提案,只要该提案支持通过公司内部细则规定股东利用公司选票的程序。[126]

与 SEC 以前的主张一致,SEC 最终否定了股东利用公司选票的方案。与美国第二巡回法院意见不同,SEC 认为,公司委托书资料中包含股东提名的候选人会引发竞争性选举。[127] 然而,该委托书规则中有一条款旨在规范委托书竞争并且确保与该竞争有关的正当披露。[128] 在 SEC 看来,如果不能排除这种股东利用公司委托书参与董事提名的内部细则提案,股东可以回避委托书规则并且无须进行重大披露即可发动选举竞争。[129] 在这方面,SEC 坚持认为,规则 14-8 并非发动委托书竞争的恰当工具,因此不是承认利用公司选票的股东提案的正确平台。[130] 因此,SEC 采纳的规则允许排除内部细则条款,该条款本来会规定选举程序。[131] 虽然一些知名人士敦促 SEC 在通过任何影响股东利用公司委托书参与董事提名的规则之前要等待并评估 AFSCME 案的影响,[132] 但是 SEC 认为,通过规则为公司和股东在之后委托书征求季节作出明确规定很重要。[133] 因此,新规则几乎是立即生效。[134]

(三)前方之路

尽管 SEC 拒绝这一方案,但一些 SEC 成员已经表明愿意重新探讨股东利用公司委托书参与董事提名问题。因此,考克斯(Cox)主席表示他愿意使股东

---

〔126〕 See Shareholder Proposal Relating to the Election of Directors, Exchange Act Release No. 56,161, Investment Company Act Release No. 27,914, 72 Fed. Reg. 43,488, 43,488-89 (proposed July 27, 2007). 这一建议会改变现有语言(现有语言使公司能够排除一项提案),如果一项提案"涉及公司董事会或者类似管理实体成员选举。"Id. at 43,490. 取而代之的是,新规则会规定提案排除情况,即"如果提案涉及公司董事会、类似管理实体成员选举,或者这种提名或者选举程序。"Id. at 43,496.

〔127〕 See 2007 Final Shareholder Proposal Rule, supra note 7, at 70,450.

〔128〕 See Securities Exchange Act of 1934 Rule 14a-12, 17 C. F. R. § 240.14a-12 (2007).

〔129〕 See 2007 Final Shareholder Proposal Rule, supra note 7, at 70,450. 当然,承认股东利用委托书参与董事提名规则包含 Schedule 13G 与新的 Item 24 和 Item 25 的信息披露要求。See 2007 Shareholder Proposals, supra note 20, at 43,471-73.

〔130〕 See 2007 Final Shareholder Proposal Rule, supra note 7, at 70,451.

〔131〕 See id. at 70,452. 除了排除这些内部细则之外,该规则同样排除具有剥夺被提名人、在任期内罢免董事或者质疑董事能力或商业判断的任何规定。See id. at 70,454. 然而,重要的是,SEC 明确表示,公司不能利用该规则排除与投票程序规则,诸如在董事选举的绝对多数决制要求。See id.

〔132〕 See id. at 70,453.

〔133〕 See id. at 70,452(指出:SEC 无异议函会产生不确定性,加剧 AFSCME 判决产生的混乱,并且实际上会要求股东和法院就委托书规则含义提起诉讼。)

〔134〕 See id. at 70,450. 新规则自 2008 年 1 月 10 日开始生效。

利用公司委托书参与董事提名问题成为SEC 2008年日程的一部分。[135] 在最近一次讲演中，Cox表明，SEC 2008年议程会继续重点关注确保股东能够更有效地利用其投票权利。[136]

然而，其他人也认为，最近的发展可能降低了对股东利用公司委托书参与董事提名的需要。事实上，SEC前主席哈维·皮特（Harvey Pitt）主张，最近一些行动已经使股东利用公司委托书参与董事提名问题失去了意义。[137] 鉴于遭遇的困难，如果其他措施削弱了对股东利用公司委托书参与董事提名机制的需要，股东支持者会感到放松。当然，评论人士对股东利用公司委托书参与董事提名方案的排除有时表现为提出规则的形式。[138] 就此而言，这种排除并不必然为对股东利用公司委托书参与董事提名本身的排除。然而，这种排除突出了股东利用委托书参与董事提名规则被接受的困难。而且，许多商界人士一直反对任何赋予股东利用公司委托书参与董事提名的努力。[139] 有人担心授权董事利用公司委托书的权利会产生很大成本，因为它可能将每一次选举竞争都变成委托书争夺战。股东支持者不仅质疑这些成本的范围，同时，鉴于这一方式对股东投票权实现的重要性，还认为这些成本担忧并非排除股东利用委托书参与董事提名的合法理由。还有一些人担心，干扰性提案与特殊利益股东会削弱股东利用委托书参与董事提名机制的效用。反对者同样担心，这些提案会阻碍管理层支持的候选人参与公司选举。[140] 这些担忧显然促使SEC排斥股东利用委托书参与董事提名。过去及最近排斥该方案的历史表明，争取股东利用委托书参与董事提名一直以来并且将继续是一项艰苦奋斗。因此，如果股东积极主义者能够通过其他机制达到赋予股东权利的目标，关注这

---

〔135〕 See Wutkowski, supra note 4.

〔136〕 See Christopher Cox, Chairman, U. S. Securities & Exchange Comm'n, The SEC Agenda for 2008: Remarks to the 'SEC Speaks in 2008' Program of the Practising Law Institute (Feb. 8. 2008), available at http://www.knowledgemosaic.com/Gateway/Rules/SP.spch020808cc.020808.htm. 在讲演中，Cox说明SEC公司财务部门会“继续推行我们的基本目标，使联邦规制的委托书制度更好地与州授予股东决定他们自己公司董事的权利保持一致。”Id. 当然，这种声明不一定是对寻求股东利用委托书参与董事提名制度的承诺。然而，可以确信这种机制仍然是治理对话的一部分。

〔137〕 See Wutkowski, supra note 4.

〔138〕 See 1983 Final Rule, supra note 97, at 38,218 n. 3（指出：一些评论人士支持Proposal Ⅱ的理论基础，但是并不支持该建议本身）.

〔139〕 See id. at 38,218 n. 2（指出有大量评论反对股东利用委托书参与董事提名制度）.

〔140〕 See William J. Feis, Is Shareholder Democracy Attainable?, 31 *Bus. Law.* 621, 640 (1976).

些机制就是一个最优决策。下一部分试图评估这些替代策略的有效性。

三、强化股东权利的替代运动

该部分探讨最近出现的旨在增强股东权利的四种措施。在该部分前面四个小部分论证这些措施各自的优点与不足之后,第五小部分会更加深入地探讨他们对股东间接影响选举结果和公司事务的影响。

(一)电子委托书制度

1.“通知和访问”制度

在2006年年底,SEC发布新规则旨在推动因特网在委托书征集中的使用。[141] 因特网征集规则或者所谓的电子委托书规则,在2007年7月1日开始生效。[142] 这一规则,被称为“通知和访问”模式,允许公司和征集股东通知股东获得委托书资料并且将资料发布在通常可以访问的网站上,从而给股东发送委托书资料。[143] 这一通知可以用电子形式寄送给任何先前已经同意接收电子发布的股东。[144] 根据该规则,征集当事人必须给要求免费得到这些资料的股

---

[141] See Internet Availability of Proxy Materials, Exchange Act Release No. 55, 146, Investment Company Act Release No. 27,671,72 Fed. Reg. 4148,4148 - 88 (Jan. 29,2007) [以下称为 Final E-proxy Rule]. 这些规则标志着SEC第一次寻求依靠网络提供一种委托书征集的替代方法。See Brimer, supra note 29, at 191. 过去,SEC对电子措施可以符合现行委托书发送要求方式作出解释指引。因此,SEC在1995年10月发布一项释令(an interpretive release),中心内容是利用电子媒介与投资者交流。See Use of Electronic Media for Delivery Purposes, Securities Act Release No. 7233, Exchange Act Release No. 36,345, Investment Company Act Release No. 21,399,60 Fed. Reg. 53,458(Oct. 13,1995). SEC在2000年发布另一项解释令。See Use of Electronic Media, Securities Act Release No. 7856, Exchange Act Release No. 42,728, Investment Company Act 24,426,65 Fed. Reg. 25,843(May 4,2000). See Brimer, supra note 29, at 186 - 90 (记录了历史上SEC对电子交流方法的指引). 相比之下,这些新规则为股东规定了一种可选择的发送委托书资料方法。

[142] See Final E-proxy Rule, supra note 141, at 4148.

[143] See Internet Availability of Proxy Materials, Exchange Act Release No. 52, 926, Investment Company Act Release No. 27,182,70 Fed. Reg. 74,598(proposed Dec. 8,2005) [以下称为 Proposed E-proxy Rule].

[144] See Final E-proxy Rule, supra note 141, at 4151 n. 49. 此外,这一通知必须在股东会议日期前40个工作日发送。See id. at 4150. 该通知必须包含诸如投票表决事项陈述与如何要求纸制版的委托书资料等信息。See id. at 4151 - 52. 为减轻股东会在检查其委托书前投票这种担忧,不能随该通知一通寄送卡式投票书。See id. at 4150. 相反,卡式投票书必须在包括委托书说明书的网站上发送,该网站必须提供一种机制用电子方式行使卡式投票书。See id. at 4153. 然而,征集股东与发行人有权在发送通知10日后发送卡式投票书。See id.

东提供纸质副本。[145] 这一规则允许股东提出永久性获得纸质或者电子邮件副本委托书资料的要求。[146] 同样,征集股东而非发行人可以将征集限定于那些原先同意不要求纸质副本的股东。[147] 这一限制并不阻止任何被征集股东要求提供纸质副本。[148]

2. 对股东权利的影响

(1)成本节约之谜

电子委托书规则提供节约成本的可能使其可能成为股东利用委托书参与董事提名最有希望的替代者。人们一致认为,成本乃发动委托书竞争的主要障碍。[149] 据 SEC 估算,在 2006 年,发行人和其他征集人与征集委托书相关的印刷和邮寄成本接近 962.4 万美元。[150] 电子委托书规则的特定目的就在于减少这类成本。[151] 按照这一做法,电子委托书规则可以大大提高股东对委托书机制的使用。[152] 因此,该规则应该能够重新激活股东提名权和投票权。

倘若如此,电子委托书规则应当会促进股东的间接和直接利益。通过消除提名成本障碍,电子委托书规则增加了股东选举他们所选择候选人的能力。电子委托书规则能够使股东影响选举结果的这一事实,同样意味着这一规则能提高股东与管理层间的交流。如果股东能够真正决定哪些董事继续留任,这就增加了董事关注股东关心问题的可能。因此,电子委托书制度看似成为

---

[145] See id. at 4154.

[146] See id. at 4149,4154. 然而,这一要求不能撤销(revoked). See id. at 4154 n. 86.

[147] See id. at 4158.

[148] 提议规则包括一项允许征集股东而非发行人进行有条件征集的规定,进行委托书征集的条件是基于被征集股东同意完全通过网络取得委托书资料。这种有条件征集意味着,征集股东不会不得不向那些向他们提出要求的人提供纸质版委托书资料。然而,最后规则放弃了这种有条件征集,因而征集股东必须向那些被通知的股东发送纸制版资料。See id. at 4150,4158.

[149] See id. at 4164(指出:"进行委托书争夺通常成本非常大");see also supra note 140 and accompanying text.

[150] See Final E-proxy Rule, supra note 141, at 4162. 发行人与其他人在 2006 年的印刷和邮寄成本为 4.812 亿美元。美国自动数据处理公司(ADP)为实质所有人邮寄委托书资料,2005 年 ADP 负责邮寄大约 50% 的委托书资料。See id. ADP 与发行人和其他人的成本总计 9.624 亿美元。See id.

[151] 在通过释令时,SEC 指出,新规则设计旨在给征集股东"提供可能会降低进行委托书争夺成本的一种替代方法。"See Proposed E-proxy Rule, supra note 143, at 74,599. SEC 在该释令中还指出,该规则能够"明显降低委托书征集成本,鉴于印刷和邮寄成本可能会降低。"Id. at 74,607; see also Final E-proxy Rule, supra note 141, at 4162(指出:印刷和邮寄成本的减少以及委托书争夺成本可能会降低是该规则经济效益的最重要来源).

[152] See Brimer, supra note 29, at 198(指出:电子委托书规则应当提高委托书争夺效率和功效).

具有股东利用委托书参与董事提名之优势的最佳替代。

然后,SEC 委员安妮特·纳扎雷斯(Annette Nazareth)认为,电子委托书规则产生的成本节约“有利于使管理层与异议股东间的竞争环境更为公平”。[153] 因而,该规则应该会降低管理层被提名人的相对优势。

不幸的是,并不清楚这些成本节约是否会实现。鉴于这些成本节约代表着电子委托书规则的最大优点,那么缺乏明确性就会大大减少电子委托书规则的效用。事实上,任何水平的成本节约都会受到几种不可预测因素的影响。第一,该规则并不优先于州法适用。因此,如果各州法律要求股东会议或者委托书资料使用纸质通知,征集股东就要承担遵守各州规则的成本。第二,电子委托书规则规定,被征集股东有权要求得到委托书资料的纸质副本。[154] SEC 估算,19%的股东会选择寄送纸质委托书,这意味着:尽管利用电子委托书规则,但提供纸质副本的成本永远存在。[155] 因此,SEC 认识到,要求纸质副本的投资者的潜在比例不可预测,并且每年波动不一。[156] 因此,发行人与征集股东将不得不预测要求纸质副本的数量。估计过高意味着承担不必要的成本,而估计不足则会极大增加成本,因为存在根据要求印刷和提供委托书资料的费用。[157] 因此,SEC 认为,因为需要确保为那些要求提供纸质副本的股东提供充分的纸质副本,电子委托书规则的成本节约可能并不像想象的那样明显。[158] 因为成本节约是电子委托书制度的核心优势所在,与股东利用委托书参与董事提名相比,这一不定性似乎削弱了电子委托书规则的吸引力。

当然,征集股东只向那些已经同意接收委托书资料电子副本的股东进行征集,可能会减少制作纸质副本的成本。[159] 然而,并没有阻止这些股东要求提供纸质副本,这不能完全避免制作这些副本的成本。同样这种征集也不能避

---

[153] SEC Proposes to Modernize Rules Governing Proxy Solicitations, 37 Sec. Reg. & L. Rep. (BNA) No. 47, at 1958 (Dec. 5, 2005).

[154] See Final E-proxy Rule, supra note 141, at 4154.

[155] Id. at 4162.

[156] See id. at 4163.

[157] See id. at 4163(指出:如果纸质本是根据需要供应,那么成本节约会大大降低).

[158] See Proposed E-proxy Rule, supra note 143, at 74,613.

[159] See Final E-proxy Rule, supra note 141, at 4150.

免与试图预测所要求的纸质副本数量相关的不定性成本。[160] 事实上,这种不定性在增加,因为股东会以某种特定方式撤销永久性接受副本的选择。[161] 与此同时,将委托书限定于特定股东群体会削弱委托书争夺战范围以及相应效果。因此,征集股东会发现作出这种选择的吸引力不大。无论股东是进行有限征集还是进行大范围征集,成本问题会一直存在,这就剥夺了大部分电子委托书规则相对于股东利用委托书参与董事提名的吸引力。

最终,电子委托书制度的成本节约取决于股东接收完全电子活动的程度。一个令人担忧原因是,以前进行的电子交流尝试不能令人满意。[162] 更近的证据表明,股东对于通过因特网交流更加自信。事实上,在 2006 年委托书征集季节里,大约 87% 的股东投票是通过电子或者电话方式。[163] 而且,大约有 75% 的家庭已经有因特网接口,同时 80% 的投资者拥有因特网接口。[164] SEC 相信:这种程度的因特网接口应该能促使电子委托书规则的通过,显然因为这种水平意味着人们日益相信因特网。[165] 同样,SEC 期望,第一批尝试者会承担较大成本,但随着投资者对基于因特网的交流信赖性的增强,成本应当会下降。[166] 这就表明,虽然现行电子委托书规则可能不是股东利用公司委托书参与董事提名的现实替代,但其在未来仍是一个有效选择。

然而,即使这种预测也可能并不准确。因为总体因特网使用或者访问可能并非股东愿意通过因特网发布委托书的一项可靠指标。事实上,一项研究表明,有大约 68% 的股东愿意采取新措施至少在特定时间接收委托书资料纸质副本。[167] 这就表明,尽管有因特网接口,股东仍然要求委托书资料的纸质副本。[168] 这就大大削弱了我们依靠该途径支持"投资者会利用电子委托书制度"

---

〔160〕 See id. at 4154. 然而,准确推算所需纸质本数量的能力会随着时间推移由于发行人和股东熟悉股东偏好而提高。

〔161〕 See id. at 4154 n. 86.

〔162〕 See Brimer, supra note 29, at 192(指出以前电子释令存在的问题).

〔163〕 See Final E-proxy Rule, supra note 141, at 4149.

〔164〕 See id. ; see also Brimer, supra note 29, at 179. 其他研究揭示出美国人每月在线时间平均为 14 小时。See id.

〔165〕 See Final E-proxy Rule, supra note 141, at 4149.

〔166〕 See id. at 4163.

〔167〕 See id.

〔168〕 See id.

的程度。

可能对电子委托书规则可以充当股东利用公司委托书参与董事提名替代物这一观念更不利一些研究,这些研究表明,这些规则出现导致参与程度下降。少数研究已经表明,股东收到纸质副本要比收到电子邮件通知更可能进行投票。例如,大约49%~65%的股东表明,他们可能不会访问包含在电子委托书通知中的网站,由此降低了电子委托书制度下的参与水平。[169] 更进一步的研究揭示出:在电子委托书规则施行最初的5个月内,股东参与率降到75%,因此只有4%的分散股东参与电子委托书征集,与此同时,大多数其他人并不介意上网访问委托书说明书。[170] 这大大地降低了电子委托书规则的吸引力。

此外,电子委托书规则的吸引力可能小于股东利用公司委托书参与董事提名这一路径,因为即使取消印刷和邮寄成本后仍然存在一些成本。SEC估计,根据委托书规则,准备、制作及寄发通知的成本大约为200万美元。[171] 这是因为,在电子委托书规则降低邮寄和印制委托书资料成本时,并没有影响雇用法律顾问和文献准备的成本。[172] SEC认为,这些成本的持续存在降低了电子委托书征集成本的节约,[173]也降低了与股东利用公司委托书参与董事提名相比而具有的相对吸引力。值得注意的是,SEC估计,将股东提名人记载于公司选票的成本是13万美元,[174]这明显不同于电子委托书制度下200万美元法律和文献准备成本。当这些成本附加在制作纸质副本上时,电子委托书规则的成本节约就变得明显不现实。如果这是真的,那么这些规则与股东利用公司委托书参与董事提名相比则没有优势。

此外,电子委托书规则可能不如股东利用公司委托书参与董事提名方式理想,因为其效用及相应的任何潜在成本节约可能取决于永远不能实现的公

---

〔169〕 Memorandum from David Huntington, Office of the Chairman, to File S7 - 10 - 05: Internet Availability of Proxy Materials 14(Nov. 28, 2006), available at http://www.sec.gov/rules/proposed/s71005/s71005 - 159.pdf.

〔170〕 See The Corporate Counsel.net Blog, http://www.thecorporatecounsel.net/blog/archive/001628.html(Jan. 15, 2008 6:07 EST).

〔171〕 See Final E-proxy Rule, supra note 141, at 4163. 准确成本估算为2,020,475美元。

〔172〕 See id. at 4158.

〔173〕 See id. SEC希望这会抑制股东滥用滋扰性委托书争夺。

〔174〕 2007 Shareholder Proposals, supra note 20, at 43,483.

司行为。作为首要问题,电子委托书规则有效性可能取决于公司为股东维持一个良好的电子邮件目录。当然,联邦法律要求公司应当对有此要求的股东发布一份有关公司股份记名和受益持有人姓名、地址及证券状况的清单。[175] 然而,联邦法律只要求:如果公司早已维持这种目录时,公司应当发布电子邮件地址簿。[176] 是否维持这种目录因公司而不同,因为州法规并没有要求公司维持这种目录。比如,特拉华州法律特别否认要求公司应当维持股东电子邮件地址目录。[177] 这意味着,股东会发现获得其他股东电子邮件地址非常困难,因此依靠电子委托书制度不现实。

这一制度的有效性同样取决于公司依靠电子机制进行董事选举。事实上,如果公司选择不进行基于因特网的委托书征集,而征集股东只依靠因特网,这就会使这些股东处于不利地位。在这方面,征集股东只有在公司也同样进行电子发布时才会感到进行基于因特网的委托书竞争更令人放心。因此,公司适用电子委托书规则的可能性是什么?当然,电子委托书规则对公司与股东都可能产生成本节约。然而,公司可能会有更少的激励选择因特网征集,因为是公司而非个体董事和公司高级职员承担委托书征集成本。此外,知道因特网征集会促进委托书竞争将会减弱管理层依靠电子委托书规则的意愿。同样,因为公司可以选择哪一次会议适用电子委托书规则,[178] 当存在一种较强的委托书竞争的可能性时,管理人员就能够策略性地依靠这些规则。如果公司只有在股东不使用或者更少地倾向于使用电子委托书时使用该规则,股东同样会倾向于如此。倘若如此,电子委托书规则的成本节约可能永远难以实现。

(2)股东参与与特殊利益股东

股东利用公司委托书参与董事提名的一个优点是它适用于大范围股东,因此促使更多股东影响选举结果和公司事务。电子委托书规则会使更多股东

---

〔175〕 See 17 C. F. R. § 240. 14a - 7(a)(2)(A) - (B)(2007).

〔176〕 因此,股东名单必须根据股东要求的形式予以提供,但是只有公司"不需承担过度负担或者费用"时才能采用上述形式。17 C. F. R. § 240. 14a - 7(a)(iii).

〔177〕 See Del. Code Ann. tit. 8, § 219(a)(2007).("该条款所内容没有要求公司在这一名单上包含电子邮件地址或者其他电子联系信息。")

〔178〕 See Final E-proxy Rule, supra note 141, at 4154.

参与,因此可以视为具有更多优势,即使只是呈现出边际性。因此,虽然有评论人士提出最低股份所有权要求,但是电子委托书规则并不包含最低股份所有权要求。[179] 因此,任何股东都可以利用通知和访问模式。这与股东利用公司委托书参与董事提名方式不同,后者通常取决于在特定期间内持有一定数量股份的股东。此外,一些股东利用公司委托书参与董事提名方式提案会强迫触发其使用,这要求有大股东的支持。[180] 这些提案给公司参与带来限制,在电子委托书规则中并不存在。鉴于这些局限性,电子委托书规则比股东利用公司委托书参与董事提名能促使股东更广泛层面的参与,这意味着电子委托书规则至少在公司参与方面更具优势。当然,这一优势程度可能取决于股东利用公司委托书参与董事提名制度下股东限制的复杂性。

对于特殊利益集团,电子委托书规则似乎反映了股东利用公司委托书参与董事提名所提供的保护。事实上,电子委托书规则与股东利用公司委托书参与董事提名方式的根本区别在于:电子委托书规则承认通过因特网进行提名。其他方面大多数情况下,这一规则与股东利用公司委托书参与董事提名方式相似,因此应该能够确保针对特殊利益集团的相同类型保护。因此,采用电子委托书制度与传统股东利用公司委托书参与董事提名方式相比,就股东相对于特殊利益集团处境而言没有恶化。在此方面,如果不是担忧相关费用成本,电子委托书制度将会是股东利用公司委托书参与董事提名方式的充分替代物。

(3)股东控制对公司批准

有人会认为,电子委托书规则优于股东利用公司委托书参与董事提名制度,因为它允许股东不仅控制委托书说明书内容,而且也控制征集程序等。事实上,股东利用公司委托书参与董事提名制度的一个缺点是当股东提名候选人出现于公司委托书说明书时,公司管理人员有权利记载反对这些候选人的说明。[181] 股东没有相应权利反驳管理层说明或者反对管理层的被提名人,除

---

[179] See id. at 4151,4158.

[180] See supra note 105.

[181] See 17 C. F. R. § 240.14a-8(m)(1)(指出公司有权将其认为股东应当投票反对提案的理由包括进来).

非他们在其支持的候选人说明中这样做。[182] 鉴于这种说明有500字限制,而管理层说明却没有字数限制,这种选择难以作出。[183] 而且,鉴于股东必须在知道公司说明书内容前作出,这种选择很困难。[184] 在这方面,股东利用公司委托书参与董事提名制度下的公司管理人员将会有能力将股东提名的候选人置于不利地位,可能削弱这些候选人的影响力。而且这种能力没有任何字数限制。相比之下,电子委托书规则允许股东散布其电子委托书说明书,不受任何管理层负面评论的影响,并且有充分机会提出对管理层候选人的怀疑。在这方面,电子委托书规则可为股东提供更好的机会使其候选人获得支持。

此外,电子委托书规则使股东有能力追踪其候选人获得支持的水平,因此能够进行任何必要的最后征集。[185] 相比之下,在股东利用公司委托书参与董事提名制度中,这种能力保留在管理层手中,在该制度中管理层控制着征集机制。鉴于电子委托书规则规定对委托书说明书与登记程序的控制,该规则可视为优于股东利用公司委托书参与董事提名制度的替代物。

然而,这种控制必须根据使用公司委托书说明书的内在价值进行衡量。这些内在价值有两方面:第一,可能存在的优点是所有董事候选人名字出现在同一选票上。第二,使候选人出现在公司选票上具有心理优势,因此能够获得公司批准或者盖章认可。[186] 一方面,任何这种优势都可能被削弱,因为公司能够对股东提名候选人作出反对陈述;[187] 另一方面,就公司对股东提名候选人作出反对理由而言,将其置于股东说明书环境中比在一个完全独立的文献中可能更有效。换句话说,当反对理由与股东对特定候选人说明并列时,管理层理由的效力可能会减弱。这不仅因为股东能够看到相互对立的理由,而且因为出现在似乎得到公司认可的文献上,股东理由可能会得到更多重视。许多出现在公司选票上的股东提案尽管有管理层反对,但是仍然获得通过这一事实

[182] See id.(指出股东可以在他们的支持性声明/陈述中表达其观点).

[183] See 17 C. F. R. § 240. 14a - 8(d).

[184] 公司必须在邮寄委托书资料前将其反对声明副本发送给股东。See 17 C. F. R. § 240. 14a - 8(m)(3).然而,这一通知发生在股东提交其提案之后。See 17 C. F. R. § 240. 14a - 8(e)(2).

[185] 电子委托书规则使股东能够进行投票权征集并获得其他股东的投票权。结果,这些规则使股东能够对投票行为或股东进行跟踪。与之相比,在股东利用公司委托书参与董事提名制度下,股东有权将其名字载入公司委托书说明书,股东将其投票权交由公司,因而是公司而非股东能够跟踪其投票权。

[186] See Eisenberg, supra note 35, at 1504("在任者以'公司'名义进行征集具有重要心理优势。").

[187] See supra note 181 and accompanying text.

证实了这一点。[188]

当然,实证证据表明,即使候选人不出现在公司委托书说明书上,征集股东也可以发起有效的委托书争夺战。[189] 然而,这并不否认一种可能:被提名人记载于公司选票上可以使股东具有一些心理优势;(无须是被提名人出现在公司选票上,也可以发起委托书征集)只是表明这种优势可以被克服。当然,有效证明让被提名人名字出现在公司委托书说明书上通常不会产生一种内在优势这种否定性观点很困难。然而,没有这些证据同样也难以得出如下结论:电子委托书规则是股东利用公司委托书参与董事提名的有效替代。因此,尽管不存在成本问题,电子委托书规则仍然是股东利用公司委托书参与董事提名的一种次优替代。

(4)准确性与安全问题

电子委托书规则的另一缺点可能是电子手段投票的准确性和安全性问题。电子委托书规则似乎非常鼓励公司让股东电子投票。[190] 初看这似乎很理想,因为它利用了技术。然而,联邦、州以及市县选举中的经验都揭示出电子投票的重大缺陷。近期选举揭示出涉及包括投票错误、多余投票(added votes)以及转投票等在内的投票不准确数百例错误。[191] 例如,2000 年艾奥瓦州一台电子投票机器在只有 300 名投票人情况下记录了 400 万张投票。[192] 同样,2007 年一项调查表明,一个公司电子投票机器将投票率从 30% 变为 40% 。[193] 这些不准确的电子投票将会使依靠这种投票的制度变得更为不可靠和不必要。

此外,电子投票会引起安全风险。有研究表明,电子投票系统容易受到攻

---

〔188〕 例如,在过去几年里,绝对多数决制提案得到股东大力支持。See infra note 218 and accompanying text.

〔189〕 See supra note 66 and accompanying text.

〔190〕 See Final E-proxy Rule, supra note 141, at 4153. 该规则要求发行人应当同时为股东提供至少一种行使卡式投票书的方法,其中包括提供电子投票平台或者电话号码。然而,仅仅规定一种要求纸制委托投票书复本的手段远远不够。See id. at 4153 – 54.

〔191〕 See Danielle Keats Citron, Open Code Governance, 2008 U. Chi. Legal F. 355, 363 – 65[讨论了在各种市、州及联邦选举(包括总统选举)中,丢失或者多出数千张选票的情形].

〔192〕 Id. at 364.

〔193〕 Id. at 364 – 65.

击和病毒感染,其中一些可以改变这些系统准确记录投票的能力。[194] 专家认为,因特网投票是一种最危险的投票方式,因为面临日益增加的病毒与潜在篡改投票的风险。当然,电子委托书建议评论人士提出安全担忧。[195] 然而,这些担忧集中于保密性与股东信息可能被盗用等问题上,潜在攻击和其他方式可能会破坏投票制度。[196] 结果,作为回应,SEC 重点确保发行人与征集股东要保证因特网的保密性和匿名性,而未能包括更多问题。[197] 在这方面,我们应当小心地接受鼓励过分信赖电子投票的制度,特别是那些没有经过任何准确评估或安全评估的制度。

公司可能最终会以某种方式转向电子投票。[198] 因此,即使不相信电子投票制度,电子投票相关问题也会存在。然而,至少就股东利用公司委托书参与董事提名而言,电子投票局限于公司确立的单一投票制度内。电子委托书规则引起对多样化投票程序以及由此产生的多样化投票的安全担忧。

3. 最终评估

最后,电子委托书规则有许多优势,但是这些优势没有胜过该规则的劣势,这使它们并不优于股东利用公司委托书参与董事提名。事实上,电子委托书制度承诺减少委托书征集成本,这是进行委托书争夺的重要障碍。通过减少这些成本,该规则力图使股东投票权利更有意义。然而,该规则相关的成本节约不仅不确定,并且有可能依赖于公司愿意进行基于因特网的委托书征集与维护股东电子邮件地址的安全。所有这些因素剥夺了该规则对于股东利用公司委托书参与董事提名的首要优势,因此大大削弱了电子委托书规则的优势。另外,股东利用公司委托书参与董事提名方式可能会为股东提供一种重要心理优势;尽管独立征集制度比直接利用公司选票更有吸引力,但是上述问题可能会削弱前者的吸引力。最后,电子投票可能在投票过程中数据不准确的这种潜在缺陷应当代表了一种特定担忧。由于上述原因,电子委托书规则不能成为有吸引力的股东利用委托书参与董事提名制度的替代。

---

[194] See id. at 368 – 69.

[195] See Final E-proxy Rule, supra note 141, at 4152.

[196] See id. at 4152 – 53.

[197] See id. at 4153.

[198] See id. at 4152(指出大多数股东已经通过电子方式投票).

(二)绝对多数决制

1.绝对多数决制运动

直到最近,绝大多数公司选举董事是基于相对多数决制。[199] 根据这一制度,当选董事只需得到最多选票,无须考虑保留票或反对票。[200] 理论上,即使只有一票支持,一个董事就可以当选。换句话说,即使有99%的股东投票反对,董事也能够当选。

几起著名的击败董事连任的运动突出了相对多数决制的局限性。在许多公司中,股东可以投票支持董事或者保留投票,但股东不可以投反对票。[201] 因此,股东为寻求防止董事当选,就发动"保留投票"或"拒绝投票"(just-say-no)活动;在这些活动中,股东鼓励他人对某特定董事或一组董事不予投票。[202] 2004年,迪斯尼公司股东开展了针对当时的首席执行官和董事会主席迈克尔·艾斯纳(Michael Eisner)的保留投票运动,表达他们对Michael Eisner在启动和批准对Disney前董事长迈克尔·奥维兹(Michael Ovitz)过度薪酬方案中所扮演角色的反对。[203] 40%的股东保留投票以反对Eisner。[204] 与此相似,2004

[199] See Claudia H. Allen, Study of Majority Voting in Director Elections ii(2007), available at http://www.ngelaw.com/files/upload/majority_callen_020707.pdf.

[200] See 2003 Proposed Nomination Rule, supra note 38, at 60,786 n. 52; J. W. Verret, Pandora's Ballot Box, or a Proxy with Moxie? Majority Voting, Corporate Ballot Access, and the Legend of Martin Lipton Re-Examined, 62 Bus. Law. 1007, 1010(2007).

[201] 公司有不投票选项(a withhold option)却没有一家公司规定对董事投反对票的部分原因植根于该委托书规则中。该委托书规则要求公司要确保其卡式委托投票书上有股东保留其投票之处。See Securities Exchange Act of 1934 Rule 14a-4(b)(2), 17 C. F. R. § 240.14a-4(b)(2)(2007).有人提出一项建议,要求卡式委托投票书包含一种机制允许股东投票反对董事。然而,由于担心该项建议的法律效果,SEC决定反对实施该建议。See Shareholder Communications, Shareholder Participation in the Corporate Electoral Process and Corporate Governance Generally, Exchange Act Release No. 34-16356, 44 Fed. Reg. 68,764, 68,765(Nov. 29, 1979).

[202] 原SEC委员兼教授约瑟夫·格伦菲斯特(Joseph Grundfest)在1993年的一篇法律评论文章中建议保留投票运动。See Joseph A. Grundfest, Just Vote No: A Minimalist Strategy for Dealing with Barbarians Inside the Gates, 45 *Stan. L. Rev.* 857(1993).保留投票运动必须符合该委托书规则。通常那些规则承认豁免进行这种运动的股东对委托书说明书的报备义务,只要这些股东在该运动期间不进行委托书征集。See Rule 14a-2(b)(1), 17 C. F. R. § 240.14a-2(b)(1)(2007).

[203] See In re Walt Disney Co. Derivative Litig., 731 A. 2d 342, 352(Del. Ch. 1998), aff'd in part, rev'd in part, and remanded in part sub nom., Brehm v. Eisner, 746 A. 2d 244(Del. Super. Ct. 2000).事实上,Eisner鼓励Disney公司董事雇用Michael Ovitz。然而几乎就在其刚刚上任不久,董事们就对Ovitz的业绩不满并最终在14个月之后解聘了他。See id. Ovitz的离职计划(severance package)使其在结束任职时得到1.40亿美元。Id. at 350.

[204] 2004 Proxy Report, supra note 83, at 5.

年有 61% 的股东保留投票以示反对联邦百货公司(Federated Department Stores,Inc.,FDS)四名董事。[205] 尽管 FDS 的投票不是发生在保留投票运动环境下,但是其与 Disney 公司的投票活动是最近历史中最突出的保留投票运动。[206] 他们强调了这一事实:根据相对多数决制,即使保留票占绝大多数也不能阻止任何董事连任。[207] 这样,保留投票运动揭示出影响选举结果的困难在于相对多数决制。

绝对多数决制似乎解决了这一困难。真正的绝对多数决制是这样一种制度,董事要想当选,就必须在无竞争选举中获得多数选票。换句话说,候选人得到支持票必须高于反对票或保留投票。[208] 在这种模式下,保留投票将直接影响选举结果,从而确保未能获得多数股东支持的人不能当选董事。

这种制度可能会出现选举失败,没有一个候选人获得足够当选的票数。事实上,选举失败的可能正是公司采纳相对多数决制的原因之一。[209]

因为真正绝对多数决制存在选举失败及其他问题,一些公司实行附加的相对多数决制。这一制度首先由 Pfizer,Inc.(辉瑞公司)采用,[210] 这一制度保留相对多数决制作为默认规则。然而,未能获得多数选票的董事必须提出辞呈。[211] 然后董事会有一时间窗口(一般为 90 天)来决定是否接受辞职。[212] 因此,附加的相对多数决制能够防范选举失败,它给公司足够时间为未能获得多数股东支持的董事找到替身。虽然不如真正绝对多数决制简单明了,但是这种制度能够确保未能获得股东多数支持的候选人不能获得董事会席位。

---

[205] See id. at 9. 股东通过保留投票来表达他们对董事决定不实行绝对多数决制的不满。See id.

[206] See id.

[207] 当然,Disney 公司投票情况似乎没有产生迫使 Eisner 辞职的间接压力。因此,在数小时投票中,Disney 罢免了 Eisner 董事会主席职位,6 个月后,Eisner 辞去 CEO 职位。See id. at 5.

[208] 多数公司要求候选人要得到会议投票数的大多数或者法定数的多数,而非流通股投票数这一更严格的标准。See Allen, supra note 199, at iv.

[209] See Verret, supra note 200, at 1010.

[210] See Pfizer Inc., Corporate Governance Principles 1 – 2 (2008), available at http://media.pfizer.com/files/investors/corporate_governance/cg_ principles.pdf; see also 2005 Proxy Report, supra note 83, at 10. Pfizer 在 2005 年采用相对多数决制模式。See Press Release, Pfizer, Inc., Pfizer to Amend Corporate Governance Principles Regarding Election of Directors (June 23, 2005), available at http://www.pfizer.com/news/press_ releases/pfizer _ press _ releases.jsp (follow "Press Release Archive," then follow "2005 Archives").

[211] See Pfizer, Inc., supra note 210, at 1.

[212] Id. at 2.

认识到相对多数决制的局限性以及开展股东利用委托书参与董事提名运动的挫折激发了绝对多数决制活动。在过去3年里,股东们已经提交了越来越多的多数决制股东提案,并被列入公司委托书说明书中。[213] 2004年,股东提交了12件绝对多数决制提案。[214] 与此形成鲜明对比,股东在2006年提交了150件。[215] 2006年和2007年提交的提案超过150项。[216] 事实上,最近几年提出绝对多数决制提案的人数远远超过其他问题提案的数量,这使绝对多数决制在最近委托书征集季节里最引人注目。[217] 此外,这种提案获得创纪录数量股东支持。在2007年,这些提案的平均支持率高达50%,而在2004年仅为20%。[218]

更重要的是,公司已经开始实施绝对多数决制并创新纪录。[219] 在2005年之前,只有少数公司实行绝对多数决制。[220] 到2006年2月,标普500指数公司中有66%的公司实行某种形式的绝对多数决制。[221] 但2008年委托书征集季节初期,有66%标普500强公司和57%财富500强企业实行了某种形式的绝对多数决制。[222] 这些经验证据显示,大多数主要公司的投票标准已经发生戏剧性转变。

鉴于公司没有义务实行绝对多数决制提案,这种转变特别显著。绝大多

---

[213] Between January 1 and June 10 of 2005,2006,and 2007,shareholders submitted 54,84,and 37 such proposals,respectively. See 2007 Proxy Report,supra note 49,at 6.

[214] See Stephen Taub,Investors Back Shareholder Resolutions,CFO. com,Aug. 22,2006,http://www.cfo.com/article.cfm/7826000? f = search.

[215] 2006 Proxy Report,supra note 48,at 2. 在2005年,机构投资者委员会敦促1500家最大的美国公司采用绝对多数决制。See Arthur Fleischer,Jr. ,Majority Voting and Shareholder Access,in Pre-Conference Briefing to the 39th Annual Institute on Securities Regulation:Shareholder Activism:Finding the Balance 313,320(PLI Corp. Law & Practice,Course Handbook Series No. 11508,2007).

[216] See 2007 Proxy Report,supra note 49,at 16.

[217] See 2006 Proxy Report,supra note 48,at 3 chart 1.

[218] See 2007 Proxy Report,supra note 49,at 6,17. 在2005年、2006年和2007年的平均股东支持率分别为44.3%、47.7%和50.3%。Id. at 6.

[219] See Fleischer,supra note 215,at 317("Majority voting is clearly becoming the norm in United States corporations.").

[220] See Brooke A. Masters,Proxy Measures Pushing Corporate Accountability Gain Support,Wash. Post,June 17,2006,at D1(指出:在2005年年初,不到30家公司采用绝对多数决制).

[221] See Allen,supra note 199,at i. 这些比例包括采用真正绝对多数决制的公司以及采用相对绝对多数决制的公司。

[222] See id. at iii.

数要求公司实行绝对多数决制的股东提案一直没有约束力。[223] 因此,即使他们获得多数股东认可,也不要求公司必须实施。前些年,由于强调这种自由裁量权,公司很大程度上忽略了很多股东提案,即使这些提案得到多数股东支持。[224] 因此,公司选择满足股东对绝对多数决制的请求这一事实展现出该项运动的成功。事实上,2007 年有 55% 的绝对多数决制提案(150 项中有 70 项)被撤回,与之相比,2006 年为 24%,2005 年为 23%。[225] 一般情况下,撤回提案反映公司决定采取绝对多数决制或者将绝对多数决制提案交由股东投票。[226] 因此,撤回提案的高比例进一步强调了一个事实:即使没有大量股东对这类提案投票表决,公司仍然对绝对多数决制运动作出了回应。

此外,绝对多数决制运动也引发几部法律的制定,这些法律旨在实行和保留绝对多数决制。2006 年之前,几乎每个州以及美国律师协会(American Bar Association,ABA)都认同相对多数决制为董事选举的默认规则。[227] 然而,在 2006 年,加利福尼亚州修改其公司法典,使公司采用绝对多数决制作为董事选举的默认规则。[228] 同样,一些其他州修改其公司制定法,使企业能够通过内部细则或者章程的修改来采纳绝对多数决制。[229]

ABA 的路径并不激进,但是也很突出。[230] 2006 年,ABA 修订《模范商事公司法》(MBCA)允许内部细则修正从而采用规定相对多数决制。根据规定,未能获得多数投票的董事必须在 90 日内或者选出继任者之日中较早一个时间

---

[223] See id. at vi.

[224] See Bebchuk, supra note 9, at 854.

[225] 2007 Proxy Report, supra note 49, at 17.

[226] See id.

[227] See, e. g., Del. Code Ann. tit. 8, § 216(3)(Supp. 2008); Model Bus. Corp. Act § 7. 28(a)(2007); Allen, supra note 199, at 4 – 5 n. 7.

[228] 加利福尼亚州法典也要求没有得到多数投票的董事应当在 90 日内予以免职。See Cal. Corp. Code § 708. 5(West Supp. 2009).

[229] 这些州包括内华达州、北达科他州、俄亥俄州、弗吉尼亚州及华盛顿州。See Allen, supra note 199, at v – vi.

[230] See Comm. on Corporate Laws, Am. Bar Ass'n, Preliminary Report of the Committee on Corporate Laws on Voting by Shareholders for the Election of Directors 7(2006), http:// www. abanet. org/buslaw/newsletter/0044/materials/f3. pdf(讨论了采用相对多数决制的原因).

提出辞职。[231] 如果股东通过这样一个内部细则修订,只有股东才能废除。[232] 由于有 24 个州遵守 MBCA,这些变化应当对全国各地的州制定法产生显著影响。

美国大约有一半公众公司在特拉华州注册登记。[233] 2006 年,特拉华州对其《普通公司法典》做出两项修订以推动绝对多数决制。与 ABA 修改 MBCA 一样,一个条款防止董事会单方面废除股东就董事选举所需投票而通过的内部细则。[234] 另一项修正案规定,如果辞职是与董事未能得到连任所需票数有关,允许董事会成员辞职在较后日期或未来事件发生时生效,并规定辞职不可撤销。[235] 其他州也通过相应修正案,规定董事有条件辞职并且不可撤销。[236] 虽然这些规则不改变相对多数决制,但他们有助于接受和保持绝对多数决制。

绝对多数决制运动也可能受到纽约证券交易所(New York Stock Exchange,NYSE)一项新规则的推动,该规则阻止经纪商在无竞争选举时对实质所有权股份投票,如果他们没有得到记录所有人的投票指令。[237] NYSE 规则 452 规制经纪商代表作为股份实质所有人的客户进行全权委托投票。[238] 规则 452 要求,经纪商对于股东必须投票的事项应当得到股东指示。但是,如果经纪商在会议召开日期 10 日前未收到这些指示,他可以就被视为“常规”的问

---

〔231〕 See Model Bus. Corp. Act § 10. 22(a)(2)(2007);Comm. on Corporate Laws, Changes in the Model Business Corporation Act-Amendments to Chapter 7 and Related Provisions Relating to Shareholder Action Without a Meeting, Chapters 8 and 10 Relating to Shareholder Voting for the Election of Directors, and Chapter 13 Relating to Appraisal and Other Remedies for Fundamental Transactions, 61 Bus. Law. 1427, 1432 – 33(2006).

〔232〕 See Model Bus. Corp. Act § 10. 22(c)(1).

〔233〕 See Marcel Kahan & Ehud Kamar, Price Discrimination in the Market for Corporate Law, 86 *Cornell L. Rev.* 1205, 1210(2001).

〔234〕 See Del. Code Ann. , tit. 8, § 216(Supp. 2008).

〔235〕 See Del. Code. Ann. , tit. 8, § 141(b)(Supp. 2008).

〔236〕 See Allen, supra note 199, at vi. 这些州包括缅因州、得克萨斯州、犹他州及弗吉尼亚州。See id.

〔237〕 See Fleischer, supra note 215, at 317. 然而,在 2009 年 1 月,SEC 没有采纳 NYSE 修改 Rule 452 的建议。See Abigail Arms, Trends in Corporate Governance of the Largest U. S. Public Companies General Governance Practices, in Preparation of Annual Disclosure Documents 2009, at 17, 29(PLI Corp. Law & Practice, Course Handbook Series No. 18393, 2009).

〔238〕 See NYSE, Inc. , Rule 452 (2009), available at http:// rules. nyse. com/nysetools/ Exchangeviewer. asp? SelectedNode = chp_1_2&manual = / nyse/nyse_rules/nyse-rules/.

题酌情投票。[239] 根据现行 NYSE 规则,无竞争董事选举被视为“常规”事项,因此允许经纪商就其所持股份进行投票,即使他们没有收到投票指示。[240] 有证据表明,经纪商普遍地投票赞同管理层提案及其候选人。[241] 因此,贝纳德·布莱克(Bernard Black)教授指出,规则 452“只是为日常事务上投赞成票进行铺垫。”[242] 此外,股东积极主义者对一些知名的就经纪商投票影响发起“投反对票”运动的失败予以谴责。[243]

然而,NYSE 提出修改规则,这样经纪商不再享有这一灵活性。[244] 如果没有指示,经纪商将被禁止投赞成票支持某特定董事。因此,这些股份不被视为保留,除非股东对经纪商有明确指示。最终,这一修改不仅由于减少董事在无竞争情形下从经纪商处得到大量支持票从而有助于提高绝对多数决制的影响,而且通过确保支持候选人的投票真实反映股东投票偏好,会提高股东话语权。

该讨论表明,绝对多数决不仅成为许多公司标准,而且一些新举措扩展了绝对多数决制度。绝对多数决制运动的一个成功例子是瑞生律师事务所(Latham & Watkins)的一份报告,该报告建议其客户不要抵制股东要求采用绝对多数决制的提案,该报告指出:这一问题已经“离开谚语站”,并且对于反对股东要求绝对多数决制没有有效的“只言片语”。[245] 包括马丁·利普顿(Martin Lipton)在内的其他专家预测绝对多数决制会很快普及。[246]

2. 探讨绝对多数决制的效用

从描述上看,尽管人们预测了其普遍性,但是绝对多数决制并没有广泛适

---

[239] Marcel Kahn & Edward Rock, The Hanging Chads of Corporate Voting, 96 *Geo. L. J.* 1227, 1250 (2008).

[240] Verret, supra note 200, at 1040.

[241] See Black, supra note 51, at 561.

[242] Id.

[243] See 2007 Proxy Report, supra note 49, at 29(指出人们相信:经纪商投票数在击败 CVS 公司中反对董事的保留投票运动中发挥了决定性作用).

[244] See Proxy Working Group, NYSE, Inc., Report and Recommendations 20 – 23 (2006), available at http://www.nyse.com/pdfs/REVISED_NYSE_Report_6_5_06.pdf.

[245] Latham & Watkins LLP, Majority Vote for Directors: The Latest Corporate Governance Initiative 1 – 3 (2005), http://www.lw.com/upload/pubContent/_pdf/pub1437_1.pdf.

[246] See Martin Lipton, What Directors Can Expect in the New Year, Compliance Week, Jan. 3, 2006, http://www.complianceweek.com/article/2161/what-directors-can-expect-in-the-new-year.

用于大多数股东。公司决定建立绝对多数决制是自愿的,因此这种制度适用于所有公司或者每个公众公司并非不可避免。虽然绝对多数决制运动取得了巨大成功,但是仍有许多公司实行相对多数决制。目前,34%的标准普尔500强公司和43%的“财富”500强公司并没有采取任何形式的绝对多数决制。[247]这使流行的绝对多数决制不如股东利用公司委托书参与董事提名制度更有吸引力,如果后者实施得当,将广泛适用于所有上市公司。[248] 然而,即使绝对多数决制具有普遍性,接下章节则会揭示几方面原因表明绝对多数决制为什么仍然不如股东利用该公司委托书参与董事提名制度更具吸引力。

(1)直接影响与间接影响

绝对多数决制确保保留投票活动对选举结果产生实际影响。因此,它成为股东利用该公司委托书参与董事提名制度的一个特别强有力的替代。[249]保留票运动的早期提倡者约瑟夫·格伦菲斯特(Joseph Grundfest)教授指出,绝对多数决制也有间接好处。通过使股东能够否定特定董事,绝对多数决制能够传达(communicate)股东对某些董事及其政策的不满。[250] 因为允许股东直接和间接影响公司事务,绝对多数决制似乎是激活股东投票权利的一个理想机制。

绝对多数决制的一个潜在不足是:尽管有股东支持,股东仍可能不愿意利用这种固有的投票权力。很少有董事得到超过50%的反对票。2006年,31,000名董事中只有8人得到股东反对票超过50%。[251] 2007年,在实行绝对多数决制的公司中,只有1名董事得到多数“反对票”。[252] 这些低数字的一个原因可能是股东不愿意利用这一利器。事实上,其他学者认识到:当保留投票

[247] See Allen, supra note 199, at iii.

[248] 一些股东利用公司委托书参与董事提名的提案允许公司选择股东利用公司委托书参与董事提名制度,因而即使股东利用公司委托书参与董事提名制度也不意味着普遍适用于所有公司。See supra note 94 and accompanying text. 然而最近的提案承认,股东有权选择决定是否实行股东利用公司委托书参与董事提名制度或者适用范围更广,包括所有公众公司的股东利用公司委托书参与董事提名制度。See supra Part Ⅱ. B.

[249] See Wutkowski, supra note 4(引自前SEC委员Grundfest教授就绝对多数决制对强化股东权利的重要性的阐述).

[250] See Grundfest, supra note 202, at 865 – 66.

[251] 2007 Proxy Report, supra note 49, at 28.

[252] See Allen, supra note 199, at i, 177 n. 156.

行为仅仅是象征性时,股东可能愿意保留投票,然而当保留投票行为真正影响到董事职位时,这种意愿会减弱。[253] 如果保留投票能够影响公司及其业绩时,尤其如此。[254] 当然,股东应当谨慎地使用其罢免权。但是,如果股东行使权利时展现出过多的不情愿,那么证明绝对多数决制是无效的。

当然,即使股东行使其权力,它也不如股东利用公司委托书参与董事提名固有的权利更有力,因为它是一种否定性权利。[255] 绝对多数决制充当唯一的否决权,这一事实意味着:它没有为股东提供提出自己所选候选人的积极权利。因此,即使股东能够设法罢免某个候选人,但他们不能确定继任董事的身份。这使绝对多数决制不如股东利用公司委托书参与董事提名更有效。

毫无疑问,即使股东拒绝利用其罢免权,绝对多数决制仍然会间接影响公司实践。Grundfest 坚持认为,保留投票运动以及绝对多数决制最显著的优点可能在于它能够间接影响公司行为。[256] 相对多数决制的问题在于,它不构成真正的罢免威胁,从而该制度下的投票是不可能影响董事行为的。绝对多数决制纠正了这一问题,从而确保保留投票活动成为罢免董事的一种可靠威胁。[257] 这一威胁应当有助于间接迫使董事实行符合股东利益的政策。事实上,有些情况下由于未能达到多数而导致投票失败,但是董事仍然被罢免。[258] 在这方面,我们应该预期到股东极少行使罢免权,因为这一威胁足以鼓励董事和公司高级职员遵守有益于股东的行为方式。因此,即使股东很少断然罢免董事职务,绝对多数决制仍然对公司行为有很大影响。

---

〔253〕 See Verret, supra note 200, at 1035.

〔254〕 See id.

〔255〕 当然,它是一种否定性权利这一事实可以视为有益于股东,至少有两个原因:第一,它可以减少与赢得股东同意某候选人有关的任何困难。事实上,股东有各种(有时截然不同)利益。See e. g., Iman Anabtawi, Some Skepticism About Increasing Shareholder Power, 53 *UCLA L. Rev.* 561, 564(2006)(指出股东间不同的利益并且有时冲突);K. A. D. Camara, Classifying Institutional Investors, 30 *J. Corp. L.* 219, 229 - 42(2005)(探讨了投资者中的不同担忧). 在唯一问题是否决现任候选人时,股东利益差异使他们非常容易合作,与对特定候选人达成一致截然不同。第二,绝对多数决制可能是理想的,因为它将提名董事候选人选择权交由董事会处理,因此消除了对能力的担忧。See Allen, supra note 199, at iv(描述了绝对多数决机制并不影响提名候选人的能力).

〔256〕 See Grundfest, supra note 202, at 866.

〔257〕 See Bebchuk, supra note 9, at 878; Grundfest, supra note 202, at 865. 当然,仍然存在这种可能:如果股东不愿使用其保留投票权力,那么这一威胁同样是空洞的。

〔258〕 See 2007 Proxy Report, supra note 49, at 30.

由于绝对多数决制蕴含着间接影响公司的能力，它可以被视为股东利用公司委托书参与董事提名制度的一个有效替代。然而，这种可行性可能会受到极大损害，因为正如本文第三部分强调的，间接权力的大小只取决于其依赖的直接权力的大小。因此，绝对多数决制所含的间接权力的重要性会降低，这不仅是因为股东利用公司委托书参与董事提名制度固有的直接权力要大于绝对多数决制蕴涵的间接权力，而且因为绝对多数决制的缺陷使其权力具有虚幻性。

(2)股东参与与特殊利益股东

就确保广大股东参与而言，绝对多数决制似乎是股东利用公司委托书参与董事提名制度的一个正确替代。与股东利用公司委托书参与董事提名制度一样，绝对多数决制要求股东相互合作以获得击败特定候选人的多数票。实证证据强调了这一现象，揭示出各种不同股东一起工作以确保绝对多数决制的成功。[259] 绝对多数决制要想有效就需要出现类似的合作。通过鼓励这种合作，绝对多数决制成为股东行使其权利的一个理想机制。此外，因为该制度以类似于股东利用公司委托书参与董事提名制度的方式推动股东合作，它成为股东利用公司委托书参与董事提名制度的一个理想替代。

鉴于这种合作的必要性，绝对多数决制也防止一种可能，即具有特殊或狭隘利益的股东会提出其个人问题(will be able to advance their personal agendas)。前面已经指出，在论及股东权力时经常出现的一个担心是，这种权力会授予那些利益与更广泛股东集团利益存在分歧的股东。因此，Stephen Bainbridge 教授在批评 Bebchuk 股东赋予建议时强调了这种可能性。[260] 至少有一些证据支持这种现象。正如本文第一、(二)部分所述，有更具针对性利益的投资者在股东提案过程中占据主导地位。就绝对多数决制赋予这些投资者更大权力而言，同样也给予他们权力来进一步提高其利益。然而，这些投资者需要获得其他股东支持这一事实可能会削弱这种权力，因此，只有那些吸引所有股东的候选人在获取必要的支持中才会成功。此外，最近投票活动中股东

---

[259] 鉴于绝对多数决制的支持率很高，没有一类股东足以获得这种支持。相反，该支持率性质表明：不同类型股东联合起来支持绝对多数决制。

[260] See Bainbridge, Director Primacy, supra note 9, at 1754 – 57.

合作的证据表明,争取股东大力支持的需要致使投资者改变议程方式,以便该方式能够吸引最大范围的股东。[261] 因此,就绝对多数决制的成功需要依靠股东大力支持而言,现有证据表明,股东将继续共同努力,减少个人问题不正当影响投票活动这一可能。此外,为防止被少数股东集团以类似与股东利用公司委托书参与董事提名的方式所俘获,绝对多数决制似乎是股东利用公司委托书参与董事提名制度的适当替代,即使其并不比股东利用公司委托书参与董事提名制度有更多承诺。

(3)权力及其幻觉

不幸的是,绝对多数决制所赋予的权利可能是虚幻的,从而使绝对多数决制的好处也沦为虚幻。一个首要问题是,公司将继续至少在两方面控制辞职决定。在实行相对多数决制的公司,辞职决定交由董事会自由裁量。大多数董事辞职政策给予董事会广泛的自由裁量权。[262] 因此,董事会可以凭借与某董事业绩无关的理由拒绝董事辞职。[263] 值得注意,一些公司规定董事辞职不能撤回。然而,即使这些公司也保留拒绝辞职的自由裁量权。同样,有些公司也规定:只有理由令人信服时,才可用来拒绝董事辞职。[264] 然而最近,这些公司中有两个公司修改其绝对多数决制规定,删除了“令人信服的理由”条款。[265] 这些行动证明董事可以轻易消除绝对多数决制提供的保护,同时突出一个事实即董事更喜欢在这些问题上拥有广泛的自由裁量权。该自由裁量权意味着:是董事而非股东控制着未能获得多数股东支持的董事能够继续任职。因此,实际上,这种自由裁量权可以抵消绝对多数决制影响。这种可以抵消绝对多数决制所生威胁的潜在能力不仅削弱了绝对多数决制强化股东权力的能力,而且也削弱了其作为股东利用公司委托书参与董事提名制度替代的必要性。

采用附加的相对多数决制承认这一自由裁量权的公司数量并非微不足

---

〔261〕 See 2004 Proxy Report, supra note 83, at 28.

〔262〕 See Allen, supra note 199, at iv.

〔263〕 See id. 由于对根据相对多数决制授予董事自由裁量的担忧,机构股东服务公司(ISS)开始建议反对这种投票政策。See id. at 217.

〔264〕 See id. at iv.

〔265〕 See id. (General Electric Co. and JPMorgan Chase & Co.)

道。目前,22%的标准普尔500强公司和19%的财富500强公司都实行附加的相对多数决制。[266] 因此,大量公司保留了拒绝董事辞职的灵活性,从而削弱了股东影响选举结果的能力。可以肯定,目前趋势似乎远离附加的相对多数决制。因此,虽然在2006年,实行绝对多数决制的公司中的80%在向相对多数决制靠拢,而在2007年实行绝对多数决制的公司中只有47%选择附加的相对多数决制。[267] 结果,真正的绝对多数决制以2∶1的优势占据主导地位。[268] 尽管有这种趋势,仍有相当数量的公司实行附加的相对多数决制,这意味着仍有相当数量的公司对董事辞职程序有自由裁量权,因此可以削弱绝对多数决制的影响。

另外,甚至实行真正绝对多数决制的公司的董事会也保留拒绝董事辞职的自由裁量权。附加的相对多数决制与真正绝对多数决制的区别在于:在后一种制度下,未能获得多数投票的董事不能如期当选。在这方面,真正实行绝对多数决制的公司对于寻求首次参选的董事是否真正任职并没有任何自由裁量权。然而,真正的绝对多数决制对现任董事的影响则不同,因为这些董事受到所谓"延期规则"(holdover rule)的规范。根据这一规则,一个董事仍然留任,直到他的继任者正式选出。[269] 因此,如果现任董事未能获得必要的多数票,但是没有替代他的继任者,现任董事应当留任,直到选出新的董事。制定延期规则的目的在于防止选举失败。然而,如果延期规则仍然有效,未能获得多数选票的董事将继续留任,直到选出另一名董事取代该董事,这就抵消了(defeat)绝对多数决制的影响。

虽然公司一直试图改善延期问题,但是该问题继续削弱绝对多数决制的影响。一些公司已经修改延期规则要求未能获得多数选票的董事必须自动提出辞呈。[270] 其他公司规定要求此类董事应当在固定时间内离职,一般为90日。这一规定与ABA的规定一致。然而,当提出辞职时,董事会可以自由接受

---

[266] See id. at iii – iv.

[267] See id. at ii. Intel Corporation公司采用真正绝对多数决制以及ISS拒绝相对多数决制引发了告别相对多数决制的趋势。

[268] See id. at iii – iv. 因此,44%的标准普尔500家公司(S&P 500 companies)与38%的富时指数500家公司(Fortune 500 companies)都实行真正绝对多数决制。

[269] See Del. Code Ann. ,tit. 8 § 141(b)(Supp. 2008);Model Bus. Corp. Act § 8.05(e)(2007).

[270] See Allen,supra note 199,at 171(指出General Electric Co.的辞职政策).

或拒绝。而且,即使董事辞任,董事会保留填补空缺的权力。这种权力再次确保董事有权力确定董事会组成,使绝对多数决制的效果大打折扣。即使根据真正的绝对多数决制,现任董事可以保持职务和/或现有董事会可以决定谁作为一个替任董事,这一事实意味着绝对多数决制度可能只能提供一种股东权力的幻觉,这导致两位评论员称绝对多数决制“不过是些虚幻的东西”(little more than smoke and mirrors)。[271]

事实上,绝对多数决制要想有效可以采取股东利用公司委托书参与董事提名制度,因为如果董事失去职位,股东利用公司委托书参与董事提名制度提供的提名能力可以确保股东在选择其最终替代人时发挥一些作用。

除了控制辞职,许多董事会保留撤销绝对多数决制条款的能力,因此保留消除股东在此领域获得利益的能力。首先,有几个公司只采取绝对多数决制政策。[272] 约19%的标准普尔500强公司和17%的财富500强公司采纳了绝对多数决制政策。[273] 这种政策体现在公司治理方针而非其章程或内部细则,这意味着这些政策没有约束力。因此,政策可能会被忽略或者轻易修改。像附加的相对多数决制一样,目前趋势是远离采用政策形式的绝对多数决程序。[274] 采取政策形式公司的比例有所下降,而采用内部细则或章程形式公司的比例有所增加。[275] 虽然如此,仍然有相当比例公司采用政策形式,留下一种可能:绝对多数决制可能会在任何时候被废除。

绝大多数公司在其内部细则中规定绝对多数决条款。通常,股东或者公司可以修改内部细则,[276] 这意味着,在许多情况下董事保留轻易废除绝对多数决条款的能力,从而废除这些条款所包含的权利。然而,许多州和公司做出规定,要求只有股东才能修改或者撤销股东通过的绝对多数决条款。[277] 这些规定似乎是保护有关规定免受管理层干涉。但是,如果公司承认内部细则的变

---

[271] William K. Sjostrom, Jr. & Young Sang Kim, Majority Voting for the Election of Directors, 40 Conn. L. Rev. 459, 487(2007).

[272] 事实上,Pfizer 以一种政策形式采纳绝对多数决制。See Allen, supra note 199, at ii.

[273] See id. at iii.

[274] See id. at ii.

[275] 因此,在2006年2月,有绝对多数决制规定公司的79%是采用政策形式。与之相比,到2008年年初为止,只有42%的公司通过政策形式采用绝对多数决制。See id. at ii.

[276] See Model Bus. Corp. Act § 10.20(2007).

[277] See Del. Code Ann., tit. 8, § 216(Supp. 2008).

化,那么他们就能够撤销这些变化。由于认识到这种能力提供的灵活性,马丁·利普顿(Martin Lipton)这样的公司专家建议,公司应当主动提出和采纳绝对多数决提案。[278] 在2007年,大约有50%的绝对多数决提案被撤回,[279]这意味着,他们没有交由股东投票表决,而是公司在没有股东行动情形下主动制定有关规定。[280] 积极主义者可能会将这种管理层的正面行为(pro-action)视为胜利,他们也应该认识到:这种管理层采用的制度留下一种可能,即管理者可以决定这种制度的命运(leave open the possibility that corporate managers can determine the fate of those standards)。[281]

3. 总结评估

一方面,绝对多数决制似乎是一种很有前途的强化股东投票的机制;另一方面,它也有几点不足,这使它不如股东利用公司委托书参与董事提名制度更有吸引力。事实上,绝对多数决制尚未普及,它永远不会适用于所有公司的这一可能也会削弱其吸引力。然而,即使它适用于大量公司,绝对多数决制的几个缺陷仍然削弱了其效用。最突出的是,董事会对失败董事辞职决定保留自由裁量权,弱化了任何可能强化股东权利的影响。此外,许多公司保留的对于撤销绝对多数决制程序的控制权会削弱该制度的效用以及其长久性。在这方面,绝对多数决承诺似乎多于实际所能提供(promise more than it actually delivers),由此致使怀疑论者断言:公司如此迅速地统一股东要求实施绝对多数决制的首要原因是管理者认识到,这种要求最终所提供的不过是强化股东权利的幻觉而已。[282]

最后要考虑的是,股东利用公司委托书参与董事提名制度削弱了绝对多数决制的重要性,因为股东利用公司委托书参与董事提名制度增加了委托书争夺战的可能性。绝大多数绝制对多数决政策包含这种规定:无论何时只要

---

[278] See Lipton, supra note 246.

[279] See 2007 Proxy Report, supra note 49, at 17.

[280] See id.(指出撤回提案主要原因是公司已经同意修改其内部细则并承认绝对多数决制).

[281] 如果股东利用公司委托书参与董事提名的路径是通过内部细则,那么对该机制会产生类似的担忧。然而,SEC最近规则似乎已经排除了内部细则提案这种可能。See supra notes 126 – 31 and accompanying text. 不过,仍有这种可能:如果出现股东利用公司委托书参与董事提名情形,会是通过一种更为永久的手段诸如改变委托书规则本身。

[282] See Sjostrom & Kim, supra note 271, at 487 – 89.

存在竞争性选举,默认规则就是相对多数决制。[283] 因此,在许多情形下股东利用公司委托书参与董事提名制度抵消了绝对多数决制,这表明,股东利用公司委托书参与董事提名制度可以使绝对多数决制失去意义或者成为一个不太重要的现象。

(三)电子股东论坛

1. 新的话语平台?

2008 年,SEC 正式通过了促进使用电子股东论坛的规则。[284] 正如本文第一部分所述,委托书规则要求任何委托书征集都必须提交委托书说明书。[285] 委托书征集定义广泛,不仅包括要求授予委托书授权,也包括任何计划取得、拒绝或撤销委托书的交流。[286] 这一定义包括影响委托投票的任何行为。[287] 基于这一界定,股东间许多交流都可以视为委托书征集,必须遵照委托书规则提交说明书。如果这样,它就抑制了股东间交流。然而,新修正案规定:电子论坛上的交流只要符合特定条件就免予适用委托书规则。[288] 这些豁免意味着,参与电子股东论坛的股东不需承担提交委托书说明书的高昂成本。[289]

此外,新规则为征集提供了安全港。在电子股东论坛上进行的任何委托书征集都将得到豁免,只要该委托书征集发生在股东会议日期前的 60 日,或者该声明在会议前少于 60 日,但在该日期宣布后不超过 2 日。[290] 在这方面,新规则确保了当事人在电子论坛进行征集后仍可以要求委托书授权。[291]

SEC 也制定了新的规则 17,为那些举办电子论坛的人提供责任保护。规

---

[283] See Allen, supra note 199, at iv(指出:92% 的绝对多数决制规定为竞争性选举开辟了道路).

[284] See Electronic Shareholder Forums, Exchange Act Release No. 57, 172, Investment Company Act Release No. 28, 124, 73 Fed. Reg. 4450(Jan. 25, 2008)[以下称为 Electronic Shareholder Forums]. 该规则自 2008 年 2 月 25 日生效。See id.

[285] See 17 C. F. R. § 240. 14a – 3(a)(2007).

[286] See 17 C. F. R. § 240. 14a – 1(1); see also Long Island Lighting Co. v. Barbash, 779 F. 2d 793, 796(2d Cir. 1985)(将征集定义为作为一个引发委托书要求的持续性计划组成部分的任何交流).

[287] See Electronic Shareholder Forums, supra note 284, at 4453.

[288] See id. 该规则对 Rule 14a – 2 增加一项新豁免,明确规定:只要征集人没有直接或者间接寻求作为代理人的权力,参与电子股东论坛不构成一项征集。

[289] 提出的修正案寻求对电子股东论坛是否取代无约束力股东提案程序进行评论,SEC 决定反对取代 Rule 14a – 8。See id. at 4452. 反之,这些交流充当股东与管理人员交流的一种额外手段。

[290] See id. at 4453.

[291] See id.

则 17 规定,维护或者运行电子股东论坛的人不会为参与其论坛的第三人提供的说明和信息承担责任。[292]

2. 在线论坛的优点与缺陷

通过消除参与股东论坛的两个重要障碍,新规则促进了股东交流。事实上,SEC 指出了有效使用基于因特网的论坛的两个主要担忧。一是准备和寄送委托书资料的潜在负担;二是相关网站的潜在责任。[293] 新规则对两种疑虑予以回应。与股东利用公司委托书参与董事提名制度相比,该规则可以充当股东与公司间更有效的交流渠道。该规则也能够促使公司以一种更为非正式情景与股东互动,并且全年候进行这种互动,这代表着对股东利用公司委托书参与董事提名制度作为交流手段的改进,因为后者只能定期使用且成本高。电子股东论坛也能促进更广泛参与,因为它们允许那些不利用股东利用公司委托书参与董事提名制度的人或者不亲自参加股东会议的人参与进来。因此,电子股东论坛提高了更好交流的潜在性,而股东利用公司委托书参与董事提名制度不能做到这一点。

同样,电子股东论坛可能为股东提供了影响公司事务的工具,其方式要优于股东利用公司委托书参与董事提名制度。就可能鼓励委托书征集中的对话而言,股东利用公司委托书参与董事提名制度至多代表了一种股东与公司间间接且偶然的交流。相形之下,公司可以利用电子股东论坛获得股东对公司政策的意见(input)并判断股东对这些政策的感情。[294] 这种论坛形式使股东在影响公司事务上有直接发言权。同样,电子股东论坛促进反复性交流,鼓励公司与股东间真正对话。因此,这些论坛可以一种更优先于股东利用公司委托书参与董事提名制度的方式改进交流。

电子股东论坛也可以促进股东间交流,从而减少集体行为的成本。此外,即使股东参与这种论坛,他们也可以进行委托书征集,新规则提高了股东发动有效委托书竞争及其他投票活动的能力。比如,埃里克·杰克逊(Eric Jackson),雅虎(Yahoo)公司的一名个体股东,领导了一起针对三名董事的在线

---

[292] See id. at 4454.

[293] See id. at 4453 – 54.

[294] See id. at 4451.

保留投票活动,最终获得股东投票31%的支持。[295] 这一例子揭示出,因特网的扩大使用使有很少资源的股东能够更有效地进行组织。因此,电子股东论坛不仅为股东提供机会评估其他股东对各种行为的喜好,也可以使股东能够围绕各种问题建立联盟。在这方面,电子股东论坛代表了一种股东间进行互动的更有效的机制。

遗憾的是,我们并不清楚电子股东论坛是否会演变为有效的交流工具。事实上,举办或者介入这种论坛完全是自愿的。因此,公司与股东间的潜在交流优势取决于公司是否利用电子股东论坛及其利用程度。如果公司不适应(don not feel comfortable)或者不愿意利用这些论坛作为获得股东对其政策发表意见的机制,这就会削弱这些论坛使股东具有更大发言权的能力。因而,这种改进的集体行为在股东间的潜在影响具有不确定性。事实上,机构评论人士担心:电子股东论坛会演变为纯粹的股东聊天室。[296] 如果这种情形出现,论坛的价值就会大大降低。因此,虽然这些论坛代表了一种重要发展,但是现在判断它们在提高更有效交流方面的重要性还为时过早。这一担心本身表明,这些论坛并非股东利用公司委托书参与董事提名制度的合格替代者。

此外,股东论坛实际上会阻止有效交流。在电子股东会议中,股东积极主义者已经抱怨:电子形式的交流会阻止股东与管理层间的真实对话。这些积极行动者认为,面对面地交流优于电子交流,因为它允许商议和争论。[297] 相比之下,与大量可能参与在线论坛的股东进行有意义的交流与争论会变得困难。而且,股东支持者担心在线论坛会成为公司回避与股东互动的方式,[298] 因为电子邮件可以被忽视;而公司亲自参会情形中不能回避提出的问题。[299]

对电子股东会议情形的担忧似乎在电子股东论坛中更显著。当然,电子股东论坛并非为代替股东会议而设计,因此它们没有取代股东与公司管理人

---

〔295〕 2007 Proxy Report, supra note 49, at 11. Jackson 领导的运动源于他对董事的不满:尽管公司股价下跌了将近10%,董事仍然批准了 CEO 1.075 亿美元薪酬。See id.

〔296〕 See Electronic Shareholder Forums, supra note 284, at 4457.

〔297〕 See, e. g., Daniel Adam Birnhak, Online Shareholder Meetings: Corporate Law Anomalies or the Future of Governance?, 29 *Rutgers Computer & Tech. L. J.* 423, 445 (2003); Elizabeth Boros, Virtual Shareholder Meetings, *Duke L. & Tech. Rev.* 8, 9 (2004); see also *Securities in the Electronic Age: A Practical Guide to the Law and Regulation § 8.04* (John F. Olson & Carmen J. Lawrence eds., 3d ed. 2002).

〔298〕 See Birnhak, supra note 297, at 445 46.

〔299〕 See id. at 445.

员面对面互动的能力。尽管如此,仍然存在一种可能,即这些论坛会使管理人员更轻易地忽视或者规避与股东的互动。而且,这些论坛可能会削弱有意义的交流与争论,不仅因为他们未提供一种受控的交流,而且因为它们是在大股东集团评论情境下出现的。当然,股东利用公司委托书参与董事提名并不是一种面对面的互动,因此人们也可能对这种方式提起类似的抱怨。然而,与股东论坛上产生的电子邮件不同,公司难以忽略股东担忧或者候选人(当他们出现在公司选票上时)。事实上,一些分析人士已经建议:股东就公司选票提起疑虑和问题的能力是股东开始与公司对话的一个重要步骤,[300]因为当问题或者候选人出现在公司选票上时,公司通常不得不进行回应。在此方面,股东利用公司委托书参与董事提名制度实际上确保了对股东问题或候选人的一致回应。[301] 正如股东积极主义者在虚拟会议环境中所说,对电子交流而言不能确保得到这种回应。

3. 结论性评价

股东论坛预示着改善交流的优势,但是有理由怀疑这些优势最终能否实现。此外,主张电子股东论坛可以取代股东利用公司委托书参与董事提名制度可能并不准确,虽然它们可能为股东提供一些介入公司的改良路径,但他们并没有授予股东决定选举结果或者任何其他商业决策的权利。

(四)废除分类董事会制

1. 年度选举董事的运动

股东积极主义者认为,交错董事会或者分类董事会削弱了股东权利。[302]交错董事会或者分类董事会是指这样一个董事会,其中只有部分董事每年重新进行选举。典型情况是,只有1/3 董事进行重新选举。[303] 交错董事会阻碍股东在一次选举中替换全部董事,这大大阻碍了股东选举董事会多数或者由此改变公司控制权的能力。交错董事会使改变公司控制权变得困难,同样使

---

〔300〕 See W. Trexler Proffitt, Jr. & Andrew Spicer, Shaping the Shareholder Activism Agenda: Institutional Investors and Global Social Issues, 4 *Strategic Org*. 165, 173 74(2006).

〔301〕 See id.

〔302〕 有证据表明,交错董事会不但减少股东回报,而且与低公司价值相关。See Bebchuk, supra note 9, at 853.

〔303〕 Rivka Weill, Declassifying the Classified, 31 *Del. J. Corp. L.* 891, 895(2006).

股东要求改变公司营业方式变得困难。这一困难在委托书收购战或者敌意收购情形下最明显,因为即使股东能够成功获得多数股份或者选举了董事会成员,那么这一系列成功也不能转变为改变整个董事会组成的能力,也不能转变为真正改变公司控制权。事实上,一些学者认为,股东投票权的真正权利只有在改变控制权的交易诸如收购中才能实现,那时才有能力改变公司营业方向。[304] 此外,这种改变控制权的交易会产生威胁,即管理人员被替换,公司管理人员为防止这种交易发生,必然回应股东担心的问题。因此,这类交易的威胁强化了管理层的责任意识。然而,在这些情形中,由于阻碍了股东实现控制权变动的能力,交错董事会使股东投票权利失去效力。

在将近20年中,股东一直在寻求废除交错董事会条款,要求每年对所有董事进行选举。因此,多年来股东提出废除交错董事会的提案,[305]并且这些提案持续性获得股东高度支持。[306] 从2000年以来,这些提案平均每年得到50%以上股东的支持。[307] 在过去几年中,寻求废除交错董事会的股东提案数量少于寻求绝对多数决提案的数量,[308]但是他们获得的支持要大于后者。[309]

要求废除交错董事会的提案并不新鲜,但是在历史上他们很少成功。因此,在过去,大多数董事会似乎忽略了股东在这一领域的改革要求。事实上,Bebchuk教授的一项研究表明:到2004年秋季,超过2/3的要求废除交错董事会的股东提案得到大多数人支持,但并没有实施。[310] 他的研究也表明,即使提案连续2年或3年获得大多数股东支持,董事也拒绝实施年度选举制度。[311] 因此,在过去,公司主要忽略了股东实施年度选举制度的要求。

相比之下,公司现在已经开始积极回应这一要求。事实上,在2006年,大

---

[304] See Clark, supra note 11, at 95.

[305] See Bebchuk, supra note 9, at 852.

[306] See id.

[307] See id.

[308] 这样,这类提案得到的平均股东支持率在2005年为60.5%,2006年为66.8%,2007年为63.9%。2007 Proxy Report, supra note 49, at 6.

[309] See 2006 Proxy Report, supra note 48, at 3-4. 在2005年上半年,提交的废除分类董事会的提案只有42件,同一时期提交绝对多数决制提案为84件。Id. at 3 chart 1.

[310] Bebchuk, supra note 9, at 854(研究了从1997年至2003年这一时期的情况).

[311] See id. at 854-55.

多数标注普尔 500 指数公司的董事已经能够进行年度选举。[312] 这一趋势似乎将会进入以后的委托书征集季里。[313] 因此,与绝对多数决制运动相似,废除交错董事会运动已经在大多数公司产生了戏剧性变化。

2. 揭开废除交错董事会的神秘面纱

当然,年度选举董事成为普遍现实仍需时日,因此我们不能依靠这种方法作为强化股东权利的主要手段。事实上,将近 40% 的公司继续实行交错董事制。[314] 同样,废除交错董事会的努力在小公司中并没有相同的动力。只有 41% 的中型公司和 42% 的小型公司废除了交错董事会,[315] 这意味着,大量公司没有进行年度选举,因此可能会削弱股东投票权利。

然而,即使废除交错董事会成为普遍现实,也可能不会优于股东利用公司委托书参与董事提名制度。废除交错董事会只是强化了股东选举全部董事会的能力。废除分类董事会并没有增加股东在普通选举中的投票权,但是却使竞争公司或者股东能够在收购交易中获得公司控制权,因此,在这些交易期间,增加了股东投票的权利。然而,它并不便利股东驱除单个董事会成员的能力。在这方面,废除分类董事会活动需要获得绝对多数决活动支持才能有效。而且,因为废除分类董事会并不肯定确保股东决定董事会成员,仍然需要股东利用公司委托书参与董事提名的支持。因此,对于任何股东权利运动而言,废除分类董事会可能是一个重要且必要的组成部分,但仍然不能替代股东利用公司委托书参与董事提名制度。

(五)"傻瓜,这只是一种间接好处!"[316]

上述讨论表明,每一种强化股东权利的替代机制都存在缺陷,这些缺陷削弱了他们直接影响选举结果的能力,因此使它们的吸引力逊于股东利用公司委托书参与董事提名制度。

当然,Bebchuk 与其他人认为,增加股东权利的主要好处之一就是能够间

---

[312] See 2007 Proxy Report, supra note 49, at 23. 大约有 60% 的 S&P 公司转变为实行年度选举。Id.

[313] See id.

[314] See id.

[315] Id.

[316] Bebchuk, supra note 9, at 878.

接影响公司事务。[317] 在这方面,这些增加股东权利的主要目的不是实际上影响某一特定行为诸如选举和罢免董事。相反,它们的目的在于方便加强股东与管理人间的对话以促使管理人员的行为方式有益于股东。

从这一间接目的来看,人们可能认为,如果因为不能实现直接目标就轻视任何机制都是错误的。因此,电子委托书规则不能带来巨大的成本节约、绝对多数决制可能是虚幻的、股东论坛可能会变为被公司管理人员忽视的纯粹聊天室,这些事实并不足以降低它们的有效性。相反,更多相关问题应当集中于通过推动公司加强与股东的联系,这些机制中的任何一种是否会给股东带来间接好处?

一些初步的和传闻性证据表明,一些机制事实上产生了间接好处。根据委托书分析人员的研究,最近委托书征集季节显示,股东与管理层间联系程度前所未有。[318] 可以认为,这种较强的联系可以归结于这一事实:在绝对多数决和交错董事会方面,股东权利已经扩大。而且,在几种情况下,即使股东未能直接影响选举结果,管理人员也同意了股东要求。这些让步表明,股东无须直接行动,就可以实现目标。此外,这表明通过增强管理人员联系股东意愿并且认真考虑股东担忧,一些替代机制可以影响股东权利。

进一步的调查委托书征集数据可能对这种主张产生疑问。因此,尽管有些情形中,股东没有直接干预,公司就同意股东要求,但是更多情形是管理人员拒绝与股东联系。这些情形可以被解释为管理人员觉得可以忽略股东行为,因为他们不担心任何后果。事实上,一项对保留投票运动以及绝对多数决制的研究发现:这种投票表决产生一些间接好处,但是这种好处充其量只是一些插曲。[319] 虽然股东与管理人员间联系在增加,但是并不清楚这种增加是源于股东会获取股东利用公司委托书参与董事提名这一可能还是源于其他机制的实施。

然而,股东间接权力只像作为该权力基础的间接威胁一样强,这一点非常清楚。事实上,Bebchuk 集中讨论间接好处时,他重点关注股东事实上在公司

---

[317] See id.

[318] 2007 Proxy Report, supra note 49, at 3.

[319] See Diane Del Guerico, Laura Seery & Tracie Woidtke, Do Boards Pay Attention When Institutional Investors "Just Vote No"?, 90 *J. Fin. Econ.* 84(2008); Partnoy & Thomas, supra note 71, at 10.

程序有直接发言权的措施,诸如有能力对重大变化进行投票。[320] 在这些情形中,Bebchuk 指出:有直接影响的能力不需要行使,因为这种影响的威胁足以影响董事行为。在这方面,Bebchuk 关于间接好处的观点可以被理解为认识到:股东有能力间接影响公司决策时,这种能力就转化为间接影响公司事务的权利。[321] 因此,一种机制不能直接影响选举结果与获得间接好处无关这一假设是错误的,这意味着只要其他机制有缺陷或者不如股东利用公司委托书参与董事提名制度有效,他们在可能带来间接好处方面就不太有效。相比之下,股东利用公司委托书参与董事提名制度提供了最大可能的直接威胁,它也最有可能产生间接好处。

(六)"一鸟在手"的重要性

有些人可能会认为,专注于股东利用公司委托书参与董事提名制度替代强化股东权力的其他机制不切实际,因而效率较低。换句话说,股东积极主义者应当采取"一鸟在手"的方针,重点增强现有所得而非获得(secure)一种无法企及的措施。事实上,股东在强化其权利方面已经有重大进展,这些进步不应因为没有包括股东利用公司委托书参与董事提名制度而被淡化。事实上,每一新举措都可以独自对股东权利产生重要影响。总体来说,这些影响将会加强。此外,虽然最近的举措可能有缺陷,但是这些缺陷可以被克服。更重要的是,实际上已经制定了这些举措。相反,股东利用公司委托书参与董事提名在过去进展并不理想;鉴于历史上和目前抵制这一机制的水平,股东利用公司委托书参与董事提名在将来也可能进展不理想。从这一视角看,对股东利用公司委托书参与董事提名继续投入大量资源和努力对股东积极主义者而言未必是最佳策略。相反,最佳策略可能是致力于消除最近举措的缺陷从而提升已经取得的收益。

然而,本文认为,虽然不应当忽略或削弱其他机制的重要性,但是重点关注股东利用公司委托书参与董事提名仍然为优先选择。事实上,这种行动最近招致失败,但是至少一些美国 SEC 成员已经表示愿意重新讨论该问题。[322]

---

[320] See Bebchuk, supra note 9, at 878.

[321] 事实上,*Bebchuk* 的研究准确地指出董事愿意忽略没有约束力的股东决议。这一研究证明,当管理人员意识到这对他们行为没有真正影响时,股东间接影响管理人员的能力就遭到严重损害。

[322] See supra note 135 and accompanying text.

根据这一情形,股东利用公司委托书参与董事提名可能仍然是一个可以实现的目标。此外,当该问题仍然处于 SEC 议程之中或者积极主义者冒着失去现有任何势头的风险时,股东积极主义者应当继续谋求这一路径(press for such access)。最后,正如本文所述,股东利用公司委托书参与董事提名确实比其他股东扩权机制具有显著优势,因此,股东积极主义者专注于公认不太有吸引力的措施时并不放弃这一机制很重要。

四、结论

近年来,股东积极主义者在增强股东权力运动中已经取得许多成功。他们说服了多数公司采用绝对多数决制,该制度确保只有获得多数支持的董事才能当选。股东也说服很多公司取消交错董事会,确保董事每年参加选举。后来,美国 SEC 也制定规则允许股东通过因特网征集委托书。这些规则旨在降低发动委托书争夺战的成本,从而提高股东提出自己所选候选人的能力。最后,美国 SEC 通过了旨在促进电子股东论坛的规则。这些规则增加了股东与其他股东以及与公司董事和公司高级官员进行沟通的能力。所有这些行动都增强了股东投票权,反映了最近股东民主运动的成功。

然而股东还没有取得股东利用公司委托书参与董事提名制度的成功。事实上,目前只有公司管理者可以在公司委托书说明书上提名他们所选择的候选人,而股东不能。在过去 5 年中,SEC 曾经两次考虑是否赋予股东利用公司委托书参与董事提名的权利,但是迄今为止 SEC 没有行动。

这种失败对于股东利用公司委托书参与董事提名运动而言似乎是一个重大挫折。事实上,股东积极主义者一直将股东利用公司委托书参与董事提名制度视为任何有效股东权利运动的基石,因为股东利用公司委托书参与董事提名制度赋予股东在公司选票上提出自己所选候选人的能力。这种提名权不仅消除了委托书征集活动的相关成本,而且也使股东能够获得将其被提名人记载于公司选票上的潜在心理优势。SEC 否定股东利用委托书参与董事提名,剥夺了股东的这种权利,看上去损害了股东权利的努力。

当然,有些人认为,这种观点过分强调股东利用公司委托书参与董事提名而没有重视最近取得的成功。虽然本文指出这些其他成功是显著的,并且对股东权利运动具有价值,但是本文同样主张,他们不是股东利用公司委托书参与董事提名制度的有效替代。这一机制比起其他行动更强、更有意义以及更正确。因此,虽然我们不应该忽视迄今为止所取得的许多进展的重要性,但是股东积极主义者应当继续倡导股东利用公司委托书参与董事提名制度。事实上,虽然争取这一机制的斗争已经并且无疑会继续成为一项艰苦卓绝的斗争,但是这一运动看来非常值得努力,因为我们并不能明确:即使股东争取利用公司委托书参与董事提名运动招致失败,却仍然可以在其更广范围的股东民主运动中宣称获得胜利。

投票权价购问题之检讨*

弗兰克·伊斯特布鲁克(Frank H. Easterbrook)和丹尼尔·费希尔(Daniel R. Fischel)认为:“如果说有限责任构成了公司法最显著的特征,那么在彰显公司法的特征方面,投票机制则无疑稳居第二。”〔1〕对股东和公司而言,投票权的重要性毋庸置疑。随着股权不断分散、股东人数众多且散居各地,股东亲自出席股东会存在这样或那样的困难,投票权委托应运而生。实践中,投票权委托普遍使用后,其方式也逐渐发生变化,股东投票权征集开始盛行。理论界认为,投票权征集是伴随公司发展和公司控制权争夺而产生的一种新型股东投票机制,该机制本身是一把“双刃剑”。若规制得当,可以调动股东参与公司运营的积极性,维护中小股东利益,保障公司高管忠实谨慎负责本职工作,降低公司收购成本,提高公司运营效率,进而提升公司治理水平。若规制不当,则可能成为低效无能的公司管理者自我延续的方式,沦为“在野”股东和“在朝”股东个人争利的工具,影响公司正常运营和持续,损害股东合法利益。由此可知,如何设计和规制投票权征集制度非常重要。

笔者旨在对投票权征集制度的一个具体、深层次问题即投票权价购问题予以探讨。对于投票权价购,大多数国家立法都采取严厉禁止的对策。但是,为何要禁止投票权价购?理论界缺乏充分的探讨和研究。我国正式法律文件中投票权征集制度的规定简单而粗糙,投票权价购的规定更加缺乏,仅在一些文件中规定投票权征集应当无偿。我国理论界对投票权价购的反对大多立足于投票权价购可能带来的不利影响,尽管这些不利影响未经严密的逻辑检验。

---

* 本部分原载于黄红元、徐明主编:《证券法苑》(第7卷),法律出版社2012年版,第104~134页。作者为赵金龙、梁素娟,在原文基础上修改而成。

〔1〕[美]弗兰克·伊斯特布鲁克、丹尼尔·费希尔:《公司法的经济结构》,张建伟、罗培新译,北京大学出版社2005年版,第70页。

笔者尝试引入“投票价购”的概念,并参考美国实践,揭示理论界反对投票权价购的一般理由,进而阐明这些反对理由的不足之处,论述允许投票权价购的积极意义,并为重构我国投票权价购制度提出建议。

一、投票权价购概述

公司法理论认为,股东对于公司拥有剩余索取权,而债权及职工工资债权等在行使顺序上均优先于股东剩余索取权。可见,股东较之公司债权人和职工,对公司意思决定结果承担最终责任,或者说公司意思决定的结果与股东有更直接的利害关系。根据法律权利义务对等原则,相对于公司管理者、债权人等,股东与公司的利益最密切相关,股东应当拥有十分强烈地参与公司治理的动机。另外,股东间的利益诉求应当相同或者一致,只有这样,他们每个人单独表达利益诉求之后,最终多数重合,才可形成公司意志。但是实践中,随着股东不断分散化、证券市场的发展、专业经理人的不断发展,单个股东对于公司治理的影响变弱,而且股东参与公司治理会出现集体行动问题。加之机构投资者的出现,股东诉求也不再相同或者一致,股东对于利益分享或者投票权的偏好亦有所不同。

当股东怠于行使投票权,不再积极参与公司治理,而公司治理的确大大影响相关主体利益时,投票权价购就应运而生。多数国家对投票权价购采取禁止态度。美国对投票权价购的态度经历了由完全禁止到有限允许:最初对买卖投票权行为一概否定,在“施赖伯诉卡尼案”(Schreiber v. Carney)后,[2]法院更加严肃审视对投票权价购的态度,并在深思禁止理由后,转而持宽容态度。

(一)“施赖伯诉卡尼案”对投票权价购的界定

股东投票权价购在美国公司由来已久,但早期判例大多忽视这种投票权价购行为。经历长期的理论探讨和司法实践,美国法院大致将股东投票权价购界定为两类:(1)行为构成犯罪,因为它将物主本身利益与控制投票权相分离。(2)基于对极个别股东的考虑而侵害其对于其他股东所受的信托义务及其他责任。[3] 传统普通法虽然允许涉及利益交换的投票协议,但禁止私下收

---

〔2〕 447 A. 2d 17(Del. Ch. 1982).

〔3〕 Schreiber,447 A. 2d at 23.

受对价而进行投票,出售或收购投票权(vote buying)因本身违法(invalid per se)而无效。以《纽约州商业公司法》为例,第60(e)款规定,股东不得为了获得任何数量的金钱或其他任何有价值的东西而出售自己的投票权或向他人发出授权投票权。法院判例支持这一观点,认定如果公司股东以获取个人利益为交换条件而在涉及所有股东利益的事项上行为或不行为,均因违反公共政策而无效。[4]

在"施赖伯诉卡尼案"中,得克萨斯国际航空(Texas International Airlines)公司(T. I. A)原计划的公司重组因其最大股东杰特公司(Jet Capital)的潜在否决权而延期。重组可使公司并入控股公司,T. I. A 虽然明白其股东和公司本身会得到利润,但是杰特公司仍反对合并,因为杰特公司是 T. I. A 最大股票所有者,SEC 给杰特公司带来巨大税务压力。[5] 为确保杰特公司支持合并,T. I. A 计划为杰特公司贷款 3, 300, 000 万美元使其公司利润率上升 5% 。T. I. A 总裁一接到贷款计划确认后,便马上将其呈给股东确认选票。最终依靠大多数股东投票支持而通过重组,股东要求的条件得到满足,贷款也正式通过。一个股东对该贷款提出异议并起诉,认为上述贷款因涉及投票权价购而无效。法院认为,过去的判例之所以都一致认为投票权买卖及类似行为是本身违法的无效行为,是因为在这些判例中,对投票权进行买卖或者利益交换的目的存在欺诈性,对其他股东存在利益剥夺,因而违反公共政策。但本案中被告放弃其对合并的否决权以换取公司对被告贷款,以便被告克服税收不利后果的行为不是本身无效的行为,因为这一安排的目的不存在对其他股东的欺诈和利益剥夺,而是为了增进原告公司全体股东的利益,并且被告的行为已经得到多数股东追认,因而是有效的。法院在"施赖伯诉卡尼案"中提出的投票权价购的定义如今已被奉为主流,即尽管投票权价购存在负面影响,但其实它只是一个投票权协议,在该协议里,股东从个人角度考虑,放弃其自由裁量权,其投票转而受购买者指导。[6]

在"施赖伯诉卡尼案"之后,特拉华州判例法进一步缩小投票权价购的定

---

〔4〕 Brady v. Bean, 211 I 11. App. 279(1921).

〔5〕 447 A. 2d 17(Del. Ch. 1982).

〔6〕 王继军:《股份有限公司累积投票制度研究》,载《中国法学》1998 年第 5 期。

义。在"亨利集团诉圣达菲南太平洋公司案"(Henley Group, Inc. v. Santa Fe Southern Pacific Corp)中,衡平法院发现投票权出卖方在某些行为方式上没有按双方达成的投票权协议放弃其投票自由裁量权,不符合"施赖伯诉卡尼案"中投票权价购定义,因此投票权价购不成立。接着在"彩虹导航公司诉永和案"(Rainbow Navigation, Inc. v. Yonge)中,衡平法院又一次认定投票权价购不成立,因为该投票权协议不具有法律上强制履行的期待可能性。法院认为,"更重要的是,投票权价购协议不是投票背后的主要原动力"。虽然,法律上的强制履行性和重要激励因素规制并没有被所有法院接受,但是目前该规则还没有被其他法院否定。

投票权价购称谓不一,有人称为有偿投票权征集、投票权市场化、委托书市场化等,虽然表述不同,但内涵一致:当股东不能或不愿出席股东大会,亦未选任适当代理人行使其投票权时,公司及公司外的人(含股东)将记载必要事项的空白授权委托书交付公司股东,以利益交换方式劝诱股东选任自己或第三人代理行使其投票权的民事行为。

(二)新型投票权价购

弗兰克·伊斯特布鲁克(Frank Easterbrook)和丹尼尔·费舍尔(Daniel Fischel)认为,投票权和股份所有权不可能分离,想获得投票权就必须购买股票。[7] 在大部分时候,投票权与持股的确不可分,这种说法有其合理性,但是并不严谨。同业拆借市场增长和金融衍生工具革命为投票权与股权分离提供了更容易、更低廉的条件。此外,由于对冲基金的兴起及其股东将其作为投资策略的积极采用,分离带来的益处更加明显。相比传统投票权价购,由于股份经济回报已经可以从相关投票权分离,于是新的投票权价购便应运而生。新型投票权价购的"新"在于投票权价购规模巨大、方式特殊和交易成本大幅降低。

佩里迈兰公司(Perry-Mylan)案是新型投票权价购的典型。[8] 2004年7月,迈兰实验室公司(Mylan Laboratories Inc.)和君王制药公司(King

---

[7] Frank H. Easterbrook & Daniel R. Fischel, Voting in Corporate Law, 26 *J. L. & Econ.* 405, 410 (1983).

[8] Perry Corp., Beneficial Ownership Report (Schedule 13D) (Nov. 19, 2004).

Pharmaceuticals Inc.)联合宣布,迈兰公司要通过4.1亿美元的换股并购君王公司,但是迈兰公司大股东卡尔·伊坎(Carl Icahn)反对该并购案。君王公司的股东佩里公司持股共计700万美元,若并购成功至少将收益2800万美元。为推进这一并购,佩里增加对君王公司持股,达到总股票的9.9%,同时与经纪公司进行对冲交易。根据该交易,佩里从经纪公司购买所需迈兰公司股份,并享有以原购买价格售回这些股份的权利。经纪公司获得了以原价回购佩里股份购买权,同时,经纪公司通过第三方股东进行单独的卖空交易,[9]以对冲股价下跌的可能性。为获得股东大会支持,推进并购,迈兰公司对君王公司支付价格越高,佩里获利越多,该安排是有效的。同时可以看出佩里通过这一系列安排成为君王公司的第一大股东,却没有对君王公司股份产生真正的经济利益关系。对君王公司,佩里至多是持消极态度。多个交易相结合的形式,分解来看各方做法是完全合法的交易。新颖的是交易的净效应:一个没有任何明显相对方的投票权买卖安排,在买方没有甚至是与公司经济利益相悖情况下,其中涉及的股票却被购买和行使投票权。如今由于复杂的交易结合技巧、金融计算与现有技术相结合,已经有多种方式可以达到该效果。[10]

虽然新型投票权多种多样,但投票权和持股的分离多取决于关联资产的存在。关联资产包括衍生工具(如期权、期货和股权掉期)、其他金融产品以及合同权利(如每份贷款协议下的权利)等,关联资产往往可以通过增加或者减少持股足以影响投票意向。有学者称这种新型投票权为"空投票权"(Empty vote),[11]即一个人拥有的投票权远远大于其关联资产利益的现象。新投票权价购是指采取一定的经济安排,所控制投票权远远大于其关联资产利益的现象。该行为形式合法,单纯令行禁止难以抑制该行为,必须构建一系列制度予

---

〔9〕 David L. Scott, Wall Street Words 349(2003).

〔10〕 诸如根据我国1997年6月5日中国人民银行《关于银行间债券回购业务暂行规定》,目前债券回购有封闭式回购(债券质押式回购)和开放式回购(债券买断式回购)。封闭式回购融资方没有丧失证券所有权,仅将债券质押给融券方。与封闭式回购相比,开放式回购的灵活性更大,开放式回购中债券所有权发生实质性转移,资金融出方对债券有自由处置的权利。法律虽然规定债券回购交易中的以资融券方在初始交易前必须将足够资金存入委托的证券营业部的证券交易结算资金账户,在回购期内不得动用质押债券,但以资融券方却可以以此影响股东的投票权行使,股东的股票所有权与投票权的关系有所松动。

〔11〕 Henry T. C. Hu; Bernard Black, The New Vote Buying: Empty Voting and Hidden (Morphable) Ownership, University of Southern California, *Southern California Law Review* (May, 2006).

以规制。

(三)投票权价购情形及对其存在的担忧

投票权价购主要产生于两种情形:

第一,为使股东大会召开具有法定人数股东参加或使董事会提出的议案得以被通过而进行的投票权价购。这种情形一般出于公司法或章程的规定。在股份公司许多股东不能或不愿意出席股东大会情况下,董事会作为股东大会召集人,防止股东大会出席股东达不到法定人数不能顺利召开,公司议案无法通过。在股东无法知悉公司信息情况下,经营者地位反而得到巩固,因此需要进行投票权价购。

第二,公司经营管理者之外的股东为阻止董事会议案的通过或为使其提出的提案得以通过而进行投票权价购,这主要是在野股东(在公司董事会不拥有席位或仅有少数席位的股东)为争夺有关问题话语权或者公司控制权而发起,目的是通过征集到足够多的投票权来表达其观点或者取得公司控制权。该情形下,投票权价购与敌意收购(主要方式是股票的公开要约收购)都成为公司控制权争夺的重要方式。

学术界与司法界大多主张严格禁止投票权价购,他们担心允许投票权价购会产生如下问题:

第一,低效管理层可以利用投票权价购来实现自我延续。管理层与其他主体相比,拥有获得公司内部信息的优势,掌握着翻阅股东名册和公司提案的权力,又可以利用公司的资源和经费为自身发动投票权征集买单,加上股东在与管理层长期合作中对管理层的惯性依赖,考虑更换管理层的代价以及更换结果的不确定性,股东常常会选择维持现状,只有在谨慎衡量后才会选择独自发起投票权征集。

第二,在投票权价购过程中,争夺者可以利用信息披露来实现不法目的。在上市公司中,大部分股东仅仅关心自身的投资收益,对公司经营和管理并不十分了解。由于股东们无论在信息占有上还是在对所占有信息进行专业分析能力上的局限性,股东很容易受到投票权征集时各方发出的征集材料的误导。争夺双方为了击败对方无所不用其极,"信息战"更是惯用伎俩。股东在面对各方不同观点时往往不知所措,加上对于利益的盲目追求,很可能在迷惑或误解的状态下,作出错误的判断,从而损害公司和自身利益。

第三,不法者可以利用投票权价购干扰公司正常经营。干扰公司正常经营常常来自公司管理层以外的投票权征集者,在投票权征集主体资格门槛较低的情况下,尤其容易出现。在实践中,经常有一些出于其他目的而进行征集的情形,如某些股东为了控制董事会实现利益的输送。

二、禁止投票权价购的理论辨析

人们反对投票权价购的最初原因在于将它与政治生活中的贿选类比。[12]贿选行为由来已久,詹姆斯·加德纳(James Gardner)教授对贿选历史进行研究发现:[13]其最早可追溯到18世纪英国,在竞选中为了获得选民支持,常常用食物和饮料招待选民,这就将竞选活动转变为看哪个候选人可以向选民提供最多的威士忌的竞争。无记名投票的产生和发展对于贿选产生了冲击,但是同时也使贿选更加隐秘而难以发现。在现代社会,大家一致认为必须禁止贿选,正如布伦南(Brennan)法官在"布朗诉哈特拉格案"(Brown v. Hartlage)中所述,[14]在一个旨在追求民主的国家,任何一个政治机构都不会委托其官员通过以货易货或者拍卖的方式获得权力。毕竟这种行为违背了通行准则,即有意竞争双方应当致力于不损害他人利益情况下将自己本身变得更好的活动。

对于投票权价购,应当探讨其存在的不合法、不合理之处,而不应当直接否定。目前,各国公司中虽然都不同程度存在投票权价购现象,立法对投票权价购大都采取禁止态度,具体理由有:第一,投票权价购会给富人带来额外利益,对穷人不公平,破坏平等原则;第二,股东投票权作为一个整体属于整个公司,不应异化为股东私人利益;第三,投票权价购可能会威胁公司运营效率;第四,投票权价购会增加代理成本。这些理由是否完全有效成立?下面我们进行相应分析和探讨。

(一)是否破坏平等原则?

有人认为,投票权价购会给富人带来额外利益,对穷人不公平,破坏平等

---

〔12〕 Richard L. Hasen, Vote Buying, 88 *Cal. L. Rev.* 1323 (2000) (citing statutes in multiple jurisdictions).

〔13〕 James A. Gardner, Consent, Legitimacy and Elections: Implementing Popular Sovereignty under the Lockean Constitution, 52 *U. Pitt. L. Rev.* 189, 232 (1990) (footnote omitted).

〔14〕 456 U. S. 45, 54 (1982).

原则。相对富人而言,穷人更易于出卖自己的投票权,原因在于同样的钱对于穷人来说它的价值更大,相对于以后获得的金钱来说,人们会从先前的金钱中获得更多价值,这就是经济学家所说的“边际效用递减”。[15] 帕梅拉·卡兰(Pamela Karlan)研究发现,[16] 在实践中投票权价格十分低廉,因为在竞争过程中任何一个微小的概率都可能产生决定性影响。价格低廉对穷人的吸引力远比富人要大。但当出卖自己投票权的穷人达到一定数量时,政治平等就被打破。如果选民选择官员是根据其经济条件,最后政府就将由富人组成;与此相应,富人制定的政策只在于维护富人利益,整个国家的民主和平等只能是空中楼阁。索尔·莱夫莫尔(Saul Levmore)认为,贿选的原罪在于金钱触角伸到了它本不应该存在的区域,即使交易双方都愿意,但是它必将损害他人甚至交易方本身的利益。[17]

不过,公司投票权与政治贿选不同。一是性质不同。贿选是公权力与私权的交易,公司选举不属于公权力,只与股东和一定人员的个人利益相关。二是目标不同。公司追求股东财富最大化,政府致力于将社会物质财富和公共服务在公民间的公平分配。因此,通过贿选违法应当禁止不能直接推导出投票权价购必然也应当禁止。

在公司中,我们追求平等,但是这种平等是相对的,是资本多数决基础上“一股一权”原则,正如罗伯特·克拉克(Robert Clark)所说,[18] 富人在公司并购和投票权争夺战中占有优势,与他在市场上有优势购买价格高昂的电视机一样,没什么不合理。同样,穷人富人间的差距问题也并非公司法或者证券法关注和解决的问题,它们致力于保护私权,鼓励交易。为追求经济民主,保护股东利益等,公司应当注重中小股东利益维护,若投票权价购在符合股东私利的情况下不存在欺诈,也不违背法律正义,这样的投票权价购实际上是为中小股东提供另一种选择,这种选择在会增加股东财富的同时,能够激励管理层忠

---

〔15〕 边际效用递减,是指在一定时间内,在其他商品的消费数量保持不变的条件下,随着消费者对某种商品消费量的增加,消费者从该商品连续增加的每一消费单位中所得到的效用增量即边际效用是递减的。边际效用递减的原因在于:第一,生理或心理的原因;第二,物品本身用途的多样性。

〔16〕 Pamela S. Karlan, Not by Money but by Virtue Won? Vote Trafficking and the Voting Rights System, 80 *Va. L. Rev.* 1455, 1462(1994), at 1458 – 59 & n. 13.

〔17〕 Saul Levmore, Precommitment Politics, 82 *Va. L. Rev.* 567, 606 – 10(1996).

〔18〕 Robert Charles Clark, Vote Buying and Corporate Law, 29 *Case W. Res. L. Rev.* 776, 804(1979).

于职守、高效管理,此时投票权价购不应承担破坏平等的罪名。公司投票权与政治生活中选举权的性质不同:政治生活中选举权事关公共权力的运行,应当关注不同社会阶层,平衡各阶层的利益诉求,防止拉大贫富差距;公司投票权应当承担公司治理目标的实现而不是以缩小贫富差距为己任。

(二)投票权是否发生异化?

有人认为,股东投票权作为一个整体是属于整个公司,不应异化为股东私人利益,而投票权价购异化了投票权的社员性,将其作为股东私人财产权进行交易。玛格丽特·简·雷丁(Margaret Jane Radin)支持禁止投票权价购的政策,主张反对投票权价购,认为这是异化投票权的行为,似乎主要是基于作为一个社区社员的道德义务或者政治义务的考量,股东作为公司的社员,要么放弃投票权,要么自主行使投票权而不可转移。[19] 之后,凯斯·桑斯坦(Cass Sunstein)提出更为明确的反对理由,个人应当基于公共利益而不是基于个人私利来行使投票权。[20] 因此,金钱不应当引入投票过程,这不利于个人站在公共利益角度进行投票。但是,这种观点难以被实践证明,投票主体以谁的利益为出发点来投票是个主观问题,难以考察证实。

公司作为法律拟制的人,它的意志源于股东大会决议。公司采取的是不完全自治,即它的决议形成并非所有成员的意思表示一致而是多数成员意思表示一致。股东利益最大化始终是公司重要目标,这是公司形成和发展的原动力,也是投票权产生并赋予股东的目的。根据“施赖伯诉卡尼案”(Schreiber v. Carney)确立的原则,无论是否允许投票权价购,在股东会议上股东都应该被允许在衡量自身利益后去投票。法院认为股东对于公司的剩余索取权已经将公司利益与股东个人利益紧密联结起来。在交易时,交易方自然要考虑最合理的交易支出和收益,同样,投票权价购中出卖投票权股东也考虑出卖投票权的支出和收益,从自身出发考虑也是合理的。[21] 在美国,有的州要求公司考虑利益相关者利益,承担必要的社会责任,认为公司管理中,股东投票权不仅仅涉及股东个人私利,但是公司追求股东利益最大化的目标不可

---

〔19〕 Margaret Jane Radin, Market-Inalienability, 100 *Harv. L. Rev.* 1849, 1854 – 55(1987).

〔20〕 Cass R. Sunstein, Incommensurability and Valuation in Law, 92 *Mich. L. Rev.* 779, 849(1994).

〔21〕 Complaint at 10 – 11, High River Ltd. P'ship v. Mylan Labs., Inc., No. 04 – 2677(S. D. N. Y dismissed May 31, 2005).

改变。

公司价值是股东利益最大化还是维护相关者利益,其实是公司本质的探讨。施莱弗(Shleifer)和维什尼(Vishny)(1997)认为,公司治理是确保投资者获得投资回报的一些途径。[22] 股东是企业合法所有者,公司治理体现的基本原则是股东利益至上。因此,公司法设计应当以采用何种途径来确保投资者获得投资回报为核心,使公司剩余价值转移到股东手中。从契约联结理论角度看,公司法研究即在公司视野下将股东、管理者、消费者、债权人等多种主体引入法律研究,从而引起股东利益最大化和维护相关者利益的争论。相关者利益维护原则是随着公司不断发展强大、对社会影响不断增大而产生的理念。在发达国家,公司法设计也是以股东利益最大化原则为主,以相关者利益维护原则为辅的。[23] 笔者认为,我国公司法设计也应当以股东利益最大化为原则,在一定条件下,公司才承担相应的社会责任。

(三)投票权价购是否损害公司效率?

基于政治贿选破坏社会效率,有人认为投票权价购可能会威胁公司的运营效率。[24] 从理查德·艾伦·波斯纳(Richard Allen Posner)将经济学分析方法引入法学领域,效率就成为继正义之后的"第二正义"。卡尔多—希克斯效率(Kaldor-Hicks efficient)[25]是效率的重要标准。甚至有学者认为只有符合卡尔多—希克斯效率的法律才是好法律。

股东决议的形成需要股东会议的召开。为平衡股东间的利益冲突,使公司快速有效形成决策,在长期经营实践中形成了股东投票权的基本原则,即股权平等原则、一股一权原则和资本多数决原则。实践中产生的投票权程序和原则用以保证公司的决策更有效率。

---

〔22〕 Shleifer,A. and R. W. Vishny:1997,A Survey of Corporate Governance,*The Journal of Finance L*11(2),p. 738.

〔23〕 Lynn A. Baker,Direct Democracy and Discrimination:A Public Choice Perspective,67 *Chi. -Kent L. Rev.* 707,721 – 32(1991).

〔24〕 Schreiber v. Carney,447 A. 2d 17,25(Del. Ch. 1982).

〔25〕 卡尔多—希克斯效率是指第三者的总成本不超过交易的总收益,或者说从结果中获得的收益完全可以对所受到的损失进行补偿,这种非自愿的财富转移的具体结果就是卡尔多—希克斯效率。认为只要调整能够使社会效益增加,那么它就是有益的。也就是可以为了社会总收益增加,减少部分人的福利。

投票权价购对公司效率的影响可以从以下三种情形予以分析：

第一，在封闭的小公司中，每个股东所持股份多少几乎没有差异，缺乏强有力的约束协议。由于存在集体行动问题，每个股东无能力也无动机去获得相对多数股份的支持，股东会议无法召开。这种情况下，从效率角度看，没有理由反对投票权价购。美国特拉华州正是为解决公司股东存在的集体行动问题，承认了投票权协议和投票权信托的合法性。[26]

第二，收购者意图收购一个开放式公司，希望得到多数股份支持，从而在股东会议上获得对于"毒丸计划"豁免，可以通过要约收购方式收购公司。在美国，很多公司董事会未经股东会同意就采取"毒丸计划"，除非事先获得股东大会支持，否则不能通过要约收购方式收购公司，从而有效防止潜在收购者通过要约收购方式收购公司。投票权价购在这种情况下给予收购者购买股东支持要约收购的投票权，但是并不要求收购者马上提交收购要约。在公司收购中，一公司为取得另一公司的控制权，往往通过吸纳、受让或者公开收购目标公司的股份达到一定比例，然后行使股份投票权控制目标公司股东大会并改组其管理层，实现对目标公司的控制。[27] 这与收购者和董事会的漫长不确定的"拉锯大战"所需投入的大量人力物力财力相比，的确节约了成本，有利于增加社会总财富。

第三，有人希望通过投票权价购获得股东投票权，从而控制股东会议决议以控制公司，掏空公司。在这种情况下，投票权收购者必然迫使股东会议通过一些低效的方案，以损害公司利益，最终损害股东利益。这种情况下，股东可以告知董事会和监事会不予执行，可通过股东派生诉讼向法院起诉，也可以转让股票来维护自身利益。这种投票权价购当然有损公司效率，也应当禁止。

（四）投票权价购是否增加代理成本？

迈克尔·詹森（Jensen M. C.）和威廉·麦克林（W. H. Meckling）认为，[28] 代理成本产生于公司所有权和控制权的分离。管理者与外部股东的利益并不

---

〔26〕 梁上上：《论股东表决权》，法律出版社 2005 年版，第 17 页。

〔27〕 Thomas J. André, Jr., A Preliminary Inquiry into the Utility of Vote Buying in the Market for Corporate Control, 63 *S. Cal. L. Rev.* 588, 636 n. 26 (1990).

〔28〕 Jensen, and Meckling. Managerial Behavior, Agency Costs, and Ownership Structure, *Journal of Financial Economics*, 1976(3): 126 – 143.

总是一致,其不会像自己完全拥有企业所有权时那样努力工作使企业价值最大化,而是倾向于增加其在职消费获得更多非金钱收益,因为管理者获得在职消费的全部好处,成本却由全体股东分摊,在这种情况下企业价值小于其完全拥有企业股份时的价值。这种情况下的企业价值差额便是代理成本。代理成本包括监督成本、担保成本和剩余成本。监督成本是股东为监控公司管理者行为或者制定一系列制度规范约束其行为而付出的金钱、时间和人力资源的成本。担保成本是公司管理者为让股东相信其行为本身以股东利益维护为准,进行适当决策所付出的金钱、时间和人力资源的成本。剩余成本是管理者在各种制度约束和监督下,进行最佳决策或错失良机造成的公司损失。有人认为,投票权价购会造成股东剩余价值索取权和监管公司未来走向义务的分离,会偏离一股一权原则、增加代理成本,应当禁止。有人认为,[29]投票权买卖增加了不必要的代理费用,许多国家都在积极探讨如何降低投票权行使成本。投票权价购反而会增加成本,继而有损整个公司的效益。将两者分开,则会导致支出与回报之间不协调。而且,以较少投资获得不成比例的投票权,将使有投票权的股东想方设法通过掌控公司经营而减少自己的投资,或变相增加获利。例如,若持股比例为20%的某股东利用投票权买卖取得公司所有投票权,但其为改善公司经营而采取的动力仅为那些决策价值的1/5。而且,他将拼命享受公司的额外利益,还将尽力实施其他并不导致盈利最大化的行为。因为大部分成本将由其他股东负担,他仅仅利用20%的投资成本就操纵100%的投票权。

学界一致认为,只要管理者持股少于公司总的剩余价值,代理成本就存在。因此,在股东分散的公司中,无论是否存在投票权价购,代理成本都存在。投票权价购本身并不直接导致代理成本产生。假设投票权价购的确与代理成本相关,代理成本的市场价格必然低于公司的剩余权益。由于投票权本身不可单独交易,所以投票权难以估价,也没有合适方式衡量股东福利是否减少。

目前经验主义的研究结果是投票权价购对于代理成本增加是中性的:没有实践可以证明允许投票权价购会增加股东利益,也没有实践可以证明允许

---

〔29〕 丁绍宽:《公司投票机制的法律经济学分析》,华东政法大学经济法学院2008年博士学位论文,第54~59页。

投票权价购会减少股东利益。现代上市公司的股东能够心甘情愿地将自己财产交给素不相识的公司管理层经营管理,除了能获得由于风险承担与决策经营分离带来的分工好处外,主要是因为在公司这种组织形式的内外,已形成了若干约束管理者行为有效控制代理成本的监督激励机制。这些机制包括决策控制权与决策经营权分离的内部监督机制,体现在公司董事会制度上,与公司外部接管市场、经理劳动力市场、股票市场和产品竞争市场等外部激励约束机制。总之,控制权与所有权的分离,确切地说是决策经营权同剩余索取权的分离产生代理成本,但公司治理结构的存在使代理成本被控制在股东所能接受范围内,分离带来的收益将大于产生的代理成本。因此,对于代理成本的追求应当致力于公司治理结构的不断完善。持股比例为 20% 的某股东利用投票权买卖取得公司所有投票权虽然风险会比较高,但是完善的公司治理结构可以予以监督和控制。

此外,理论界也存在一种认识:投票权为一种共益权。股东在行使投票权时,在反映和维护其自身利益的同时,也必须顾及其他股东和公司的利益;如果允许投票权价购,那么就切断了股东权益与投票权的联系,投票权行使的目的和动机将难以衡量,长此以往,公司经营决策和价值取向可能会损害股东利益;投票权价购在一定程度上将投票权和股份持有权分开,而将这两者分开则会导致支出与回报之间不协调。

投票权是共益权还是自益权的争论由来已久,特拉华州的判例更是明确说明股东投票权行使过程中要考虑自身利益、其他股东和公司的利益,不可为了个人利益而不择手段。这也是“施赖伯案”的审理法院对投票权价购合法性分析的主要内容。投票权和股份所有权的分离是金融衍生产品不断发展的时代背景下,各国投票权行使过程中都面临的问题,且该问题难以逆转。

综上所述,从平等、异化、效率以及成本角度来看,都没有完全禁止投票权价购的强有力理由。因此,我们不能基于以上原因就完全禁止投票权价购。但是,投票权价购挑战传统的一股一权原则和投票权与持股权不分离原则,确实可能成为管理者掏空公司、收购者侵吞公司的工具,因此,也不可一味支持。在明确公司目标、维护股东利益的目标引导下,应当完善制度设计、规制投票权价购,从而发挥其完善公司治理和维护股东利益的作用。

三、美国特拉华州投票权价购司法实践

(一)特拉华州投票权价购司法的变迁

投票权价购受到大多数国家否定,在学术界备受非议,除以上四种理由外,[30]还在于人们十分担忧投票权价购可能带来的一系列问题。在美国,最初投票权价购出现时,每当投资不景气,就会有些股东靠出卖投票权赚钱,根本不考虑是否损害其他股东利益,是否对公司造成严重损害。因此,一段时间以来美国法院认为这些案例彰显出,投票权不仅是股东一个糟糕的投机决定,更是置其他投资人和自身长期利益于不顾的赌注。因此,当时美国司法界和学界都认为,投票权价购将投票权与股东权分离严重违反公共政策,应当为法律禁止。

"施赖伯诉卡尼案"对投票权价购具有里程碑意义,此案首先提出了投票权价购的定义,并进一步提出一个高难度且颇具争议的问题即"投票权价购是否当然违法"。通过翻阅以往的案例,追溯对投票权协议的规定,该法庭最终得出结论:投票权买卖并不应该都是非法的,除非投票权价购本身是为了欺诈或者剥夺其他股东合法利益。从该案案情看,投票权价购是为了维护全体股东利益,股东利益没有被剥夺,贷款协议完全公开,并且该投票权价购经全体股东通过(司法大臣也认为该股票权价购经全体股东同意),应当承认其合法性。但是,该法庭郑重提出警告,该判决并不认为任何投票权价购本身都合法,由于投票权价购十分容易被滥用,因此对于投票权价购的允许必须经过严格审核。这就是投票权价购的"施赖伯案"的审理法院的分析,这一分析包括三部分,通过该分析的投票权价购合法有效。该分析被很多法院支持并接受。

(二)"施赖伯案"审理法院对投票权价购的合法性分析

"施赖伯案"审理法院的投票权价购合法性分析包括以下三部分:

第一部分,股东是否从个人利益出发将投票权出卖给他人,此即第一部分投票权价购概念的分析。投票权价购概念的分析关键是看股东是否为追求个人利益而与他人交易投票权,投票权价购界定部分已经阐述,该部分不再赘述。

---

〔30〕 Richard L. Hasen, Vote Buying, 88 *Cal. L. Rev.* 1353(2000).

第二部分是该行为对于其他股东是否存在欺诈目的以及是否以损害其他股东利益为动机。特拉华州法院主张,由主张投票权价购存在欺诈、损害股东利益的原告承担证明义务。在实践中,法院通常在被告投票权价购情况比较恶劣时才宣布该投票权价购无效。

是否对于其他股东存在欺诈或损害其他股东利益的目的的分析主要依据是否实质上损害股东利益来判断。这也是美国司法界采取的理念,然而司法实践中欺诈或损害其他股东利益为目的的动机判断难以把握,因为投票权价购协议常常是双方协议,对于第三者并无告知义务,难以存在重要信息的错误告诉,即使存在错误告诉,损害后果也难以举证,因此司法实践中很少有投票权价购行为被宣告违法。

第三部分是该行为是否违背实质公平的判断。一般公平是指处理事情合情合理,不偏袒某一方或某一人,即参与社会合作的每个人承担着他应承担的责任,得到他应得的利益。经济学中的公平指收入分配的相对平等,即要求社会成员之间的收入差距不能过分悬殊,要求保证社会成员的基本生活需要。经济学中的公平强调经济成果在社会成员中公平分配的特性。而对于实质公平的追求大多是对于事后结果的衡量。该部分产生的原因来自大众对于投票权价购滥用的忧虑,[31]该部分的存在使整个分析具有很强的弹性,因为它保留了对投票权买卖的合法性的质疑,若通不过该分析的筛选,整个交易视为违法;若通过该分析的筛选,整个交易得以肯定。美国法院常常忽略对"施赖伯案"的审理法院第三部分的应用,因为"施赖伯案"的审理法院分析中的第三部分公正性要受到投票权价购的整个过程中各方的行为和投票权价购实施后所造成的各方利益结果的影响。此案之后,很多投票权价购案例并没有成功得到法院承认。在"永港不动产投资公司诉古德塔布案"(Wincorp Realty Investments,Inc. v. Goodtab)[32]中,法院支持原告的诉讼请求,即要求撤销该投票权价购安排,理由如下:从契约角度来审视法院判决,股东为得到有关管理公司会议的支持投票,支付其他股东一打钞票,获得钞票的股东投票也为了这一打钞票,不再考虑行为本身是否符合公司运行目标、股东利益最大化等其他

[31] Schreiber v. Carney,447 A. 2d 17,26(Del. Ch. 1982).

[32] No. 7314,1983 WL 8948(Del. Ch. Oct. 13,1983).

经济标准,如果持宽松的政策予以承认,律师的无穷智慧和商人的逐利本性必然会导致投票权价购滥用。

尽管特拉华州的判例法备受谴责,"施赖伯案"法院的分析的确有可操作性,但是法官也不得不承认:因为有一定理论基础和实践理由的支持,投票权价购本身不是简单的投票权和金钱的交易。根据遵循先例的原则,法院也将该判例适用于其他类似案例。在"卡斯诉东方航空公司案"(Kass v. Eastern Airlines)[33]中,法院判定该案中存在以金钱为诱因而左右投票权意向的行为,所以是投票权价购,但是该案中信息完全披露,并且同样的文件传达到所有股东手中,因而不存在欺诈。在"温伯格诉班克斯顿案"(Weinberger v. Bankston)[34]中,法院假设投票权价购本身符合该分析的前两步,并对投票权价购的目的和动机进行进一步考察,没有发现能够证明存在欺诈或者剥夺其他股东利益的动机的证据,另外发现投票权价购目的符合实质公平,所以最终肯定该投票权价购安排。

综上所述,法官不再机械地认定,只要是投票权价购就是违背公共政策而无效的,而是考量作为对价的利益是否对公司其他股东利益有所增进,并且在这种对价不存在欺诈、有利于公司其他股东的情况下,对投票权价购持肯定态度。另外,在已经被法院承认的投票权价购案中,不难发现仿佛已经允许投票权和股份所有权的短暂分离。

目前在美国,没有相关法律条文规定投票权价购问题。对于政治贿选,无论是联邦立法还是各州立法都有完善的规范,但是对于投票权价购为何要明确禁止,无论是联邦立法还是各州立法都没有予以一定程度的重视,只有纽约州法律条文简单涉及,关于为何要禁止的进一步探讨基本是空白。

四、我国投票权价购实践和法律规制现状

(一)我国台湾地区投票权价购的规制经验

我国台湾地区投票权价购的规制历经了从允许到严格禁止的过程,其背后的因素确实值得反思并具有启示意义。

---

〔33〕 Kass v. E. Airlines, Inc., Civ. A. Nos. 8700, 8701, 8711, 1986 WL 13008 (Del. Ch. Nov. 14, 1986).

〔34〕 Weinberger v. Bankston, Civ. A. No. 6336, 1987 WL 20182 (Del. Ch. Nov. 19, 1987).

在我国台湾地区,投票权价购由来已久,其形式包括以金钱直接购买投票权、以精美礼品换购投票权或者以其他利益交换投票权。1952 年初次引进投票委托征求制度时,由于没有对"以金钱或具有金钱价值的物品交换委托书"进行禁止性规定,出现了大规模的"有价收购委托书"的行为。以高雄中小企业银行(以下简称高企银行)案为例,1995 年 4 月 29 日高企银行决定召开以改选董事为重要内容的年度股东会议,于是"公司派"与"市场派"展开了董事会席位的激烈争夺。若采取购买股份的方式,至少需要 1500 万股的股份支持才可当选一席董事,而以当时每股的市场价格计算,收购 1500 万股至少需要 13 亿元新台币。但是若采取投票权价购的方式,当时每股投票权的最高价格仅仅 5 元新台币。以此计算购买 1500 万股的股份的投票权仅仅需要 7500 万元新台币,远远低于购买股份的 13 亿元新台币。市场派的金嘉驻开发公司采取这种方式,便花费 5 亿多元新台币的成本,最终取得高企银行 5 席董事会席位,加上其他市场派力量的联合,最终控制高企银行 13 席董事会席位中的 8 席,成功取得高企银行的经营权。但当时市场派持有的高企银行股份总计只有 0.03% 而已。高企银行经营权的转移使实际持有大量股票的股东却被持股极少但高价收购投票权的市场派赶出经营核心,大股东失去对公司日常经营的控制,公司控制权与所有权几乎完全分离。[35]之后,在这场争夺中胜出的"市场派"获得了实现利益传输、掏空公司的机会,高企银行之经营弊案丛生,不但损害股东利益,更为严重的是扰乱了证券市场的正常秩序。

由于未禁止投票权价购,很多股东或董事利用投票权价购夺得公司经营权,最终控制公司经营决策,并趁机掏空公司、中饱私囊,造成股东不重视投票权而随意低价出卖,别有用心的人购买投票权而掏空公司,损害股东利益的恶性循环,各方坚定了禁止投票权价购的态度。为防止以金钱购买方式获得委托书进而夺取公司经营权,1996 年 12 月 17 日修正《公开发行公司出席股东会使用委托书规则》(以下简称"委托书规则")时,规定不得以金钱或其他利益为条件取得委托书。但"委托书规则"同时又规定,征求人代为发放股东会纪念品并不受限(现行规则第 11 条)。此但书规定之缘由在于我国台湾地区公开发行的上市公司在召开股东会期间有发放纪念品的习惯,主要是为了鼓励小

---

〔35〕 余雪明:《收买委托书之法律与政策问题》,载《台大法学论丛》1996 年第 3 期。

股东参加股东会,以满足法定开会人数。“委托书规则”之重大不足在于未对股东会纪念品的价值作出规定。虽然无论任何征求人皆可以代发股东会纪念品,但是纪念品的内容、价值却只有公司的管理阶层得自行决定,除公司现任经营者之外的征求者不能干涉。因此,公司现任经营者便可以通过决定股东会纪念品价格高低的方式来影响股东出具委托书的意愿,进而操控所谓委托书行情。从内容来看,“委托书规则”尽管未区分投票委托书的一般行使和股东委托书的征集并统一规定,但是该规则移植了美国委托书规则中的信息披露制度,又对我国台湾地区股东投票权委托书征集实践的突出问题——委托书的有偿征集进行规定,具有一定针对性。“委托书规则”明文规定不得以金钱或“其他利益”为条件取得委托书,其目的就是防止持股不多的征求人以少量金钱来获取大量表决权。但发放股东会纪念品的例外却俨然成为一种变相价购委托书的途径,事实上突破了“委托书规则”禁止价购的规定,使争夺双方可以规避禁止价购委托书的规定。虽然投票权价购秘密进行,难以统计具体数字,但在实践中却时有发生。投票权在实务中非以理念来号召,多以金钱购得,除用来凑足股东大会法定份额之外,主要用在董监事的选举,投票权的收购成了公司经营权争夺的利器。[36] 很多公司的董事会以发放纪念品鼓励股东参与股东会议的名义,暗地里利用纪念品影响股东投票权的行使意向,构成投票权价购。纪念品从咖啡机、电子血压计到消费券价格不等,甚至有媒体拍到黑市交易中公开议价的场面。

从我国台湾地区的实践可以发现,在证券市场初步发展,公司治理机制尚不健全的情况下,通过投票权价购实现利益输送,掏空公司事件繁多时,明文禁止投票权价购,以维护投资者利益,保障证券市场的健康发展无疑是十分符合时宜的明智选择。随着证券市场的发展,公司治理机制的不断完善,单纯地禁止投票权价购,并不能真正禁止投票权价购;投票权价购会转入地下交易,会以其他方式出现。需要明确指出,投票权价购只是投票权实现的一种方式,是一种争夺公司经营权的中性工具,本身没有善恶之分。作为一种公司治理外部机制,其作用的发挥必须在配合公司治理内部机制以及完善制度情形下才可实现。管理层低效运行、利益输送、信息披露违法、公司不能正常运行等

〔36〕 王文宇:《新公司与企业法》,中国政法大学出版社 2002 年版,第 153 页。

问题并非源于投票权价购,也不会因为禁止投票权价购而得到解决。权利都可能被滥用,法律规定也可能被规避,但是却不能说明权利应当被剥夺,法规应当被废除。虽然不得不承认投票权价购过程中这些问题可能相伴而来,确实需要完备制度来予以规制,但却不能因噎废食,绝对禁止投票权价购。

(二)我国投票权价购的实践与立法现状

经过1994年"君安万科事件"、1998年"金帝建设"董事会选举事件和2000年年初"通百惠对胜利股份",股东投票权征集制度渐渐为人所知。从2000年胜利股份之争到2004年为止,我国证券市场上投票权价购事件不断出现,如"郑百文"、"国际大厦"、"华北制药"、"广西康达"、"湖南电广传媒"等均采用投票权征集的策略,实践中一般涉及投票权征集大多伴随投票权价购。由于立法持否定态度,很多投票权价购事件转入黑市,秘密进行,难以统计,监管机构难以发现,存在很多问题。这些实践对我国立法机关提出了新课题,完善投票权价购制度势在必行。

我国现行立法中的投票权价购规范并不完善。《公司法》第106条规定,股东可委托代理人出席股东大会,代理人应当向公司提交股东授权投票权,并在授权范围内行使投票权。这一规定确认了委托代理投票,也为投票权征集提供了法律依据,但是缺乏对投票权价购的规定。证券法律对投票权价购的规定有一个发展过程。中国证监会发布的《上市公司章程指引》(2006年修订)为投票权征集具体操作提供了一定依据,[37]但没有对投票权价购问题作出明确规定。2002年中国证监会与国家经济贸易委员会联合发布《上市公司治理准则》,该文件虽然位阶不高,却明确了投票权征集主体、方式以及信息披露

---

〔37〕《上市公司章程指引》(2006年修订)第59条第2款规定:"股东可以亲自出席股东大会,也可以委托代理人代为出席和表决。"第60条第1款规定:"……委托代理他人出席会议的,应出示本人有效身份证件、股东授权委托书。"第61条规定:"股东出具的委托他人出席股东大会的授权委托书应当载明下列内容:(一)代理人的姓名;(二)是否具有表决权;(三)分别对列入股东大会议程的每一审议事项投赞成、反对或弃权票的指示;(四)委托书签发日期和有效期限;(五)委托人签名(或盖章)。委托人为法人股东的,应加盖法人单位印章。"第62条规定:"委托书应当注明如果股东不作具体指示,股东代理人是否可以按自己的意思表决。"第63条第1款规定:"代理投票授权委托书由委托人授权他人签署的,授权签署的授权书或者其他授权文件应当经过公证。经公证的授权书或者其他授权文件,和投票代理委托书均需备置于公司住所或者召集会议的通知中指定的其他地方。"第78条第4款规定:"公司董事会、独立董事和符合相关规定条件的股东可以公开征集股东投票权……"

等事项，明确我国对投票权价购的否定态度。[38] 中国证券会发布并于2016年修订的《上市公司股东大会规则》第31条明确规定：禁止以有偿或者变相有偿的方式征集股东投票权。2019年新修订的《证券法》第90条继续坚持“禁止以有偿或者变相有偿的方式公开征集股东权利。”

总的来说，我国投票权价购立法规定非常简单，同时否定态度比较明确。

五、我国投票权价购制度的重构设想

（一）证券市场的发展为我国投票权价购制度的构建奠定了实践基础

证券市场的飞速发展，股权分置改革以及机构投资者的出现为我国投票权价购制度的构建提供了可能性。2005年开始的股权分置改革试点拉开了我国公司股权结构分散的序幕，为我国资本市场的繁荣提供了基础。机构投资者大范围进入，外国资本越来越多进入我国，推动着我国资本市场向纵深加速发展。我国资本市场股权主体多元化步伐日益加快，股权结构日益分散，为我国建立投票权价购制度奠定了基础。股权之争引发我国投票权争夺大战，争夺中更是伴随着投票权价购的滥用，这使投票权价购制度的完善有着实践价值。

一是“截至2011年9月底，1306家公司完成股改，占1319家应股改公司的99%，流通股占总市值的比重由2002年的32.6%提升到2011年9月的76%”。[39] 股权分置改革的不断深入推进，标志着中国股市将逐渐完成从新兴市场到成熟市场的转变。在改革过程中，发生了一大批投票权征集的案例，这种制度更加为公众所熟知，实务界也通过这些征集获得了宝贵的经验。同时，股权分置改革之后，我国的证券市场更加成熟，股权结构更加合理，改善了过去国有股“一股独大”的状况，发展后的证券市场，股权分散的条件下，投票权征集的作用更可能有力发挥，从而投票权价购也更可能会被争夺双方采用。

---

〔38〕《上市公司治理准则》（2002年修订）第9条规定：“股东既可以亲自到股东大会现场投票，也可以委托代理人代为投票，两者具有同样的法律效力。”第10条规定：“上市公司董事会、独立董事和符合有关条件的股东可向上市公司股东征集其在股东大会上的投票权。投票权征集应采取无偿的方式进行，并应向被征集人充分披露信息。”

〔39〕侯捷宁：《九年弹指一挥间　中国资本市场实现重大转折性变化》，载金融界网：http://stock.jrj.com.cn/2011/10/31082411443075-1.shtml，最后访问日期：2011年12月1日。

在完善相关立法之后,相信投票权价购可以在公司治理,保护股东利益,优化资源配置等方面发挥巨大的作用。

二是我国机构投资者不断增加,随着持股集中度的提高,机构投资者更看重长期投资效益的最大化。为获得长期投资收益,机构投资者更多的是采取积极措施直接约束和影响公司管理者决策行为,使之更符合股东利益和要求,而不是直接抛售手中所持股票。实践中机构投资者采取积极影响公司的策略之一就是投票权征集,在征集构成中为了获得支持,常常伴随争夺方与股东投票权的利益交换以影响投票意向,这就出现投票权价购。

(二)构建我国投票权价购制度的建议

通过前文论述可知,投票权价购对股东财富有重大影响,对公司治理有重大意义,允许投票权价购有利于中小股东摆脱进退维谷的境况,且通过市场竞价,争夺双方在信息披露上相互牵制,有利于公平透明的证券市场的发展。另外,从平等、异化、效率以及成本角度来看,不存在完全禁止投票权价购的强有力理由。因此,我们不能简单地完全禁止投票权价购。投票权价购挑战传统的"一股一权"原则和投票权与持股权不分离原则,确实可能成为管理者掏空公司、收购者侵吞公司的工具,在非法征集过程中,往往会引发无序、恶性竞争,损害小股东利益,严重浪费社会成本。如前所述,投票权价购本身是一把"双刃剑",为了"趋利避害",真正实现投票权价购在解决股东集体行动问题、提高公司管理层经营效率、实现股东利益最大化和推进公司民主的积极作用,应当在构建我国投票权价购制度推进投票权价购合法化的同时,对投票权价购行为进行全面规制,以确保扬其利、除其弊。

我国构建投票权价购制度可以考虑借鉴国外法律制度尤其是美国特拉华州的司法经验。立法中应当明确投票权价购的含义,区分一般投票权代理和投票权征集。一般投票权代理法律关系相对简单、影响有限,只要符合一般代理法理即可。而投票权征集则应当予以特别规范。投票权征集不仅应当包括征集股东投票支持意向,还应当包括请求股东不支持他人提案的意向和请求股东撤销对他人的支持意向等。总之,只要能起到影响股东投票意向的都应当适用投票权征集规范,而劝诱过程中如果存在利益交换就确认为投票权价购。判断投票安排效力则需要考虑投票权价购行为是否符合信息披露规则、对其他股东是否存在欺诈、宏观上是否损害公共利益。

投票权价购制度应当坚持股东利益最大化原则，并以追求公司高效且良好运行为目标，其具体制度设计应当包括以下方面：

1. 明确投票权购买主体的资格

关于购买者是否应仅限于股东，理论与实务中的探讨几乎空白。关于投票权征集的主体是否仅限于股东，理论和实务中有两种看法。由于投票权价购即投票权有偿征集，以此为参考，对于投票权价购主体的讨论，一种主张应当严格限制购买者主体资格，尤其是购买者应当具有股东身份。如我国台湾地区相关规定中对购买者资格作了严格限制。具体如下：投票权征求人应为截止该次股东会过户日，依股东名册持股6个月以上，且符合下列条件：(1)持有该公司已发行股份总额千分之一以上且不低于10万股者；(2)持有该公司已发行股份60万股以上者。可见，该规则不仅要求持股有相当数量，而且必须符合持股时间在半年以上的要求，巨大数量方面的限制把中小股东排除在行使购买权之外，不利于中小股东利益保护；时间方面要求在一定程度上可以防止借此投机，稳定公司经营的措施，而且符合条件的股东不得利用他人名义购买，只能以自己名义购买。另一种主张对购买者不作限制，购买者可以是任何具备完全民事行为能力主体，由于将购买者只限于股东违背了证券市场和股市公平的原则，各方不能平等竞争，对股东持股比例及持股时间的限制使本来就具股票权征集优势地位的现任管理层的优势更加突出，其他购买者却处于更不利的地位，有损投票权价购制度应有功能的发挥，结果可能导致投票权买卖沦为不称职管理层长期把持公司权位的工具，因此，美国法对购买者的资格没有限制。

制定投票权征集相关规则时应当明确限定征集主体，对于是否应当拥有征求投票权主体的资格立法应当考虑其是否会以公司或者股东利益为出发点，是否有利于公司治理结构中的合理化。我国《证券法》将征集主体限定为上市公司董事会、独立董事、持有1%以上有表决权股份的股东或者投资者保护机构。这四类主体作为征集人一般情况下都以公司或者股东利益为出发点，是公司治理结构中合理化部分。如果赋予公司外部人员同样的征集权，虽然可能会涌现出更多的投票权购买者，但是因为他们与公司间并不存在密切利益关系，可能利用投票权价购干扰公司正常运营，甚至存在敲诈公司现任经营者或公司的风险，进而可能影响我国证券市场健康发展。

另外,我国台湾地区“委托书规则”2005 年 12 月 15 日增订第 7 – 1 条,规定专门委托书征求公司的设置条件,该类公司负责投票权价购实务,要求受托办理股东事务的公司必须具备 2 亿元以上的实收资本,证券公司持股在 50% 以上,董事会至少要有 1/3 席位,由独立董事担任等,比普通上市公司的设置条件更为苛刻。该规定可以借鉴,在构建投票权价购制度中注重专门实务公司的设置规定。

2. 完善信息披露制度

鉴于我国上市公司股权结构中,流通股所占比例极低、国家股和法人股高度集中的特有股权结构,分散的个人资本所占比例极小,对公司管理人员的制约也相当有限,难以挑战“在朝董监”的宝座。另外,目前在投票权争夺中,董事会掌握着公司资源,如公司财务、股东名册、股东会程序议事日程等,相对于中小股东或者“在野派”都有着明显优势,不利于投票权价购过程中双方公平竞争,而现任董监以其本身的优势征求表决投票权,难保董监不会滥用职权,甚至中饱私囊、利益输送的情况可能会出现,股东投票权的代理行使将可能沦为当权董事、监事长期把持公司权位的工具,有损股东投票权价购制度应有功能的发挥,有违意思自治和公平竞争。因此,必须设计信息披露的规定,拓宽股东信息渠道,实现争夺双方的公平竞争。

实践中,我国价购人的披露行为是自发进行的,披露内容和程度没有统一标准,公告披露的信息也比较简单,与美国证券监管会委托书规则 SEC 条例 14A(委托书征集)要求的内容相比存在明显不足。根据 SEC 条例 14A(委托书征集)为确保投资人利益需落实:公司经营阶层提交给股东会的议案,必须完整且真实的披露所有重要事实;禁止在征求委托书时有重大不实陈述、隐匿或欺诈相关情况,因此而蒙受损失的股东有起诉权;委托书规则不仅要求经营阶层将公司委托书说明书纳入股东提案,同时允许股东在经营阶层反对下陈述个人立场;要求其他主体提交的提案同样做出信息披露。综观我国发生的投票权征集案例,披露内容一般均为以下几项:上市公司基本情况、股东大会基本情况、征集人基本情况、征集投票的原因和目的、董事提名基本情况、投票权委托方式。对于征集人在其中的利害关系以及征集的真正背景等敏感内容却讳莫如深。笔者认为,立法应当明确:一方面,披露内容应当包括上文中提到的、实践中已经自觉形成的事项;另一方面,应要求征集者披露可能影响股东是否作出授权及授权意向的相关内容,如董事是否与股东会上的表决事项存在利害关系等。

信息披露规则是贯彻资本市场公开原则的要求和体现,目的在于保护股东知情权。对买受者信息披露的监管,一方面,让委托他人代理出席股东会议的股东,有机会了解公司事务及股东会议案的内容,使股东虽不亲自出席股东会,仍能就议案充分考虑并加以判断及作出决定,这种基于充分资料所作的决定,可以加强股东权益保障,并促进股东会功能的发挥;另一方面,要求公司依规定充分公开真实资料,让股东及广大投资者有机会了解公司经营情况,可制约公司经营者滥用权利,督促经营者忠实勤勉地经营公司事务。

我国应在投票权价购规范中规定强制性信息披露制度,规定投票权价购必须披露的事项,并且由证监会制定相应信息披露文件格式规范,在信息披露格式文件中,列明基本的信息披露义务和特定议决事项的信息披露义务,在各项信息披露中应当尤其重视投票权持有的信息披露。在规定特定议决事项的信息披露义务时,应当根据议决事项的不同特点,分项列明可适用的信息披露要求。同时,在投票权价购规则中制定禁止虚假陈述条款,列明投票权价购规则中虚假陈述民事赔偿重大性、因果关系的判定标准,以及对价购人虚假陈述应追究的民事、行政和刑事责任。

3. 加强投票权价购监管

为了保证信息披露的真实、完整和及时,构建公平的投票权价购竞争环境,形成反竞租氛围,维护投资者利益,必须加强投票权价购监管。在制定投票权价购规则时,应当界定价购行为,明确监管范围。一方面,能够保障监管行为落到实处,避免盲目监管浪费人力资源;另一方面,保障股东之间以及股东和管理者之间交流不受不必要限制。随着电子科技发展,电子投票权价购成为新兴的重要方式,因此应当明确电子投票权价购行为:通过网络这一公开方式请求股东向自己或他人作出投票的授权委托,或者请求股东不要向他人签发授权投票权,或者请求股东撤销已经作出的授权委托。此外,还应当作出例外规定:对股东通过网络论坛等方式公开发表自己的投票倾向、投票理由,或是对在任管理层决策提出自己不同意见和看法等行为进行排除,从而在严格监管的同时保障股东民主。

对于证券市场监管,美国以信息披露和风险自负为立法指导原则,实行以政府间接管理为辅,行业自律为主的监管模式,依据立法成立联邦交易委员会,对于证券交易商协会有直接监管权力,而实践中则将大部分权力交由各地自律组织行使。[40] 日本兼纳德国和美国的立法经验,经过实践最终也采取美国监管模式,以证券协会自律为主,大藏省的管理为辅来监管证券。他山之石,可以攻玉。我国在完善投票权价购监管上,宜实行以自律监管为主、以行政监管为辅的监管模式,并建立健全相关准入制度、从业人员和证券等级制度等配套制度。

我国可以借鉴美国《1934 年证券交易法》中,引进最佳价格规则(Best Price Rule),即要约出售股票收取的款项必须相等并维持相同的对价这一项规则,要求购买者提供给参与投票权争夺的股东以相同的补偿价格,不得拒绝以相同的条件出售投票权。

另外,为防止谣言满天飞,价购价格混乱,应当要求投票权价购购买者及时公布购买的价格和数量,严惩信息捏造者、隐匿者和传播者,一旦发现可能存在恶性竞争,及时要求购买者说明资金来源和针对公司未来的经营计划,防止出现通过恶性竞争夺取公司后掏空公司的情况。

4. 费用承担

对价购过程中的费用应当进行分类规制。投票权价购费用分为购买投票权费用和其他费用。购买投票权费用应当由购买者自行承担,鼓励其争夺到公司控制权后,通过长期经营管理,实现股票增值来获得收益。对于其他费用的规制应当考虑两种情况:一是公司管理层为了股东会能达到定足数而向股东进行的价购;二是在股东投票权征集战中,公司管理层和在野争夺者为了争夺公司控制权而进行的投票权征集。在第一种情况中,由于公司管理层利益与股东利益重合,印刷和邮递会议通知以及其他费用的支出是合理支出,应由公司承担。问题在于第二种情况,公司管理层和在野争夺者进行股东投票权征集的目的都是争得公司控制权。公司管理层运用公司资金作为征集费用,目的是赢得争夺战继续掌握公司控制权,本质上是由全体股东承担这部分费用。在野争夺者只有在成功情况下才有可能得到补偿,风险将会很大。假如完全由公司承担两方费用可能会导致在野者滥用投票权征集制度干扰公司正

---

〔40〕 [美]托马斯·李·哈森:《证券法》,张学安译,中国政法大学出版社 2003 年版,第 390 页。

常经营;而完全由各方承担各自费用,又会打消股东参与公司治理的积极性。从美国股东投票权征集实践看,这种情况下的费用更大,通常达到数十万美元或者上百万美元。

在"施赖伯诉卡尼案"中,法院认为投票协议不能因为涉及利益交换而当然无效。股东有权根据自己意愿行使投票权,只要其行为不存在欺诈或违反公共政策。同时,"律师广告公司诉联合照明制冷公司案"(Lawyers' Advertising Co. v. Consolidated Ry. ,Lighting & Refrigerating Co)〔41〕中,原告是一家广告商,其受被告多数董事请求就即将召开的专门解决这些董事和公司董事会主席间争议的股东会进行广告通知,以价购股东的委托投票。原告共发布四次广告,分别是股东会通知、催促股东行使投票权的通知以及两次对董事会主席意见的反驳。法院认为,原告只能就第一次股东会通知的广告费用从公司获得补偿,其他三次广告费用只能由那些委托他的董事个人补偿,因为后三次广告的目的是帮助这些董事与董事会主席争夺公司控制权,不是为了召开股东会。

目前通说认为,只要公司经营者并非纯粹为个人连任而征集投票权,费用即由公司负担。"不在任的持异议股东,同现任董事发生投票权的征集竞争,原则上该股东应自行负担征集费用;但如果所争执的问题涉及公司政策并且股东在竞争中获胜,则该笔费用可经过股东会批准后,由公司给予相应数额的补偿。"〔42〕投票权价购的费用规定也应当参考该原则,这样既不会给在野股东太大经济压力以至于失去价购勇气,又可避免价购过程中费用滥用,加大公司负担。

六、结语

对于投票权价购,传统理论对其予以否定。但是这些反对理由没有认识到,完善公司治理结构、良好制度设计下允许投票权价购有利于解决股东集体行动问题,有利于提高公司管理层经营效率,有利于实现股东利益最大化,有

〔41〕 Lawyers' Advertising Co. v. Consolidated Ry. ,Lighting & Refrigerating Co. ,187 N. Y. 395.

〔42〕 邱永红:《从胜利股份股权之争案看我国股东委托书征集法律制度的完善》(上),载法学在线网:http://article. Chinalawinfo. com/Space/SpaceArticleDetail. aspx? AID = 29523&Authorld = 54276&Type = 1,最后访问日期:2006 年 1 月 8 日。

利于实现公司民主。从美国特拉华州司法实践可以发现,无论对于投票权价购采取多么严谨的态度,经过“施赖伯案”法院分析后,对于投票权价购采取允许的态度,而同业拆借市场增长和金融衍生工具革命为投票权与股权的分离提供了更容易和低廉的条件。此外,对冲基金的兴起及其股东将其作为投资策略的积极采用,分离带来的益处更加明显。与传统投票权价购相比,由于股份经济回报已经可以与相关投票权分离,新的投票权价购应运而生。实践证明,新型投票权价购即空投票(Empty vote)已经成为世界性问题。为推动证券市场健康持续发展,治理新型投票权价购问题,而非纵容其转入地下交易或者通过多次安排披着合法外衣从而规避法律,必须改变立法中对其暧昧不明的规定或者仅仅一味反对,必须明确规定投票权价购的内涵,构建系列信息披露和监管制度。

消息灵通人士说:推特正在如何颠覆股东积极主义*

推特为全球社会互动提供了一个平台。推特用户发布"推特消息",这是一种针对世界的140个字符的文本消息。每天大约发送5亿条推特消息。[1]在现代社会,这一社会媒体平台可能是一股实现集体行动的强大力量。

本文集中阐述一种集体行动,许多学者已经简单地断定这种集体行动不起作用。股东积极主义长期以来受到包括理性冷漠和"搭便车"等集体行动问题的困扰,由于诸如推特这种社交媒体工具的出现,有可能会恢复活力。就股东彼此联系、达成共识以及支持集体行动而言,推特这种方式成本低廉且简单。

推特促进集体行动这一理念并不新鲜[2](然而,本文将推特适用于股东积极主义具有独创性)。推特和其他社交媒体形式已经作为一种协调手段被营销公司和政治运动广泛采纳,没有这种协调个人和团体会分离。可能最著名的是,"阿拉伯之春"的学者广泛赞扬推特同时还称赞 Facebook、YouTube 以及其他社交信息网络,认为它们激励了"阿拉伯之春"。[3] "阿拉伯之春"是一项革命运动,2010年12月17日开始于突尼斯,到2012年中期爆发成席卷阿拉伯

---

* 本部分原文载于 20 *Fordham J. Corp. &Fin. L.* 695(2015),作者杜肯大学法学院助理教授赛斯·C.奥伦堡(Seth C. Oranburg)发文时为佛罗里达州立大学法学院助理教授,译者为赵金龙。译文原载于吴清总编,黄红元、卢文道主编:《证券法苑》(第18卷),法律出版社2016年版,第104~134页。

〔1〕 关于推特,参见 https://about.twitter.com/company(last visited Mar. 5,2015)。

〔2〕 See also Alexandra Segerberg & W. Lance Bennett, Social Media and the Organization of Collective Action: Using Twitter to Explore the Ecologies of Two Climate Change Protests, 13 *Comm. Rev*. 197(2011).(该文得出结论:推特与类似社会技术提供了新的社会组织机制,而这些机制提供了这些运动及其参与人员的新数据。)

〔3〕 See also P. N. Howard et al., Opening Closed Regimes: What Was the Role of Social Media During the Arab Spring?, PITPI(2011), http://pitpi.org/index.php/2011/09/11/opening-closed-regimes-what-was-the-role-of-social-media-during-the-arab-spring/.

世界的大规模抗议。[4] 这些国内反抗的结果是推翻了突尼斯、埃及、也门以及利比亚的独裁主义者和极权主义者。[5] 这些大规模抗议的根本原因复杂多样。但是许多学者同意,“阿拉伯之春”的重要催化剂是社交媒体特别是推特的出现以及它们在推动认识和集体行动方面的作用。[6]

一、革命不会实况转播

许多学者将公司与国家进行类比。[7] 公司章程通常被视为“私人宪法”。[8] 股东有权选举公司领袖、董事会,非常像民主国家的公民有权选举立法人。在一个极度独裁的国家正面临被使用推特的大众及其超级魅力领袖推翻的风险的时代,这些类比值得重新考虑。

原来大量事情可以用 140 个字符述说。例如,著名积极主义投资者卡尔·伊坎(Carl Icahn)发布推特讽刺道,“如果 Michael 与董事说再见,Dell 所有一切都将是一流的”,[9]这深深吸引了华尔街和技术世界领袖的注意。然而,SEC 要求的披露将所有公众证券交流包含其中并不在推特之中。[10] 使用推特

---

〔4〕 Ismaeel Naar, Timeline: Arab Spring, AL Jazeera (Dec. 17, 2013), http://www.aljazeera.com/indepth/interactive/2013/12/timeline-arab-spring-20131217114018534352.html; Garry Blight, Sheila Pulham & Paul Torpey, The Path to Protest, The Guardian (Jan. 5, 2012), http://www.theguardian.com/world/interactive/2011/mar/22/middle-east-protest-interactive-timeline.

〔5〕 A Climate of Change, The Economist (July 13, 2013), http://www.economist.com/news/special-report/21580624-spring-proved-fickle-arabs-are-still-yearning-it-says-max-rodenbeck.

〔6〕 See also Howard et al., supra note 3[对超过 300 万条推特消息、YouTube 内容的千兆字节以及数千条博客文章进行分析。该项研究报告了三项主要调研结果:(1)社会媒体在“阿拉伯之春”中影响政治辩论中发挥了中心作用;(2)在线革命对话的猛增时常出现在实际中重大事件之前;(3)社会媒介有助于民主思想跨越国际边界传播]。

〔7〕 See Leo E. Strine, Jr., One Fundamental Corporate Governance Question We Face: Can Corporations Be Managed for the Long Term Unless Their Powerful Electorates Also Act and Think Long Term?, 66 *Bus. Law.* 1, 8-9(2010). (“虽然有显然重要的原因不将营利公司的治理过分比拟为实际政治共和国的治理,但是不要无视共和国原理对于美国针对公司法路径的较大影响也至关重要。”)

〔8〕 See Alan R. Palmiter, Public Corporation as Private Constitution, 6 *Icfai J. Corp. & Sec.* L. 8 (2009).

〔9〕 Carl Icahn, Twitter, (July 24, 2013, 8:12 AM EST), https://twit-ter.com/carl_c_icahn/status/360054783744294913.

〔10〕 最近 SEC 指引允许推特向强制披露解释建立超级链接。是否每条推特或者系列推特中的一条必须包含该解释是几个有关 SEC 如何管制推特的问题之一。See Candace Jackson, SEC's Social Media Guidance on Required Legends Raises More Questions, *Husch Blackwell* (May 12, 2014), available at http://www.securitieslawinsider.com/2014/05/secs-social-media-guidance-on-required-legends-raises-more-questions/.

交流证券问题有另一个麻烦,即可能会违反《公平披露条例》(Regulation Fair Disclosure)。

作为一个纯粹的法律问题而言,推特推动股东积极主义的能力是有限的。虽然股东交流规则比以前更加宽松,[11]但是股东投票规则仍然受 SEC 规则和证券法律的严格限制。股东能够并且确实使用推特进行交流,而且了解即将进行的重要股东投票。例如,股东理性上通常不会阅读一份 300 页的委托书声明,但是可能会对 140 个字符的推特予以回应。但是,如果股东实际上想要投票支持一个请求性提案或者反对管理层,他们仍然需要填写委托代理卡或者出席年度会议进行投票。[12] 此外,提案股东仍须实际出席会议。[13] 在一个日益数字化的世界里,这些传统结构开始变得似乎奇怪、不便和没有必要,使人们产生疑问:为什么仍然要举行有形会议。[14]

参加 SEC 要求的股东投票程序所花费的时间和麻烦超出了小股东理性上愿意支付的成本。但是,由于在线股东投票的存在,所有这些都可能改变。[15] SEC 可以废除要求有形会议的规则,并且可以由直接实时民主取代委托书程序。

事实上,由于参加有形年度会议非常麻烦,大多数股东并不参加现场年度会议。[16] 相反,他们将选票交给指定代表人,然后这些人将选票制成表格并且通过委托书进行投票。[17] 可能唯一的例外是受到广泛关注和踊跃参加伯克希

---

〔11〕 See John C. Coffee, Jr., The SEC and the Institutional Investor: A Half-Time Report, 15 CARDOZO L. REV. 837, 840 – 41(1994).

〔12〕 17 C. F. R § 240. 14a – 8(2011).

〔13〕 Id.

〔14〕 包括特拉华州在内的 22 个州允许纯粹虚拟股东会议。联邦法律对纯粹虚拟股东会议保持沉默。纽约证券交易所和 NASDAQ 要求上市公司为股东提供与管理层讨论公司事务的机会,虚拟会议可以提供这一机会。See Guidelines for Protecting and Enhancing Online Shareholder Participation in Annual Meetings: The Best Practices Working Group for Online Shareholder Participation in Annual Meetings, Broadridge (2012), available at http:// me-dia. broadridge. com/documents/Broadridge-Guidelines-For-Shareholder-Participation-Report. pdf.

〔15〕 See Stephen M. Bainbridge, Director Primacy and Shareholder Disempowerment, 119 *Harv. L. Rev.* 1735, 1745(2006). ("只有预期收益超出成本,理性股东才愿意付出作出知情决定所需的努力。鉴于公司披露文件长度和复杂性,作出知情决定的机会成本很大。相形之下,知情的预期收益相当低,因为大多数股东持股数量太少从而不会对投票结果产生重大影响。相应地,公司股东呈现出理性冷漠。")

〔16〕 Lisa M. Fairfax, Mandating Board-Shareholder Engagement?, 2013 *U. ill. L. Rev.* 821, 844(2013). ("公众公司大多数股东是分散的,因而并不亲自出席公司年会;相反,他们通过委托代理人出席会议和进行投票。")

〔17〕 Id.

尔哈撒韦公司年度会议,大多数股东并不能说明他们亲自参加投票的成本。[18] 因而,大量股东投票时并没有获得年度会议陈述和参与性提问回答阶段的优势。[19] 如果年度会议同步播放或者利用电子方式互动,更多的股东可能利用电子方式参加会议和投票。[20]

SEC 可以修改规范公众股东投票程序的规则 14a 从而承认在线投票。可以用更加灵活和充满活力的制度取代正式委托书征集程序,从而推动社会媒体股东积极主义。只需要几项放松限制的改革,SEC 就能够开创一个股东积极主义的新时代,甚至会创建一种由股东直接民主管理的新公司形式。

(一)规则 14a

规则 14a 规范股东在年度会议上提出提案的权利。[21] 从历史的视角看,规则 14a 本身产生于战争的严峻考验。1942 年,在 12 月 7 日珍珠港被袭击仅仅几个月后,那时民主本身似乎容易遭受极权主义制度致命打击,国会决定通过资本主义制度支持国内民主。[22]

美国国会判断认为,《1934 年证券交易法》管制的公众公司股东缺少重要权利来表达他们对公司管理不当的担忧。因而国会通过并由 SEC 发布规则允许股东提出"请求性提案"交由股东投票表决。[23]

请求性提案的决议没有约束力。股东对请求性提案进行投票,不过即使该提案通过,管理层也不一定必须同意股东要求。然而尽管如此,请求性提案仍具有一定效力。正如同国会议员在刚刚就任之后就需要考虑下一次选举一样,董事不可能承受得起疏远他们的投票基础。一个时常忽视股东提案的董事可能不会成功再次当选,就如同国会议员忽略选举者要求,那么他就会在获

---

〔18〕 See Bainbridge, supra note 15 and accompanying text.

〔19〕 See Fairfax, supra note 16, at 845.

〔20〕 联播或同时广播就是通过多种不同媒体同时传输实况事件。例如,年会可以利用 H. 323 Internet Protocol Videoconferencing 标准通过互联网进行传输,同时也可以现场举行会议。更多关于通过在线研讨会播放进行安全互联网股东投票的信息。See Andrew Regenscheid & Geoff Beier, Security Best Practices for the Electronic Transmission of Election Materials for *Uocava Voters, Nat'L Inst. Of Standards And Tech.* (2011).

〔21〕 17 C. F. R § 240. 14a - 8(2011).

〔22〕 Alan R. Palmiter, The Shareholder Proposal Rule: A Failed Experiment in Merit Regulation, 45 *Ala. L. Rev.* 879, 879(1994)("规则 14a - 8 的历史提供了研究联邦政府参与美国公众公司中股东管理层关系的一个缩影。出现于大萧条之中,1942 年 SEC 制定该规则试图促进许多人希望的实用'公司民主'。")

〔23〕 Id.

得选票方面遇到麻烦。[24]

请求性提案的主要问题在于他们太容易以至于不能提出。[25] 那些在大型公司中拥有很少利益的股东，可能会利用无关的请求和小项目来纠缠管理层。在下一个50年里，规则14a的一系列修正案限制了股东提案权以及彼此之间就提案和董事表决进行交流的权利。[26] 事实上，在全部证券法律规则中，规则14a修改最多。[27] 50年来对规则14a进行系列亲管理层修订的结果是，股东投票制度是如此复杂且易引起争议，以致股东民主实际上消失。[28]

(二)1992年修正案

1992年，SEC最终改变了其之前50年的模式，允许股东彼此之间就股东投票进行交流。[29] SEC主席理查德·C. 布里登(Richard C. Breeden)在1992年10月15日发表演讲，宣布彻底修改规则14a。他的目标不亚于要改变美国公司治理的动力(the dynamics)。[30] 布里登承认SEC已经建立了一种制度：

该制度旨在保护股东，但是在有些情形下，该规则的作用却是隔绝管理层与对股东的责任。在这种制度下，股东在报纸评论版或者在电台脱口秀中讨

---

〔24〕 Leo E. Strine, Jr., Breaking the Corporate Governance Logjam in Washington: Some Constructive Thoughts on a Responsible Path Forward, 63 *Bus. Law.* 1079, 1095 - 96(2008).（“许多关于诸如分类董事会、毒丸、高管薪酬以及投票制度等问题的意向性决议对于公司董事会具有很强的警示效果，公司董事会通常主动承认非约束性决议而非在下一次董事选举中去冒面对愤怒的风险。”）

〔25〕 See Susan W. Liebeler, A Proposal to Rescind the Shareholder Proposal Rule, 18 *Ga. L. Rev.* 425, 428(1984).（“在1942年该规则通过之后，SEC继续修改该规则试图遏制支持者的滥用并且根据州法律判断什么构成‘正当主题’。”）事实上，在1942年10月16日纽约证券交易所董事长给SEC写信，反对该新的意向性决议规则（该规则即后来的规则X-14A-7），其理由是这条规则会成为市场和效率之间墙上的另一块砖。NYSE董事长Emil Schram认为，“上市市场的优势某一天可能会被大量的规则超过”。不无讽刺的是，由于NYSE和公司集团的持续游说，Rule 14a本身大量规则成为一个繁杂困境。Letter from Emil Schram, President of NYSE, to Ganson Purcell, Chairman, SEC(Oct. 16, 1942), available at http://www.sechistorical.org/collection/papers/1940/1942_1010_ SchramPurcell.pdf.

〔26〕 Rule 14a在1948年、1952年、1954年、1960年、1972年、1976年、1983年及1987年进行修改，增加了其他实质和程序限制。

〔27〕 See Palmiter, supra note 22, at 882.（“自5年前制定以来，该规则本身经历了至少14次修改。”）

〔28〕 id.（“后来，该机构在无异议函中口头观点的转变举不胜举。总之，今天该规则已经陷入混乱。”）

〔29〕 Bernard S. Black, Next Steps in Proxy Reform, 18 *J. Corp. L.* 1, 2(1993).（“委员会的快速目标就是使股东彼此之间的交流更为容易，这些修正案确定是朝此方向。SEC朝着该方向迈出了重要步伐。”）

〔30〕 Richard Breeden, Chairman, SEC, Opening Statement at the Open Meeting of the Commission: Share-holder Communication and Executive Compensation(Oct. 15, 1992), available at http://www.sec.gov/news/speech/1992/101592breeden.pdf.

论他们拥有公司的未来要取得联邦政府、律师团队的许可以及花费数百万美元。[31]

Breeden 先生将委托书制度比喻为一种不民主的政治制度：

如果公司选举的现行委托书规则应用在美国国家政治选举中，那么每次公民想要讨论他们对布什总统、比尔·克林顿总统或者罗斯·佩罗的看法时，他们得向 SEC 提交材料描述他们自己及其看法。在报纸或者电视上讨论今晚的争论需要向国内每个登记投票人寄送委托书声明书。[32]

1922 年 10 月 22 日 SEC 宣布："通过促进股东和利益人之间的自由讨论、争论和学习要比对这一程序进行限制从而确保管理层有能力阐述在交流意见中提出的每一点更好地实现委托书规则自身目的。"[33] 按照这一最新信奉的民主股东哲学，SEC 在许多重要方式上修改该规则，包括利用用户友好型问答形式重新书写该规则。[34]

在 1992 年修正案之前，SEC 通常事先审查所有关于股东投票的股东交流。[35] 因而，SEC 的审查舒缓了（moderated）股东观点。[36] 1992 年以后，SEC 不再履行这种事先审查的职责，因为大多数股东交流不再必须提交给 SEC。[37]

1992 年修正案之后（这些修正案直到 1998 年才发布），股东获得许多新技

---

〔31〕 Richard Breeden, Chairman, SEC, Opening Statement at the Open Meeting of the Commission: Share-holder Communication and Executive Compensation (Oct. 15, 1992), available at http://www.sec.gov/news/speech/1992/101592breeden.pdf. at 2 – 3.

〔32〕 Id. at 3.

〔33〕 Regulation of Communications Among Shareholders, Exchange Act Release No. 34 – 31326, 57 Fed. Reg. 48276 – 01 (Oct. 22, 1992).

〔34〕 Id.

〔35〕 17 C.F.R. § 240.14a – 8 (2011).

〔36〕 See Steven A. Rosenblum, The Shareholder Communications Proxy Rules And Their Practical Effect On Shareholder Activism And Proxy Contests, in A Practical Guide to SEC Proxy and Compensation Rules 10 – 34 (Amy L. Goodman et al. eds., 5th ed. 2013), available at http://www.wlrk.com/webdocs/wlrknew/AttorneyPubs/WLRK.22925.13.pdf.

〔37〕 Id. ("在 1992 年修正案之前，SEC 通常在委托书争夺中承担一种调解职能，缓和更具攻击性的材料并且迫使争夺双方为其观点和主张提供事实支持。现在，对于委托书争夺中使用的大多数材料，SEC 不再履行这一职能。") See An Overview of the Proxy Solicitation Rules, in A Practical Guide to SEC Proxy and Compensation Rules 9 – 13 (Amy L. Goodman et al. eds., 5th ed. 2013), available at http://www.wlrk.com/webdocs/wlrknew/AttorneyPubs/WLRK.22925.13.pdf. ("散发首次征集资料的益处是他们不受 SEC 职员的预审查。这些资料在他们首次使用的当日以特定形式交与 SEC，因而可以迅速并且低成本地散发给股东。")

术得以与管理层进行交流、组织、会见以及分享信息,同时无须承担巨额费用或者致使迟延。另外,没有 SEC 的事先审查,未经监管的股东交流(unmoderated shareholder communications)很少对管理层彬彬有礼。尖酸刻薄的股东消息预示着针对管理层具有攻击性的股东运动新时代的到来。

即使阿尔·戈尔(Al Gore)在20世纪90年代初期就发明了因特网,[38]但是直到2007年SEC才允许股东和公司在因特网上发布股东投票资料。[39] 在那一年,SEC修改规则14a允许公司这么做(而不是要求公司完全将所有这些文件寄给股东)。[40]

降低股东交流成本显然是SEC制定该修正案的主要目的。[41] SEC认为:"这些修正案落实了那些程序,在利用了技术发展以及因特网和电子通讯增长优势的同时,为股东提供了接收委托资料通知和利用委托书资料的程序。"[42] SEC进一步声明:"这些修正案也可以降低征集人而不是发行人进行委托书争夺的成本。"[43]

---

〔38〕 Al Gore 没有真正发明因特网。这是指前副总统在1999年3月8日会见CNN的Wolf Blitzer时的政治乌龙。See Glenn Kessler, A Cautionary Tale for Politicians: Al Gore and the "Invention" of the Internet, WASH. POST (Nov. 4, 2013), http://www.washingtonpost.com/blogs/fact-checker/wp/2013/11/04/a-cautionary-tale-for-politicians-al-gore-and-the-invention-of-the-internet/. 这一引用的目的在于强调即使高级政府官员至少在20世纪90年代初期也认识到了互联网电子商务的重要性。

〔39〕 17 C. F. R. § 240. 14a – 16(2010).

〔40〕 Internet Availability of Proxy Materials, SEC Release Nos. 34 – 55146; IC – 27671; File No. S7 – 10 – 05(Jan. 29, 2007), available at http://www.sec.gov/rules/final/2007/34 – 55146. pdf.

〔41〕 Internet Availability of Proxy Materials, SEC Release Nos. 34 – 55146; IC – 27671; File No. S7 – 10 – 05(Jan. 22, 2007). SEC经过成本效益分析,确定"征集成本最终由股东承担。" Id. at 1. SEC确定2007年修正案有如下益处:(1)向股东更快地散发委托书信息;(2)减少发行人和其他征集人的印刷和邮寄成本。Id. at 60. 在上一个(2006年)委托书季,Automated Data Processing, Inc. 处理绝大多数委托书的邮寄,向实质所有人邮寄8530万件委托书资料,就印刷和邮寄成本而言成本总和为9.624亿美元。Id. at 61. 2007年修正案可能会节约每年花费在纸质委托书邮寄的10亿美元的大多数,同时,该修正案也带来三种突出的成本:(1)向股东准备和发送最后纸质通知解释将来会在互联网上进行通知;(2)处理股东要求纸质版本的成本,股东的这种要求必须予以满足(which are to be available on demand);(3)股东在家打印纸质版本的成本。Id. at 65. 最高估算意味着该规则在网站上发行、管理和在家中打印可能需要花费最高达$100 million。虽然这些成本的大多数可以避免,如果股东只是利用电子方式浏览委托书资料而不是打印他们。除了发现2007年修正案可以每年净节约将近9亿美元之外,SEC还发现这些修正案会提高委托书投票程序的效率。Id. at 69.

〔42〕 Id. at 1.

〔43〕 Id.

股东交流的下一个进步就是允许通过“使用电子股东论坛”进行实时交流。[44] 问题在于,没有人真正知道电子股东论坛是什么。是一个聊天室吗?一个社会媒体网页地址?一个开放的来源博客?

(三)股东社交媒体

脸书显然不是“电子股东论坛”。在2012年7月3日,社交媒体第一次使CEO们陷入麻烦。当网飞公司CEO里德·哈斯廷斯(Reed Hastings)在其个人脸书页面上发布帖子时,“在6月,Netflix月浏览量首次超过10亿小时”。[45] 那天,Netflix股票价格上涨10%,SEC对Hastings的帖子是否违反《公平披露条例》(Regulation Fair Disclosure)进行调查。[46]

《公平披露条例》要求公众公司在同一时间向所有股东披露重大信息。[47] 2000年8月颁布的《公平披露条例》是相对较新的规则。那时,只有记者和大型投资者才被邀请参加每季度的分析师电话会议,在该会议上才第一次披露上一季度的结果。在因特网上进行交易的小投资者要求获得平等获取信息的待遇。《公平披露条例》授权他们平等获得重大非公开信息。

最终SEC发现里德·哈斯廷斯的脸书帖子没有违反《公平披露条例》。[48] 但是这一特殊决定并没有解决SEC在这一问题上的一般立场,因为SEC明确宣布:对哈斯廷斯的决定不具备先例价值,尽管这一报告确实确定了核心原则。相应地,为避免承担责任,现在公司和管理层对每个可能重要的推特、博客文章或者其他社会媒体信件往往提交表格FD和表格8-K。[49]

---

〔44〕 Press Release, SEC, SEC Adopts Proxy Rule Amendments Encouraging Electronic Shareholder Forums (Nov. 28, 2007), available at http://www.sec.gov/news/press/2007/2007-247.htm/.

〔45〕 Reed Hastings, Facebook. Com (July 3, 2012, 10:57 AM EST), https://www.facebook.com/reed1960/posts/10150955446914584. 紧随Hastings帖子的是Netflix股票价格上涨10%。

〔46〕 Report of Investigation Pursuant to Section 21(a) of the Securities Exchange Act of 1934: Netflix, Inc., and Reed Hastings, Exchange Act Release No. 69279 (Apr. 2, 2013), available at http://www.sec.gov/litigation/investreport/34-69279.pdf.

〔47〕 17 C.F.R § 243(2011).

〔48〕 See supra note 46.

〔49〕 See Holly J. Gregory, Social Media and Regulation FD, Weil Gotshal & Manages LLP (May 2013), http://www.weil.com/~/media/files/pdfs/May2013_Opinion.pdf.

但是激进股东并不需要提交这些资料。[50] 与哈斯廷斯的帖子相反，当卡尔·伊坎发布推特说“当前我们在 APPLE 有一重大立场。我们相信该公司被严重低估”时，[51] SEC 没有任何作为。在伊坎发布推特当天，Apple 股票价格上涨了将近 5%，在一天之内最高点时市场资本增加了 171 亿美元。[52] 从那时起，Icahn 成了一个推特积极主义的典型代表，他利用推特向市场宣布新的积极主义行动，并产生巨大影响。伊坎少于 140 字符的简明信息（brief dispatches）推动市场变化，包括宣布在加拿大石油和天然气勘探商塔利斯曼能源公司（Talisman Energy）拥有 6% 的股份，这导致消息发布后盘后交易股票价格增长 6.4%，[53] 同时宣布在家庭美元百货公司（Family Dollar Stores）拥有 9.4% 的股份，这导致消息发布后盘后交易股票价格增长 9.7%。[54] Forbes 将伊坎利用推特公布在甘尼特（Gannett）的投资描述为“典型伊坎风格”。在伊坎宣布其投资后，这家媒体公司的股份价格在接下来的盘后交易中上涨 5%。[55]

二、制定不利于管理层的政策

股东可以利用管理层不能利用的方式来使用社会媒体。《公平披露条例》适用于网飞公司 CEO 哈斯廷斯，却不适用于 Apple 股票持有人卡尔·伊坎。现在积极行动者可以通过社会网络接近所有股东并影响公众意见，相对来说

---

〔50〕 根据条例 13(d) or 13(g)，股东成为“实质”提交人（“material” filers）后，他们应当承担额外披露责任。取得 5% 以上发行在外的股份或者购买股份意在发出收购要约就会触发实质提交人资格（material filer status）。17 C. F. R. § 240. 13d - 1(2011).

〔51〕 Carl Icahn, TWITTER (Aug. 13, 2013, 11:21 AM EST), https://twit-ter.com/carl_c_icahn/status/367350206993399808.

〔52〕 Steven Russolillo, The iCahn Effect: Apple's Market Cap Jumps by $17 Billion After Tweets, WALL ST. J. (Aug. 13, 2013). 评论人士将仅仅 100 分钟之内 Apple 公司市值总和增加 125 亿美元归因于 Ichan 发布推特消息。See Julianne Pepitone, Carl Icahn Takes "Large" Apple Stake, CNN Money (Aug. 13, 2013), available at http://money.cnn.com/2013/08/13/technology/mobile/carl-icahn-apple/.

〔53〕 Agustino Fontevecchia, Tweeting Carl Icahn: Billionaire Unveils 6% Stake in Talisman Energy, FORBES (Oct. 7, 2013, 5:45 PM EST), http://www.forbes.com/sites/afontevecchia/2013/10/07/tweeting-carl-icahn-billioniare-investor-unveils-6-stake-in-talisman-energy/.

〔54〕 William Alden, Carl Icahn Discloses Stake in Family Dollar, DEALBOOK—N. Y. TIMES (June 6, 2014), http://dealbook.nytimes.com/2014/06/06/icahn-discloses-stake-in-family-dollar/?_r=0.

〔55〕 Samantha Sharf, Carl Icahn Reveals Gannett Stake, Breakup Support, FORBES (Aug. 14, 2014, 6:28 PM EST), http://www.forbes.com/sites/samanthasharf/2014/08/14/carl-icahn-reveals-gannett-stake-breakup-support/.

不会受到 SEC 规则下报告要求的阻止。但是管理层不能简单地利用推特回应积极行动者的批评。尽管存在这一事实:没有发现 Hastings 因为其脸书帖子而违反《公平披露条例》,但是并不清楚管理层是否能够无须冒违反披露的风险从而只是简单回应积极行动者的戏弄。在社交网络场所,管理层不得不进行委托书战争,但是其一只手被捆在键盘后面,与此同时,积极行动者则可以充分利用社交媒体的全部威力。

管理层也有一个优势,即财务权力。管理层可以使用公司金钱来支付他们自己的改选战役。在这种"委托书竞争"中,管理层可能会花费公司 2200 万美元继续执政,[56] 根据特拉华州法律,这是合法的。[57] 然而,董事会利用公司金钱资助改选战役——公司法律的一种反民主特点——可能会因为股东磋商成本更加低廉以及更加民主化,从而变得没有多大意义。[58] 当代低成本然而有效的股东战役出现了。例如,连续 4 年股东组织起来对埃克森美孚公司(ExxonMobil)和其他石油天然气公司施压,要求他们披露水压抽取的危险。[59] 管理层强烈反对这种公司社会责任动议。但是当 ExxonMobil 股东获得足够投票通过一项请求性提案要求披露水压抽取风险时,管理层屈服了。[60]

其他股东运动在推动管理层改变其政策方面较少成功,但是他们在实现认识和公司社会责任这些目标方面仍然有效。例如,草根积极行动股东——

---

〔56〕 CSX Corporation 管理层在 2007 年 10 月 16 日宣布与 3G Capital Partners 进行委托书争夺的估算成本为 2200 万美元。异议人士赢得胜利,他们花费了将近 900 万美元取得这一价值 186 亿美元公司的董事会代表身份。Sharkrepellant. Net(最后访问日期:2014 年 9 月 21 日)(与作者文档一起).

〔57〕 See Daniel M. Friedman, Expenses of Corporate Proxy Contests, 51 *Colum. L. Rev.* 951, 952 (1951). ("管理层对征集委托书所花费用进行评估的权利很好确定。法院规定的唯一要求是向股份持有人提出的问题必须涉及'公司政策问题',有别于'纯粹人事问题'。一旦符合这一标准,管理层就可以合法地使用公司资金向股份持有人陈述其对争论的看法并且寻求他们继续支持。") See Hand v. Missouri-Kansas Pipe Line Co. ,54 F. Supp. 649(D. Del. 1944). ["在召集股票持有人就有别于无关紧要事务或者管理层人事的政策实质问题的争论进行判断时,董事可以从公司资金中进行支出诸如通知股东考虑支持被攻击的董事主张政策所花费的合理必要费用,在这种交流中,董事可以进行有利于自己的委托书征集。"转引自 Hall v. Trans-Lux Daylight Picture Screen Corp. ,171 A. 226(Del. Ch. 1934)]

〔58〕 Tina Casey, Shareholders Press for More Disclosure from Fracking Companies, TRIPLEPUNDIT (May 23, 2013), http:// www. triplepundit. com/2013/05/shareholders-press-companies-to-disclose-fracking-risk/.

〔59〕 Id.

〔60〕 Ernest Scheyder, ExxonMobil Agrees to Share More Data on Fracking Risks, REUTERS, Apr. 3, 2014, available at http:// www. reuters. com/article/2014/04/03/us-exxonmobil-fracking-data-idUSBREA 3227020140403.

他们原来在因特网上组织活动——突然参加(descended on)西夫韦公司(Safeway)年度股东会议抗议转基因("GMO")食品。在会议中,股东就从Safeway货架上去除转基因食品的一项提案进行投票,该提案由纳穆尔圣母修女会(the Sisters of Notre Dame de Namur)提出[这是一个罗马天主教命令(a Roman Catholic order)]。纳穆尔圣母修女会拥有Safeway股票的8800股份,[61]当时只占已发行股份的大约0.00173%。[62]

只有2%的股东支持从产品中去除转基因成分的这一提案,[63]这一提案没有获得通过,但是这些示威活动,包括股东身着生化服在会议举行所在宾馆前将Safeway产品倒入垃圾箱,吸引了大量媒体关注。[64]

另一草根运动,99% Power是占领华尔街运动的一个分支,[65]在2012年春天大银行举行年度会议期间,组织在这些大银行股东会议上进行抗议。[66]至少有500名抗议者聚集在富国银行(the Wells Fargo)年度股东会议上,其中20多人遭到逮捕,因为他们将自己拴在一起阻止人们进入银行总部参加会议,

---

[61] Dale Kasler, Biotech Foods Get Safeway Yes Vote—Shareholders Soundly Reject Ban Proposal, Sacra-mento Bee, May 10, 2000, at G1.

[62] See Safeway Inc., Quarterly Report(Form 10 - Q)(Sept. 11, 1999) available at https://www.sec.gov/Archives/edgar/data/86144/0000950149 - 99 - 001830/0000950149 - 99 - 001830.txt. ("截至1999年10月21日,注册登记人普通股票发行在外的股份价值5.088亿美元"。)

[63] Sandra Gonzales, Ban on Genetically Engineered Foods Sacked by Safeway Shareholders Defeat Activists' Bid, San Jose Mercury News, May 10, 2000, at C1.

[64] Julie Light, Seeds of Resistance: Grassroots Activism vs. Biotech Agriculture, CORPWATCH(May 25, 2000), http://www.corpwatch.org/article.php? id = 572; Kasler, supra note 61.

[65] See Jason Cherkis, Ninety-Nine Percept Power: Activists Ready to Crash Wells Fargo, General Electric Shareholder Meetings, Huffington Post(Apr. 23, 2012, 4:09 PM EST), http://www.huffingtonpost.com/2012/04/23/ninety-nine-percent-power_n_1446605.html(last updated Apr. 23, 2012, 5:00 PM EST).

[66] 抗议很好地记录在主流媒体上,奇怪的是积极主义媒体只将这些抗议归于"99% Power"。See Maria Poblet, 99% Power Movement Kicks Off with Massive Actions at Wells Fargo Shareholder Meeting, Alternet(Apr. 22, 2012), ("这一年,The 99% Power在全国范围内协调行动进行反击……我们从Wells Fargo开始。") available at http://www.alternet.org/story/155097/99_power_movement_kicks_off_with_massive_actions_at_wells_fargo_shareholder_meeting; Tcnk, 99% Power—Wells Fargo Shareholders Meeting Disrupted, In Your Face Radio(Apr. 26, 2012), available at http://inyourfaceradio.net/99-power-wells-fargo-shareholders-meeting-disrupted-mic-check/; 99% Power Week of Action: Confront the Corporate 1% April 22 - 28, Actionweb, ("星期二的行动是系列全国范围抗议的第一个,这些抗议在接下来两个月内出现于美国最大公司,是由一个被称为99% Power的进步组织全国联盟组织的。") available at https://actionnetwork.org/campaigns/99-power-week-of-action-confronting-the-corporate-1-including-walmart-bank-of-america-wellsfargo-and-sallie-april-22 - 28(official website of the 99% Power movement)(last visited Jan. 16, 2015).

并且进入会场打断CEO约翰·斯顿普(John Stumpf)的演讲。[67] 抗议包括写有“Hells Fargo”(该死的富国)的标语,以及分发上面有标题为“债务奴役(Debt Slavery)”的人拉驿站马车(驿站马车是Wells Fargo的公司标志)图案的纸币美元。这些所发挥的作用就是不允许一些股东进入会场。[68] 一位不被允许进入会场的股东甚至使用抗议者的推特标签来表达她的沮丧:这一抗议妨碍了她就其股份进行投票。[69]

正像在“阿拉伯之春”运动中通过社交媒体平台组织的游行抗议一样,草根股东积极主义可以通过推特和脸书进行组织和赋权。事实上,the Wells Fargo抗议是使用社交媒体进行计划、组织以及实况转播的。网站“Stop Wells Fargo”的建立就是为了关注以及为the Wells Fargo股东会议上的“严重破坏”提供支持。[70] 该网站访问者被邀请关注推特号#wf24 #wfshareholders #notfeelingwells[71] 以及脸书上行为的进展情况。[72]

这些事件意味着股东积极主义可能会像政治激进主义一样面临相同挑战,可能看起来不像牛头犬投资人(Bulldog Investors)[73] 而更像占领华尔街

---

〔67〕 Dakin Campbell & Mark Chediak, Wells Fargo Protestors Disrupt Stump Speech at Meeting, Bloomberg (Apr. 25, 2012), http:// www. bloomberg. com/news/articles/2012 - 04 - 24/wells-fargo-protesters-impede-shareholders-at-annual-meeting.

〔68〕 Josh Harkinson, Wells Fargo Turns Away Its Own Shareholders from Its Shareholder Meeting, Mother Jones (Apr. 24, 2012, 5:28 PM EST), http:// www. motherjones. com/mojo/2012/04/wells-fargo-turns-away-its-own-shareholders-annual-meeting.

〔69〕 Wanda, Twitter (Apr. 24, 2012, 7:17 PM EST), https:// twit-ter. com/itsWanda/status/194973491412480000;(“抗议者在WellsFargo mtg... #wf24 #wfshareholders #OSF #OWS上发声表达不满:很糟糕我不能够就我的股份进行投票。”)Wanda, Twitter (Apr. 24, 2012, 6:21 PM EST), https:// twitter. com/itsWanda/status/194959323749822464. (“我很失望我不能在#WF24上进行投票,并且因为试图进入更衣室受到几个勇猛的人链封锁者指责。”)

〔70〕 Press Release, Stop Wells Fargo, Major Disruptions Planned At Wells Fargo Shareholder Meeting As “The 99% Take Over” (Apr. 24, 2012), http:// www. stopwellsfargo. com/en/press. (“4月24日星期二,在该金融机构年度股东会议上,数千人将与Wells Fargo高管对峙,冒着被逮捕的风险,由于试图使会议停止和干扰会议进行从而要求the Wells Fargo CEO约翰·斯顿普和其他高管解决/回答99%所关心的问题。”)

〔71〕 Id. (“Follow the action on Twitter with #wf24 #wfshareholders #notfeelingwells [and] On Facebook at: http:// www. facebook. com/events/203308649774621/. ”)

〔72〕 Id. See also The 99% Take Over #wf24, FACEBOOK (last visited Mar. 5, 2015), https://www. facebook. com/events/203308649774621/. (脸书页面通常告知参与人员有关Stop Wells Fargo抗议事情。)

〔73〕 牛头犬投资人(Bulldog Investors)由积极投资者Phillip Goldstein运营,他因一直坚持价值导向的投资战略而著称。Goldstein发现那些因为管理不当看起来被低估的公司并且寻求替换管理层。

运动。[74] 布雷登·金(Brayden King)[75]指出,通过社交媒体的积极主义本来有别于"传统的"积极主义。它不是"我们将要兜售党的路线,我们要说非政府组织告诉我们要说的。"相反,金特别提到,它是"我们要使其个性化。这能够突然俘获积极主义者。他们可能已经着手工作,但是,实际发生的事情超出了任何等级实体的控制。"[76]最深刻的区别是草根股东积极主义可能会迅速变得不可预测。

草根股东积极主义并不必然指向实现股东价值。在关于股东控制或者至少支配公司行为的能力是否会增加股票价格方面已经有多项研究。[77] 这个问题(inquiry)特别关系到股东社交媒体积极主义。许多草根股东运动是由持有极少股份的股东发起的。这些令人讨厌的股东旧名是"公司牛虻"。[78] 一些牛虻比其他牛虻更令人讨厌:在2008年1月1日到2011年8月1日,向财富150强公司(Fortune 150 companies)提交的全部提案的2/3来自伊英林·戴维斯(Evelyn Davis)和施泰纳(the Steiner)、切沃登(Chevedden)以及罗西(Rossi)家族成员的个体投资者。[79]

非营利机构的出现只是为了购买少量证券并且利用规则14a向大公司提出请求性提案。为增加公司责任而于1992年成立的非营利机构播种(As You

[74] Occupy Wall Street 是一个草根抗议运动,特点是关注全球和社会不平等,但是缺乏中心领导或者明确信息。事实上,Adbusters 在一份海报上讽刺这一运动,该海报写道:"我们的一项要求是什么? 9月17日占领华尔街带上帐篷。" See Michael Bierut, The Poster that Launched a Movement (Or Not), The Design Observer Group (April 30, 2012), http://designobserver. com/feature/the-poster-that-launched-a-movement-or-not/32588/.

[75] Northwestern University Kellogg School of Management, Associate Professor of Management and Or-ganizations, http:// www. kellogg. northwestern. edu/faculty/directory/king_brayden. aspx.

[76] essica Love, Corporate Activism Yesterday, Today, and Tomorrow, Kellogg Insight (Mar. 3, 2014), available at http:// insight. kellogg. northwestern. edu/article/corporate _ activism _ yesterday_ today _ and_ tomorrow (Interview with Brayden King & Klaus Weber).

[77] See Activists Beat S&P 500 in 48 Percent Gain for Shareholders, Bloomberg (Mar. 31, 2014), available at http:// www. bloomberg. com/infographics/2014 – 03 – 31/activists-beat-s-p-500-in-48-percent-gain-for-shareholders. html.

[78] 牛虻是一种骚扰马的小飞虫。该名称也指打破现状的人。

[79] James R. Copland, A Report on Corporate Governance and Shareholder Activism, Proxy Monitor (Sept. 2011), http:// www. proxymonitor. org/Reports/Proxy_Monitor_2011. pdf.

Sow)在 1997 年发起股东积极主义行动,[80]在该运动中,播种通常购买 2000 美元证券并持有一年时间,然后提出有关各种社会问题的请求提案。[81] 就股东如何可以为价值增加以外的目的而购买证券而言,公司社会责任积极主义者"As You Sow"是一完美例子。

股东民主是否好/坏是一个非常个人化的政治问题。公司法没有,并且可能永远不会,决定公司是否必须最大化股东财富或者优先公司社会责任。然而,清楚的是:在一个股东民主和积极主义日益强烈的时代,对公司社会责任的倡导者而言,社交媒体是一个强有力的新工具。

三、技术与民主股东改革

公众公司与共和政体相似,两者都采用代议制民主。股东将广泛的决策权授予董事会,就像投票公民将立法权授予立法机关。另外,立法机关[82]直接民主允许公民通过普选直接参与对政策决定的投票。[83] 美国宪法的制定者不赞成直接民主,[84]公司法律也是如此。

我们交流方式的历史变化使股东民主成为可能,甚至成为客观存在;其中股东投票者在大范围的公司决策中发挥着不可或缺的作用。只需要 SEC 几次对联邦证券法律的轻微调整以及一些对关键州制定法如特拉华州普通公司法

---

〔80〕 在 As You Sow 网站上一个名为"Our Methods"栏目以前记述了这一计划,但是该非营利组织从那以后在其网站上去除了任何对其方法的解释。(but that non-profit has since removed any explanation of its methods from its web site.)相反,现在他们的策略记述在其网站上一个名为"Power of the Proxy"的简介中。Our Work,As You Sow,http://www.asyousow.org/our-work/.

〔81〕 见上注释。As You Sow 建议股东予以投票的主题包括:电影院禁止吸烟(不只限于剧院也包括在银幕上)、使食物远离纳米材料和基因改变、减少消费包装、根除乌兹别克斯坦棉田和刚果矿山矿物使用童工以及降低高管薪酬。

〔82〕 政治直接民主范例包括雅典的古希腊城邦、现代瑞士的格拉鲁斯和内罗得阿彭策尔。

〔83〕 美国一些州包括 Arizona、Arkansas、California、Colorado、Florida、Illinois、Massachusetts、Michigan、Mississippi、Missouri、Montana、Nebraska、Nevada、NorthDakota、Ohio、Oklahoma、Oregon 和 South Dakota 允许公民赞助直接倡议来修改州宪法。

〔84〕 Alexander Hamilton 声称:"如果一个纯粹的民主可行的话,那将是最完美的政府。经验证明,在政治上没有观点比这更虚假。古老的民主,其中人民自己协商,从来不具备良好政府的任何一个特征。恰恰他们的性格是暴政;他们的身材畸形。当他们聚会时,辩论场地呈现出一群无法控制的暴民,不仅无法协商,而是准备每种暴行。" Alexander Hamilton, Speech on the Compromises of the Constitution, Poughkeepsie, New York(June 20, 1788) in The Works Of Alexander Hamilton 22(Federal Edition, Vol. 2, Henry Cabot Lodge ed., G. P. Putnam's Sons 1904), available at http://oll.libertyfund.org/titles/1379.

的修改，美国公众公司就可以以直接民主形式运转。像网络直播、推特以及互联网安全协议这些创新就使股东可以直接获得广泛管理和经营信息，并且可以对大量公司问题进行实时投票。

鉴于利用社交媒体组织的群众运动诸如“阿拉伯之春”和“占领华尔街”，并且留意公司社会责任组织如 As You Sow，股东直接民主对于资本主义时代而言是一个美好结论或者对于有效经济运转是一个严重阻碍。一些人可能对一种路径或者其他路径有偏见，但是一条适应现代情形的中间道路是让市场决定哪种公司政治结构最佳。

SEC 不必强制要求公司直接民主。但是 SEC 可以允许公司直接民主。这样个体公众公司就可以在允许股东直接民主或者保留授权董事会并由董事会代表的传统框架中进行选择。

在股东至上是否有效以及市场是否重视股东至上方面，实证研究是矛盾的。[85] 2003 年的一项研究发现：更强股东权利与更大公司价值、更高利润、更高销售增长、更低资本支出以及更少公司收购相关。[86] 但是，2013 年琳恩 · 斯托特（Lynn Stout）对更近期研究进行论证，最终表明：股东至上并不使股东价值最大化（通过股票价格测算）。[87]

然而，最大化股东价值只是公司行为的目标之一。公司社会责任越来越成为另一目标。即使公司直接民主不能在每种情形下或者大多数情形下最大化股东价值，也不能禁止其可能成为一种公司形式。

某些企业可能会受益于直接股东民主，同时其他企业可能会受到直接股东民主的损害。如果是由公众作出决定，高度保密的公司如 Apple 会发现他们的底线遭到重创。然而，像天然食品公司（Whole Foods）这样的有机食品零售商会发现股东直接民主赋予该公司在市场中的正当性，在市场中购物者会选择最具透明和面向社区的公司。

---

〔85〕 See Jill E. Fisch, Measuring Efficiency in Corporate Law: The Role of Shareholder Primacy, 31 *J. Corp. L.* 637, 642 (2006).

〔86〕 Paul Gompers, Joy Ishii & Andrew Metrick, Corporate Governance and Equity Prices, 118 *Quarterly J. Econ.* 107, 107 (2003).

〔87〕 Lynn A. Stout, The Shareholder Value Myth, Cornell Law Faculty Publications, http://scholarship.law.cornell.edu/facpub/771/.

实际上,现在许多公司主动支付金钱、进行披露以及致力于有利于社会的承诺从而证实自己为福利企业或者受益公司。[88] 受益公司是一种带有一些非营利特征(但是不是免税待遇)的盈利实体。一家受益公司的股东同意(至少在理论上)基于公司的社会或者环境影响而不仅仅是其利润对公司进行评估。

公司形势正在改变。公司的目的要比几年之前更为广泛。世界也正在变化之中。技术正允许人们无视社会或者政治障碍,跨越实际上任何距离进行联系和协调。

美国公司不能不受这些变化的影响。公司的新形式正在出现,同样还有公司治理的新形式以及投资者的新目标。鉴于这些变化,SEC 有机会开启股东治理,允许各州建立新的公司种类。大法官布兰迪斯(Brandeis)宣告:"单个有勇气的州可以根据自己公民的选择充当一个实验室,这是联邦制度具有的幸福事件之一;可以在不对国家的其他部分带来风险的情况下尝试新的社会和经济实验。"[89] 股东民主正是这种经济实验的一个重大例子。在以北达科他州(North Dakota)等州为典型的股东赋权趋势持续的情形下,[90] 一个勇敢的州可能会通过提供给股东一种对于其所拥有公司前所未有水平的影响和参与,从而具有(take on)特拉华州对公司设立的支配权。

开启新的股东治理制度的一种新路径就是允许互联网投票。股东年度会议是个时代错误。它使股东负担很大的费用,实际上排除了许多未来的参与者。现行制度的直接受益人是机构投资者。那些不能付得起参加会议费用的小股东被排除于这一程序,或者至少获得信息有限,并且与董事会成员和管理层的互动被削弱,正像那些没有被邀请参加季度分析电话会议的小股东被排除于及时获得重大非公开信息一样。

公司或者修改他们的规章制度允许虚拟股东会议和互联网投票,或者保

---

〔88〕 今天,至少有 12 家第三人公司为登记为"B-corporation"提供标准和评估。"B-corporation"不是一种法律地位。这一称号更像是一个 USDA Organic 证书。从法律视角看,多数 B-corporations 是不进行"S"选举的特拉华州公司。(Delaware corporations that do not make the "S" election.)然而,在某些州 B-corporations 可以不必遵守现存的股东财富最大化模式,诸如重大案例 Dodge v. Ford Motor Co., 170 N. W. 668(Mich. 1919)中所作阐述。

〔89〕 New State Ice Co. v. Liebman, 285 U. S. 262, 311(1932).

〔90〕 Larry Ribstein, The North Dakota Experiment, The Harvard Law School Forum On Corporate Governance And Financial Regulation (Apr. 23, 2007), available at http://blogs.law.harvard.edu/corpgov/2007/04/23/the-north-dakota-experiment.

持现状。通过开启股东参与的一个新路径,SEC 为股东参与开辟一条新路径,创造机会让市场决定自己最重视的股东公司控制方式,即使这种控制权是民主化的。

四、结论

股东革命不会实况转播。它会被同时联播、被发布推特消息、被人喜欢、分享以及建立一维模型。技术进步使人类交流正在发生变化,与之相应,股东之间的交流也正发生变化。SEC 关于股东彼此之间以及与管理层如何交流的规则时下限制了创新性交流潜在的颠覆性力量,但是几条简单规则的修改可能会为股东积极主义开辟一个包含种种新的可能性的世界。如果过去 25 年的股东管制有助于预测它的未来,那么 SEC 对股东交流的放松将有可能继续。股东民主长期以来被认为是一个神话,但是可能很快会变为现实。问题仍然存在:我们真正需要多少民主?

股东积极主义制度建设

股东网络投票制度的重构*

投票权是股东民主权利的一项基本内容,最直接、最具体地反映了股东与公司间的法律关系。实践中,我国中小股东投票权行使存在一些不足,中小股东民主权益难以得到有效保护。现代网络信息技术发展迅猛,使"以电子方式行使表决权"(electronic voting)及"以电子方式委托表决"(electronic proxy voting)已属可能,"以电子方式行使表决权"成为加强股东民主的一种机制。[1] 我国公司法的未来修订,应当增设与现代电子技术等相关的制度规定。例如公司章程的电子信息化;允许股东利用现代信息技术参与股东大会、行使股东表决权;允许公司利用现代信息技术发布信息,召开股东大会会议等,以实现公司法的"效率与公平兼顾"的原则。[2]

一、股东网络投票的功能

股东网络投票是指股东通过信息网络行使投票权参与股东大会的行为。与传统投票方式相比,股东网络投票具有虚拟性、数字化及快捷性等特点。作为一种新型投票制度,网络投票制度的积极意义是"……在一定条件下可以起到使股东大会去形骸化、制约公司管理者或大股东行为之功能"。[3] 具体而言:第一,降低中小股东参加股东大会的时间和成本,提高参会积极性,同时降低公司治理成本。中小股东分布分散、参会成本高、无法参加同时召开的股东大会等问题,随着网络终端普及可以较好得到解决。股东网络投票无须实体

---

* 本部分原载于《科技与法律》2012 年第 4 期,作者为赵金龙、武戎。

〔1〕 王文宇:《公司与企业法制》(二),台北,元照出版有限公司 2007 年版,第 88 ~ 90 页。

〔2〕 刘永光:《对我国新公司法的若干思考与建议》,载赵旭东主编:《国际视野下公司法改革》,中国政法大学出版社 2007 年版,第 25 页。

〔3〕 黄韬:《股东网络投票:制度安排与现实效果》,载《清华法学》2008 年第 6 期。

会场、人员监察,股东无须亲自现场出席,股东网络投票成本包括客户端硬件添置或租用的成本、客户端软硬件运行成本,这些成本平均到一次股东大会几乎为零;网络投票降低了公司开会成本,节省公司治理成本。实施上市公司股东大会网络通信表决制度,将使投资者突破空间和地域的限制,远距离、非现场出席股东大会,必将使更多的中小投资者特别是社会公众股股东有机会参与股东大会的表决,有利于分散的社会公众股股东形成一个利益群体。〔4〕

第二,保护股东知情权,有利于证券管理机关监管。网络环境下,股东查阅公司资讯不受地域限制,而公司网络信息披露有利于股东作出知情判断,也使证券管理机关更方便了解和监督各公司遵守和执行法律的情况,维护全体股东利益。

第三,克服委托代理制度的缺陷。股东代理投票的缺陷是程序繁复、难以预防道德风险,股东网络投票性质上属于直接投票,〔5〕没有烦琐程序之忧,可以避免道德风险。委托代理制度不能及时准确反映授权人对股东大会临时议案和修正案的意思表示,而"在网络政治中,网民不需要再由别人来代表自己,自己就可以直接发表政见。个人通过一台电脑就能直接与政府官员对话,向政府提出某项要求和建议,或参与政府的某项选举和决策。选民只要坐在家中,甚至在旅途中利用具有识别选民身份功能的、联通信息高速公路的掌上电脑,通过网络即可轻松投票,'全民公决'的实施将变得十分容易。"〔6〕网络投票制度使中小股东直接准确表达意愿成为现实。此外,股东可以委托网络服务机构行使投票权,从而克服了委托代理投票中的道德风险。

第四,有利于公司与股东互动。公司可通过网络通信技术与社会公众股股东进行交流,集合多数人的建议,从而使公司决策更加科学化规范化。中小股东也可通过信息披露获得公司经营和财务信息,从而保障其知情权的实现,可以激发其投资和投票的积极性。

当然,股东网络投票也存在不足:第一,技术不成熟带来潜在风险。由于

〔4〕 叶林、刘辅华:《构建上市公司股东大会网络通讯表决制度的法律思考》,载《当代法学》2005年第5期。

〔5〕 冯果、李安安:《投资者革命、股东积极主义与公司法的结构性变革》,载《法律科学》(西北政法大学学报)2012年第2期。

〔6〕 娄成武、张雷:《质疑网络民主的现实性》,载《政治学研究》2003年第3期。

股东网络投票技术运行实践经验欠缺，在股东网络投票系统中可能存在诸如预设后门、黑客攻击等潜在风险，影响股东网络投票的正常运作。第二，对股东素质要求较高。在传统股东投票中，股东只需掌握基本文字和语言能力，而网络投票则要求股东掌握计算机操作技术、通信技术以及网络知识等。

二、国内外股东网络投票制度的发展情况

（一）国外股东网络投票制度的发展

美国是最早将网络技术应用于股东大会投票的国家。自 1989 年后，许多州放宽了对利用网络进行投票的限制。1996 年贝灵巧公司（Bell & Howell）允许经纪商代理股东进行股东大会网络通信表决，成为美国第一家直接在网上投票的上市公司。美国上市公司进行网络投票的条件是：公司章程允许进行网上投票等形式的电子投票；所在州的法律已经承认电子投票的合法性；交易所允许公司进行电子投票；安全性达到 SEC 的要求。[7] 1998 年 ADP 投资者通讯服务公司推出委托投票（Proxy vote）网上投票系统，1999 年有公司利用网络转播股东大会现场实况，并允许股东事后在网上观看。2000 年《全球及全国商业电子签名法》规定电子签名与书面签名法律效力相同，标志着股东网络投票制度最核心问题——电子签名的有效性——得到根本解决，极大地推动了网络投票的发展。目前，美国已有 48 个州准许公司利用网络作为其通信投票的方式之一，可以说通过互联网行使表决权已经成为美国最主要的股东大会决议方式。[8]

日本 2001 年 11 月修改《商法》时引进了电子投票制度，其宗旨是便于不出席股东大会的股东行使表决权以及减轻公司向股东交付各种文书（股东大会参考文件、表决权行使书等）的成本负担。2005 年新制定的公司法基本继承了原商法中的这些制度。立法内容主要包括电子投票程序、电子投票的效果以及“电磁方法”等在法律条文上的文字表现形式，其中电子投票程序内容包括电子投票制度采用的决定、公司向股东交付股东大会参考文书、公司以电磁方

---

〔7〕 苏梅：《上市公司股东大会网络投票研究》，天津大学管理学院 2005 年硕士学位论文，第 26 页。

〔8〕 冯果、李安安：《投资者革命、股东积极主义与公司法的结构性变革》，载《法律科学》（西北政法大学学报）2012 年第 2 期。

法向股东提供表决权行使书上应记载事项、股东进行电子投票的方法等。[9]

此外,英国、德国、法国以及欧盟均通过立法确认网络投票制度。从境外实践看,公司网络投票制度存在共同之处:立法先行,首先明确网络投票的法律效力;在平台上以互联网为主,某些网络投票系统还辅助以手机短信等其他方式;在运作模式上,均为专门机构负责建设、营运网络投票系统,上市公司委托运营机构提供网络投票服务,股东在该系统进行投票。[10]

(二)我国股东网络投票制度发展概况

股东网络投票在我国出现较晚。1998 年中国证监会颁布《上市公司股东大会规范意见》对通信表决作出限制性规定。我国最早采用的通信表决方式是书面投票。[11] 2004 年证监会颁布《关于加强社会公众股股东利益保护的若干规定》对网络投票予以默认,对网络投票的提案、投票程序以及涉及社会公众股股东的事项强制适用都作了规定,例如,规定了"鼓励上市公司在召开股东大会时除现场会议外向股东提供网络形式的投票平台"。股东表决可通过现场投票和网络投票同时进行,这使股东通过网络表达自己意愿有了依据。2004 年证监会发布《关于上市公司股东大会网络投票工作指引(试行)》对网络通信表决制度实施的具体环节予以规范。这两份文件为股东大会网络投票制度的实施及完善提供了依据。同年,证监会还出台了《上市公司股东大会网络投票系统技术管理规范(试行)》,从技术上为股东网络投票以保证。

2004 年 12 月,沪深两证交所分别发布了《关于上市公司股东大会网络投票测试的通知》,同月又颁布了《上市公司股东大会网络投票实施细则》详细规定了自己管辖范围内的网络投票具体流程和操作指导,2006 年对该细则进行了修改以解决该制度实施后的相关问题。自此,我国股东大会网络投票制度开始进入实施阶段。

三、股东网络投票制度在我国的重构

目前在我国,只有中国证监会和两大证券交易所对网络投票制度作了初

---

〔9〕 张凝:《日本股东大会制度的立法、理论与实践》,法律出版社 2009 年版,第 246~250 页。

〔10〕 赖源河:《我国台湾地区"公司法"的改革历程和发展现状》,载赵旭东主编:《国际视野下公司法改革》,中国政法大学出版社 2007 年版,第 213~214 页。

〔11〕 王宗正:《我国股东大会通讯表决制度的重构》,载《学术界》2008 年第 2 期。

步规定，其权威性和保障力偏低，不能真正有效规制股东网络投票行为。应当通过修改公司法明确规定股东网络投票的法律地位。

(一)股东网络投票制度的适用范围

股东网络投票制度适用范围包括适用股东网络投票的公司、股东及决议事项。《公司法》没有明确规定网络投票制度，相关法律也未规定适用主体。从比较法视角看，各国网络投票制度多适用于股份公司。中国证监会相关文件只规定了上市公司适用股东网络投票，究其原因：其一可能是受到部分学者的影响，如我国台湾地区学者林国全、刘连煜就将股东网络投票的适用公司限定为上市公司。[12] 其二是股东投票问题，特别是中小股东投票问题多集中在上市公司。既然股东网络投票具有独特优势，没有理由排斥其适用于其他类公司。《公司法》规定了有限公司股东会制度，不应当以股东数量为由排斥更有优势的股东网络投票形式。因此，股东网络投票制度应当扩展到所有公司形式。从目前实际情况来看，对于上市公司可以作出强制性适用的规定。关于网络投票制度的适用股东，如果某公司实行股东网络投票，根据股东平等原则，所有股东都有权利进行股东网络投票。

哪些决议事项适用股东网络投票？《上市公司股东大会规范意见》第6条规定："年度股东大会和应股东或监事会要求提成召开的股东大会不得采取通讯表决方式，临时股东大会审议下列事项时，不得采取通讯表决方式：(一)公司增加或减少注册资本；(二)发行公司债券；(三)公司的分立、合并、解散和清算；(四)《公司章程》的修改；(五)利润分配方案和弥补亏损方案；(六)董事会和监事会成员的任免；……(十一)《公司章程》规定不得通讯表决的其他事项。"2004年12月证监会发布的《关于加强社会公众股股东权益保护的若干规定》规定，上市公司再融资、重大资产重组、以股抵债、分拆、境外上市等五类事项的审议必须提交网络投票，并经出席的社会公众股所持股份半数以上通过。就客观而言，上述文件规定的适用事项范围过于狭窄，利于公司经营者而不利于股东行使投票权，有悖于网络投票制度的初衷。此外，强行规定一些事项进行网络投票则更不妥，因为网络投票制度的目的在于便于不能参加现场股东

---

〔12〕 林国全、刘连煜：《股东会书面投票制度与证券集中保管》，台北，元照出版有限公司1999年版，第84页。

大会的股东行使投票权,如果强制公司对某些事项必须提交网络投票表决,反而会给一些股东带来不便。应当坚持公司自治精神,允许公司章程对适用网络投票的决议事项作出规定。

(二)股东网络投票系统的选择

目前国内网络投票系统有两种,即互联网投票系统和交易系统投票,股东有自主选择权。利用互联网投票系统,股东在网上获取数字证书或输入密码后即可进入系统进行投票,但是股东必须事先在网上注册用户名并获取身份认证码,然后选择身份验证机构,再到身份验证机构现场办理身份验证手续,通过身份验证的股东用户才可以激活网上用户名。利用互联网系统投票的股东可及时获取股东大会全部议案具体内容及会议召开情况,能在网上参与股东讨论,权利范围较广。但是,使用这种系统的用户必须有上网条件,而且办理手续烦琐、耗时费力,对许多小股东而言不现实。利用交易系统投票比较简便,股东不必获取身份验证证书和密码,但是无法观看现场大会、不能及时获取股东大会议案等材料、更不能参与股东现场讨论。总体上看,两种网络投票系统各有优缺点,目前交易系统投票更现实些,但是随着网络技术的普及和完善,专用的互联网投票系统可能会更有前途。

(三)股东网络投票主要规则建议

1. 股东网络投票的发起和议案提出

如上所述,证监会反对年度股东大会适用股东网络投票,这种以股东大会性质排除股东网络投票适用的做法缺乏合理性。即使临时股东大会,证监会也规定"只有董事会认为必要而召开临时股东大会时才有适用通讯表决之可能。"由此排除了监事会和股东召集的股东大会对网络投票的适用,证监会只允许董事会召集股东网络投票,这种做法缺乏充分的理论依据和法律基础,应当予以废除。

2. 网络投票通知程序和信息披露

网络投票通知主要包括通知方式和通知内容。其一,通知方式。我国现行通知方式单一,采用公示通知方式,利于简化股东大会通知程序,但是不利于股东特别是社会公众股股东参与投票。应当是对于那些通知确实有困难的股东公示通知,而对于通信信息登记完备的股东另行单独通知。对于通知送达的认定,应采纳“投寄送达主义”,即公司、召集人确认通知信息确实已经发送后就视为送达。其二,通知内容。通知内容实际上是公司股东大会信息的披露,对于股东获取公司信息正确行使投票权至关重要,因此,“采用通讯投票制度的公司,应于股东大会召开前,在召集通知中详细列明拟审议事项的具体内容,并附上相关参考文件,以使通讯表决的股东于投票之前能充分掌握必要信息”。[13] 除证监会规定的披露内容外,其他涉及影响股东投票的信息如公司财务状况、增资减资、盈余亏损等也应一并予以披露。《上市公司股东大会规范意见》对董事会提出的议案在通知中应当披露的内容也作了规定。对于议案应披露的信息,应根据各议案的不同情况而有所不同。[14] 但议案范围包括:选任董监事,盈余分配或亏损弥补,年度预决算,增加或者减少注册资本,发行公司债券和改变募股资金用途,公司合并、分立、解散、清算和变更公司形式,回购公司股份,修改公司章程以及其他事项等。

另外,应当在通知中载明公司选择的投票方式,正如《上市公司股东大会规则》第 21 条第 1 款的规定:“公司股东大会采用网络或其他方式的,应当在股东大会通知中明确载明网络或其他方式的表决时间以及表决程序。”大会审议议案和相关信息的充分披露是股东能切实履行投票权的前提,应该将坚持方便股东查阅和保护信息安全的原则在立法中作出明确规定。事关股东重大利益的信息应该在网络平台上发布,并通知股东去查阅;不太重要的信息可以放宽披露要求,公司可视自身情况选择相应披露方式。

3. 股东身份验证程序

采用网络投票方式的上市公司应该设置一个公司的虚拟会场,通过它来发布股东有权查阅的相关信息,包括股东大会的审议议案、投票程序、审议程序、年报等资料。身份验证程序设置能够有效防止股东大会被恶意打扰,保护资料的安全性和股东的合法权益。这项制度的主要目的是为不便到现场的股东提供便利,因此制度设计必须要求同一个股份只能选择现场投票或网络投票方式中的一种,不能同时使用。

---

〔13〕 王宗正:《股东大会通讯表决的运行规则》,载《政治与法律》2008 年第 12 期。
〔14〕 同上。

4. 网络投票的时间

股东通过网络系统投票必须在股东大会通知的有效时间内进行。网络投票制度设计的目的是给不能参加现场会议的股东更多投票机会，时间的设计应遵循方便股东、兼顾公司利益的原则，适当延长有效投票时间。根据我国台湾地区"公司法"，股东电子行使表决权也要在股东会开会5天前送达公司。有学者认为：这一规定全盘否定了电子投票的功能与意涵。因为就美国股东会投票实务而言，采用电子投票最大的优点，是配合股东会的讨论并可迟延投票截止的时间，鼓励股东的参与。[15] 为了照顾我国沪深证交所报单系统的现状，根据证交所规则，通过交易系统投票的，网络投票应在股东大会召开期间的证券交易时间内进行。股东大会网络投票的开始时间一般不早于现场股东大会召开前一日的下午3点，不迟于召开当日的上午9点半，结束时间不得早于现场大会结束当日的下午3点。如此规定能够保证网络投票制度设计目的的实现。

5. 投票权的行使和确认

在采纳网络投票制度的上市公司的会场主页上，应该在每一股份的投票意见栏中设置同意、反对和弃权三个选项，股东无论选择哪个选项都应当被认定为出席股东会议，要计入法定投票权的基数。有争议的是，对于那些在有效投票时间内通过身份认证进入会场主页但是没有作任何表决就离开的股东，他们的数目是否应该计入符合法定投票权的基数？有学者意见颇为合理："如果纯粹现场表决，有股东出席股东大会但未参与投票，答案就应该是肯定的；但是考虑网络投票的情况，即股东是否登录了平台就算作'出席'呢？现行法律并没有给出答案。其实，这个问题的答案本身并不重要，重要的是法律应该事先做出明确规定，以免事后面对争议无法解决。"[16]

6. 允许股东重复投票或修改投票

在网络投票环境中，要实现股东可修改投票，还可以投弃权票方式，放弃原有决定。由于股东网络投票过程有一段必要的时间，股东在此期间内，可能会改变自己的初衷。对此，应该允许股东在有效投票时间内修改投票，数次投

---

〔15〕 冯震宇：《公司证券重要争议问题研究》，台北，元照出版有限公司2005年版，第49页。

〔16〕 黄韬：《股东网络投票：制度安排与现实效果》，载《清华法学》2008年第6期。

票意见不一时，最后一次应视为对前些次的修改，计算结果时以最后一次投票意见为准。[17] 为防止股东反复无常任意修改，也应该限制最多修改次数。

7. 临时议案和修正案的处理

网络投票股东不能事先知悉有临时议案和修正案及其内容，根据其所投表决票的记载，无法判断股东的意见。如果出现临时议案和修正案，如何处理其相关投票问题？对此，《上市公司股东大会规范意见》和《上市公司股东大会规则》均规定：大会通知中没有声明的议案股东大会不得进行表决，审议议案不得进行任何修改，否则就被作为一项新的提案。这种规定有利于公司管理层操控会议并保证会议顺利进行。问题在于，临时议案和修正案的存在有其合理性，简单地规避绝非解决问题的有效路径，有必要对此予以规范。学界针对网络投票中处理修正案的见解大致有三种：一是视为缺席；二是视为对新议案持有与原议案相反的态度；三是均视为弃权。日本学者认为应视为弃权，因为依书面投票行使表决权之效力，仅及于表决票所记载之议案，而不及于修正案，因此应按弃权处理。[18] 有学者认为，不能笼统地推定以通信形式进行表决的股东的意思，只能依具体议案具体分析。相较之下，后一观点比较科学合理，应予以肯定。因为参会股东的投票意向是针对通知中的议案而非修正案，一概视为弃权无疑等于"无视"股东意志。因此，正确的做法是"应结合临时会议对议案的修正情况，客观地判断通讯表决者的真实意思，具体进行处理"。[19] 在此问题上，日本通说可资借鉴。日本通说采"股东意思拟制说"，即股东在表决权行使书面上明示其赞成原案的意思者，应可拟制其意思为反对修正案。相反地，股东在表决权行使书面上明示其反对原案或弃权的意思者，因无从由此推论该股东对修正案的赞否态度，应以弃权处理。[20]

---

〔17〕 杨富琛：《论我国股东表决权网络行使的法律机制》，中国政法大学民商经济法学院2007年硕士学位论文，第35页。

〔18〕 [日]末永敏和：《现代日本公司法》，金洪玉译，人民法院出版社2000年版，第119页。

〔19〕 王宗正：《股东大会通讯表决的运行规则》，载《政治与法律》2008年第12期。

〔20〕 [日]宫谷隆：《注册会社法》(五)，有斐阁1986年版，第445页。转引自王宗正：《股东大会通讯表决的运行规则》，载《政治与法律》2008年第12期。

电子委托书征集制度:股东民主的新路径*

《公司法》率先安排公司社会环境中的股东民主,其效应不可能完全局限在公司事业的领域。[1] 股东民主的重要性在于,它是一种民主实践的体验:在经济领域中"民主的热身"必将为在政治领域文明民主的行动奠定良好的基础。目前,股东民主运动逐渐在世界范围内展开,因特网技术的飞速发展为股东民主运动的蓬勃发展提供了更优的路径,本部分主要探讨电子委托书征集制度,以期有助于我国股东民主的建设。

一、公司民主、股东民主与实现路径

公司民主在经济民主中居于核心和基础地位,现代社会在某种意义上是由一个公司建构起来的网络,宏观意义和中观意义上的经济民主最终都要直接和间接依靠公司民主来加以体现。在我国公司民主不仅是实现经济民主的保障,更是我国社会主义政治民主发展和完善的催化剂。[2] 公司民主取决于公司本质。公司的法人性只是公司外在的特征,股东是公司的所有者权益享有者、公司是股东投资的工具则是公司最基础的本质。[3] 股东是公司全部利益的第一关切人,是公司的终极所有者即公司剩余索取权享有人,公司重大投

* 本部分为河北省社科基金项目"股东民主理论与股东民主机制的构建"(HB11FX008)阶段成果,原载于吴志攀主编:《经济法学家》(第8卷),北京大学出版社2012年版,第383~388页,作者为赵金龙、王士金。

〔1〕 甘培忠:《我国新公司法对股东民主和公司自治推进政策的评价》,载赵旭东主编:《国际视野下的公司法改革——中国与世界:公司法改革国际峰会论文集》,中国政法大学出版社2007年版,第357页。

〔2〕 汤春来:《公司民主的实现与治理机制的完善》,载《湖北广播电视大学学报》2003年第1期。

〔3〕 常健:《回归与修正:对公司本质的重新解读——兼评〈中华人民共和国公司法〉的相关规定》,载《法商研究》2007年第1期。

资计划的任何闪失都会直接造成股东利益的损失。[4] 公司所有人是股东,公司民主主要是股东民主,虽然公司存在其他利益相关者。

股东民主的实现就是股东权利的实现。由于公司股权结构等因素的影响,各国股东民主的实现途径不一、发展程度参差不齐。在美国,股东民主途径包括多数决选举公司董事、利用公司委托书提名董事候选人、[5]取消分类董事会、股东决定管理人员薪酬等。其他国家和地区的股东民主则有多数决选举公司董事、废除股份锁定、股东决定管理人员薪酬、一人一票制等。[6] 另有一些地区则为表决权行使方式多元化、增加股东提案权、增加董事候选人提名权、股东会议事手册公开披露等。[7]

网络技术为股东民主运动开辟了新路径,电子委托书制度和股东电子论坛最为突出。2006 年美国 SEC 发布电子委托书规则,为公司治理电子化开辟了新途径。新的电子委托书规则将会允许利用发表于网站上的委托书资料,这会大幅缩小发行人发起委托书争夺的制作、发布成本与独立的委托书征集的制作、发布成本之间的差距。[8] 而股东电子论坛也被视为股东民主和提高公司治理的良器。[9]

二、电子委托书征集制度对股东民主的促进

(一)电子委托书征集利于催生和强化股东民主观念

公司内部组织里落实民主理念之场所,最适宜者莫过于股东会。但是,由

---

〔4〕 甘培忠:《我国新公司法对股东民主和公司自治推进政策的评价》,载赵旭东主编:《国际视野下的公司法改革——中国与世界:公司法改革国际峰会论文集》,中国政法大学出版社 2007 年版,第 355 页。

〔5〕 现在这一股东民主行动已经取得令人瞩目的成就,历经多年艰苦不懈努力,美国已经正式通过允许股东利用公司委托书的规则。

〔6〕 Lisa, Shareholder Democracy on Trial: International Respective on the Effectiveness of Increased Shareholder Power, *Virgina Law & Business Review*, Spring 2008.

〔7〕 王文宇:《公司与企业法制》(二),台北,元照出版有限公司 2007 年版,第 80 ~ 83 页。

〔8〕 Jeffre Gordon, Proxy Contest in an Era of Increasing Shareholder Power: Forget Issuer Access and Focus on E-Proxy, 61 *Vand. L. Review*, 2008.

〔9〕 Lisa, The Future of Shareholder Democracy, 84 Ind. L. J 2009; Jeffre Gordon, Proxy contest in an era of increasing shareholder power: forget issuer access and focus on E-Proxy, 61 *Vand. L. Review*, 2008; Blake Smith, Proxy Access and the Internet Age: Using Electronic Sharehloder Forums to Improve Corporate Governance, *Columbia Business Law Review*, 2008.

于传统型态的股东会多流于形式,已无法发挥其功能,故实际上委托书之征求过程,已成为实质意义之股东会。[10] 电子委托书征集突破了股东亲自参加股东大会的限制,在培养股东民主观念方面具有很大优势。在委托书争夺战中,征集各方进行广泛宣传,引导中小股东作出授权。双方对战过程正是宣扬股东民主理念的过程,众多怠于行使表决权的小股东通过网络了解征集人披露的相关信息,意识到表决权的重要性;通过跟踪征集人在网上公开的交战过程,意识到小股东也能扮演重要角色,能够在某些关键时刻决定公司命运。借此,由于市场引发的参与公司治理、实践民主权利实现经济收益的意识催生了股东民主观念,股东是通过行使投票权而并非简单的"用脚投票"来制约低效经营者,对公司运营表达意见,进而影响公司的经营。

在网络环境下,股东获取委托书征集各方的信息成本更低、更为便利,根据获取的信息自主选择委托书授权对象,通过特定的网络系统作出法律授权。网络技术的低成本、便捷高效等优势表现在时间、交通、精力、物力的锐减上,还表现在股东可以同时在多家公司行使表决权。同样,网络征集的低成本、便捷高效性在很大程度上能够克服股东的理性冷漠与"搭便车"心理,提高了股东参与公司治理、行使民主权利的积极性。

(二)电子委托书征集是股东民主践行的平台

电子委托书征集成为股东民主实现的平台,主要体现在两方面:一方面,电子委托书征集过程确保股东充分获取信息,保障了公司决策的民主性。委托书征集各方通过各种网络媒体阐明征集原因、回应股东质疑、阐述股东利益最大化、公司发展的行动规划。股东通过网络低成本获取大量信息,一定程度上避免了信息不对称。获取信息是股东民主的基础保障,只有获取充分的信息才能做出有利于自身利益的授权与表决。另一方面,电子委托书征集实践了股东"发声权"。在电子委托书征集过程中,股东可以要求将其提案写入电子委托书征集公告,同时有权要求公司将其姓名、住址、持股份额、电子邮箱等个人信息放到公司网站上,供股东查询及与其进一步交流。机构投资者可以将其提案信息发布在自己网站上,没有自己主页的个人投资者可以通过电子

[10] 刘连煜:《公司法制的新开展》,中国政法大学出版社2008年版,第92~97页。

公告传递其提案相关信息,或者通过发送电子邮件来劝说股东支持其提案。[11]在传统委托书征集过程中,提案人在要求董事会将其提案写入征集公告之后几乎不再采取任何行动,只是等待股东大会召开,股东可能并不十分了解该提案是否真正有益于自身利益,更有甚者对该提案视而不见只是盲目授权。在这种情况下,提案权流于形式,无法体现股东民主的功能。而在电子委托书征集中,提案人不再完全受制于公司董事会安排,在符合要求的提案写进征集公告且在网上被发布后,提案人可以通过多种网络媒介等宣传提案,使广大股东在对提案充分知情的基础上作出投票授权。将提案纳入电子征集公告以及通过网络将提案对股东予以宣传和劝导,使股东民主变得更为真实和可信。

三、我国电子委托书征集制度的构建

我国市场经济起步较晚,公司治理理论和实践,以及股东民主运动尚不成熟。从股东民主实现路径上看,我国不存在争取多数决、一人一票等问题,但是其他问题依然存在法制不明朗的事实。我国公司民主建设应当关注以下问题:第一,必须大力培养股东的公司主人公意识,即学者所谓的"股东主权理念"和树立"股东主权思想",[12]真正从思想意识上为股东民主创造一个良好的环境和氛围,打下坚实的基础。第二,在践行传统民主路径的同时,积极开辟和利用新型的公司民主途径。

目前,网络技术突飞猛进、普及范围日益增大、应用日益广阔,网络股东大会的出现即为一个明证。上市公司在召开现场股东大会的同时开设同步的网上投票系统供股东远程在线参与,实践中股东参与网上投票的积极性呈上升趋势。现阶段我国网络股东大会的各项系统运行不断完善,身份认证系统安全性不断提高,该系统已经得到了股东认可。可以说,我国采行电子委托书征集已经具备了技术基础。

从我国法规体系看,电子委托书征集与《公司法》《证券法》这两部保护股东利益,稳定证券市场的基本法并不存在任何冲突之处。《上市公司治理准

---

〔11〕 Howard M. Friedman, *Securities Regulation in Cerberspace*, ASPEN Publishers, Third Edition, 2007 supplement, 11 – 23.

〔12〕 刘俊海:《股东主权理念是股权文化的核心内容》,载武汉大学经济法学研究所网站:http://economiclaw.whu.edu.cn/index.php? s =/Article/detail/id/2680.html,最后访问日期:2020 年 2 月 11 日。

则》《上市公司股东大会网络投票工作指引(试行)》对电子委托书征集都有相关规定。2002 年深圳证管办颁布《上市公司征集投票权操作指引》对征集委托书作了比较全面系统的规定,虽然作为一个地方指导文件,不具法律效力和普遍适用性,但仍对全国性委托书征集具有参考意义。2004 年《电子签名法》从法律上确立了电子签名的合法有效性,保证了投资者利用电子签名参加电子委托书征集的安全性和合法性。电子委托书征集制度的建立在我国已经具备了一定的法律依据和立法实践经验。

(一)电子委托书征集制度的立法模式

综观世界范围内的成熟做法,委托书征集立法一般分为两个层次:位于较高层次的是立法机构制定的法律,如美国《证券交易法》对委托书征集制度作了原则性规定;位于较低层次的是国家证券监管机构制定的委托书征集规则,如美国 SEC 制定的条例 14a。委托书征集制度仅适用于股份公司,其重点在上市公司,并且征集行为是在证券市场上展开的,该制度不宜在《公司法》中规定,应当由《证券法》确定。我国可以借鉴美国的做法,由《证券法》规定电子委托书征集最原则性的问题,必须明确电子委托书征集的法律效力、电子委托书征集的基本原则,还应授权适当的主体制定电子委托书征集制度的相关实施细则。根据我国现实状况来看,最适格的主体当属中国证监会。

(二)电子委托书征集制度的具体规则

电子委托书征集制度与传统委托书征集制度一样,涉及诸多方面,诸如委托书征集主体、委托书征集行为的界定、委托书征集信息披露、提案权以及委托书收购、法律责任等,其中作为电子委托书征集制度的特殊规则涉及电子委托书征集行为的界定、网络征集信息披露内容以及网络提案权制度,后者为电子委托书征集制度的重点所在。

第一,对于委托书征集主体,从公司和股东利益保护的视角看,我国委托书征集规则应当明确限定征集主体为公司董事会、独立董事、股东,其他人不应当享有征集权,预防其他人滥用委托书征集干扰公司经营。此外,还应对征集主体资格作进一步限定:(1)为防止股东滥用委托书征集干扰公司正常运营以及通过短期内购买少量股票进行征集谋取私利损害公司和全体股东利益,应对股东作为征集人时持股时间和持股数额作出限定,规定持股时间 1 年以上、持股数额达3%以上较为适宜。(2)为保障被征集人的合法权益,防止征集人的机会主义行为,应当确保征集人具备良好信用,由此,对征集人消极资格的规定非常必要,《公司法》对公司董事、监事、高级管理人员消极资格的规定可以作为参考。

第二,禁止收购委托书。从目前我国实际情况看,应明确禁止委托书收购,主要原因有:(1)委托书买卖会造成投票权和剩余索取权分离,严重损害股东利益。只有确保表决权与股权结为一体,才能避免产生不必要的代理成本。将股份和表决权分离,将使投入与回报严重失衡。一旦允许投票权自由买卖就意味着剩余索取权和投票权的分离,将产生巨大的代理成本。[13] (2)允许委托书买卖不利于和阻碍股东民主进程。目前,我国股东民主意识仍然比较薄弱,中小股东参与公司治理的积极性较低。如果允许委托书自由买卖,可以预见,广大中小股东的"理性冷漠"将会促使其选择出售委托书而非行使投票权。如此,投票权被某部分人控制,一些要求表达公司治理意见的小股东的提案得不到重视,股东大会实际参与率明显降低,股东民主必将遭到严重损害。

第三,电子委托书征集行为的界定。征集行为的界定有利于明确监管范围,能够保障监管行为到位,避免浪费监管资源;也可以保障股东之间以及股东和管理者之间的交流受到不必要的限制。电子委托书征集行为可以表述为:通过网络请求股东向自己或他人作出投票的授权委托,或者请求股东不要向他人签发授权委托书,或者请求股东撤销已经作出的授权委托。此外,还应作出例外规定:对股东通过网络公开发表自己的投票倾向、投票理由,或是对在任管理层决策提出自己不同意见和看法等行为不属于电子委托书征集。

第四,网络征集信息披露内容。委托书征集信息披露立法模式主要有事前审查式和备案式。美国的制度发展经历了由事先审查到备案的过程。我国电子委托书征集制度应当将信息披露方式确定为备案式,从而适应国际发展趋势,也利于该制度在我国的发展与成熟。明确网上信息披露的具体内容,才能实现网络信息披露的价值。在实践中,我国征集人的披露行为是自发进行的,信息披露内容和披露程度没有统一标准,披露内容一般包括上市公司基本

---

〔13〕 [美]弗兰克·伊斯特布鲁克、丹尼尔·费希尔:《公司法的经济结构》,张建伟、罗培新译,北京大学出版社2005年版,第83页。

情况、股东大会基本情况、征集人基本情况、征集投票的原因和目的、董事提名基本情况、投票权委托方式等,公告披露的信息也比较简单,与美国 SEC 条例 14a 要求的内容相比存在明显不足,明显回避了征集人利害关系、征集的真实背景信息等敏感内容。我国网络征集信息披露内容应当包括上文提及的自愿披露的信息,另外特别明确要求披露可能影响股东是否作出授权及授权意向的信息,如董事是否与股东大会表决事项存在利害关系等。

第五,网络提案权制度。提案权制度是电子委托书征集的重要组成部分,是不能或不愿实施委托书的股东参与公司管理的一条重要途径,是实现股东民主的一项重要机制。2005 年我国台湾地区"公司法"修改重点之一就是增加了加强股东民主机制的股东提案权制度。[14] 我国《公司法》对提案权作了相关规定,[15] 但是局限性仍然存在,"现代股东会其实只是委托书征集的过程",[16] 多数股东不亲临股东大会行使表决权而是委托征集人代为投票,股东对该会议提案的知悉权不能得到保障。电子委托书征集规则应当明确规定:征集人通过网络向股东发送的委托书征集公告中要载入股东的提案,提案中应当包括提案股东的姓名和联系方式,以便于其他股东就该问题与其进行深入的交流与探讨。为避免滥用股东提案权,应作出限定性规定:(1)在征集主体方面,继续沿用《公司法》对股东持股期间和持股数额的规定。(2)在提案内容方面,股东提案范围应属于《公司法》规定的股东大会职权范畴,除非公司章程有规定,否则征集人有权拒绝超出此范围的提案记入征集公告。

---

〔14〕 王文宇:《公司与企业法制》(三),台北,元照出版有限公司 2007 年版,第 81 页。

〔15〕 参见《公司法》第 103 条第 2 款。

〔16〕 Bernstein, Fisher. The Regulation of the Solicitation of Proxies: Some Reflection on Corporation Democracy. 7U CHI. L. Rew, 1940, pp. 226 – 227.

虚拟股东会议制度初论*

2000年美国特拉华州修改其《普通公司法》,允许公司通过电子通信技术而不是现场方式举行股东会议,实际上等于允许公司在线举行虚拟股东会议,其他一些州纷纷效仿。虚拟股东会议成为股东在公司治理中发声的重要工具。[1] 迄今为止,我国尚未有虚拟股东会议的立法与实践。不过,从比较视角以及公司治理实践发展趋势看,虚拟股东会议应当会在我国得以出现和发展。我国未来《公司法》修改时应当增设相关制度规定,允许公司利用现代信息技术举行股东会议,从而便于股东行使权利、公司经营管理和公司治理水准的提升。

一、虚拟股东会议的含义

虚拟股东会议,也称网上股东会会议,是指公司利用网络工具来召开股东会会议。与传统股东会议相比,这种股东会议最重要特点的就是虚拟性。股东通过互联网等设施召开和参与股东会议,不受地理位置影响、参会时间灵活、无须物理场所,除了适格股东身份,参会者身份和参会行为都具虚拟性,所有会议程序都在网络上进行。当然,虚拟股东会议的这一特点并不影响股东会的性质和地位;网络技术的应用使股东会议成本更低、更快捷迅速,效率优势更为明显。

实践中的虚拟股东会议主要有两种方式:一是公司利用自己的网络视频会议系统召开虚拟股东会议。建立网络视频会议系统需要一定的经济实力,

---

* 本部分原载于《商业研究》2015年第2期,第174~179页,作者为赵金龙、楼晓。

〔1〕 Dirk Zetzsch, Corporate Governance in Cyberspace-A Blueprint for Virtual Shareholder Meetings, CBC-RPS No. 0011, June 19, 2005, http://ssrn.com/abstract=747347, visited on April 25, 2014.

那些规模较大、股东分布较分散的上市公司更为合适。公司在其网站主页发布公司信息、介绍网上视频会议系统,借此,股东把握网络视频会议系统的功能和使用方法。股东通过身份认证程序进入该系统,可以向管理层提建议或者进行投票。通过该系统的实时"聊天室",股东可以同步观看并参与股东会议。通过该系统,股东能够跟踪股东会议整个进程,进行提案、质询和表决。网络视频会议突破了地理界限,有利于更多股东参加会议和亲自行使权利,也节省了参会成本。二是租用中介机构会议系统召开虚拟股东会议。一般而言,小公司作这种选择,因为建立自己的网络视频会议系统成本巨大,他们难以承受。

二、虚拟股东会议的正反之辩

如同其他新兴事物一样,对于虚拟股东会议制度也存在赞成和反对两种不同声音。支持者多基于该制度的独特优势,反对者则着眼于其不足。

(一)虚拟股东会议的优势

支持者的主要理由包括以下四个方面:

第一,降低公司会议成本。就目前公司体制而言,股东和公司管理成本仍然是公司形成有效决策的一个重要障碍。传统现场股东会议的召开需要公司支付庞大的场地、人员和资料费用,这对公司而言是一个很大负担,公司不愿意承受。相形之下,虚拟股东会议不需物理场所,公司不必支付高昂的场地租金以及组织会议的其他费用。由于会议在网上进行,公司可以节省大量纸质选票、委托代理材料以及会议材料的印刷及邮寄费用,这大大降低了会议成本。[2] 据美国学者统计,网络投票成本仅为书面投票的9%。另外,由于网络投票可以节省印刷、邮资及纸张等费用,学者估计,只要5%的股东改用网络投票,就可为美国企业节省4000万美元。当然,公司也可以利用自己的办公场所召开股东年度大会,但是股东人数众多时,一般公司不具备相应会议场所和设施。分析人士提醒,公司建立适当的远程通信系统并且实施符合法定要求的程序可能需要一些成本。公司对虚拟股东会议的访问限制也需要一些成本,

---

〔2〕 Anatoli van der Krans, The Virtual Shareholders Meeting: How to make it Work?, *Journal of International Commercial Law and Technology*, Vol. 2, Issue 1(2007), pp. 32 – 37.

但是这些额外成本不可能高于虚拟股东会议节约的成本。大多数公司认为虚拟股东会议非常高效。因佛特(Inforte)公司召开一次虚拟股东会议成本为2000美元,而召开一次现场股东年会预计花费20,000美元,前者成本之低颇为明显。[3]

第二,提高股东参会率和参与质量,遏制股东大会形式化。在当今时代,由于种种因素影响,股东大会形式化、空壳化成为一个突出现象。虚拟股东会议情形下,股东只需电脑接入网络设施即可参加股东会议,成本很低,这能够充分激励股东参加公司会议,最低法定出席数容易达到,有利于防止股东大会形式化。这对于股东极其分散的公司尤为明显。虚拟股东会议另一个潜在优势乃提高股东参与质量。公司通过网络通信技术与股东交流互动,可以集合多数人意见和建议,从而提高股东参与会议质量,使公司决策更加科学化、规范化。典型情形是,允许股东在会议前或者会议进行中通过电子邮件向管理层提出问题,这样就扩大了会议问题的范围和深度。实践中,股东向公司发送邮件提出的问题尖锐并且非常直率。股东通过向公司提出问题实际上锻炼了他们参与公司治理的能力,有助于股东大会会议的质量提高。

第三,股东直接参加会议消除了传统委托代理投票的弊端。在虚拟股东会议情形下,股东点击鼠标和通过电子邮件提问等同于股东亲自参会,可以充分行使股东权利。无须顾虑在传统物理股东会议情形下,由于委托代理投票所产生的代理成本和代理程序严格、程序烦琐、操作不便等不足,有利保障股东利益。

第四,有利于股东知情权保护和证券监管。在网络时代,股东查阅公司信息不再受地域限制,他们通过公司信息披露获得相关经营信息和财务信息,这有利于股东特别是中小股东作出知情判断,刺激其投资和参加会议的热情。此外,虚拟股东会议也有利于证券监管部门的监管,后者可以通过一些特别渠道了解和监督公司遵守和执行法律情况,从而维护全体股东利益。

(二)虚拟股东会议的不足

通常而言,反对者对于虚拟股东会议的不足归纳为以下四个方面:

---

[3] Gavin A. Beske, Shareholder Meetings Online, in Securities In The Electronic Age: A Practical Guide To The Law And Regulation, 49(2) *Alabama Law Review*, 8-17(1998).

第一,降低了股东与管理层进行交流沟通的能力。物理性股东会议的优势在于面对面交流以及管理层和股东间的对话讨论,这种面对面交流机制有利于商议和问责。但电子方式很难复制这种交流机制。虚拟股东会议中最基本的交流方式是电子邮件问答。股东担心这种方式会被滥用:(1)管理层容易忽略股东提出的尖锐问题,他们可以借口忘记回复邮件;在现场股东大会上管理层则难以忽视股东所提问题。(2)即使管理层回复某些邮件所提问题,但是可能只回应那些有利于自己的问题。(3)因为问题是在会议前收到的,管理层可能只是照本宣科予以答复,而在现场股东大会中管理层回答则须当面应答。

第二,减少了股东间交流。在邮件提问情形中,邮件直接寄送到董事会并非送给所有股东,这种形式似乎不利于股东交流。有些人建议公司利用电子公告板,这样股东可以提问,其他股东可以评论或回答。但目前,还没有公司采用这种形式。一些公司允许股东电话参与虚拟股东会议,但是,多人在电话里是难以进行有效交流的。

第三,降低股东动摇选民和管理层的能力。股东维权人士担心虚拟股东会议将会降低其动摇选民和管理层的能力。现场会议允许股东更好地表达其立场,同时可以保证其他股东和管理层更加认真倾听,而虚拟股东会议减少了这种优势。

第四,给公司带来一定困扰,主要包括:(1)有些人在网上不再拘谨和礼貌,可能故意向公司及其管理层提出一些刁难和破坏性问题,这类问题可能会降低股东会议效率。(2)可能会增加投票结果的不可预测性。一般而言,公司在召开虚拟股东会议同时承认股东委托投票和股东网上撤回委托投票。这无疑会增加股东在极短时间提交和更改委托投票的可能性,大大加剧了股东会议投票结果的不可预测性。此外,虚拟股东会议技术实践经验不足和不成熟,特别是有些技术漏洞和不足诸如预设后门、黑客攻击等都会带来一些风险,这些也会影响虚拟股东会议的良好运作。

三、虚拟股东会议的实践

美国是世界上最早在规则层面肯定利用电子化方式召开股东会议的国家。在美国众多州法中,特拉华州公司法最有领先性和代表性,该州数次修改其普通公司法,对股东通过网络等电子方式参加会议予以支持。1989 年修改

《特拉华州普通公司法》允许股东利用电话行使表决权,1992 年修正案承认股东可以用通信方法授权他人代替自己行使权利。1995 年美国 SEC 规定,公司可以利用网络向股东发布信息从而提高投资者“接近、研究、分析信息”的能力。1996 年美国贝灵巧公司首次在互联网上播放公司股东年度大会,并允许股东通过网络进行投票。自 1997 年以后,随着互联网的普及以及电子商务的发展,许多公司开始在股东大会召开和投票上运用网络技术。特别是 2000 年 6 月 30 日,美国总统克林顿签署《全球及全国商业电子签名法》,该法对股东网络投票最核心问题即电子签名权的有效性问题作了明确规定,这使虚拟股东会议最基础的问题得以解决。2000 年《特拉华州普通公司法》修正案承认虚拟股东会议的合法性,并对公司举行虚拟股东会议或者部分股东通过远程方式参会程序作出规定,旨在确保虚拟股东会议得以安全进行。在美国州法承认虚拟股东会议制度后,许多公司召开了虚拟股东会议,诸如 Inforte 公司、诺网公司(Ciber)等。尽管有人对于虚拟股东会议持怀疑态度,然而,这种实践从无到有、从实践到立法承认的过程已经充分说明该制度有着一定的生命力。

在美国之后,许多国家包括日本、英国也分别修改其商法或者公司法,建立了较完整的股东网络投票制度,为虚拟股东会议实践奠定基础。其他国家和地区例如德国、丹麦以及我国台湾地区也都明确规定了网络投票的地位,允许股东通过虚拟方式投票,保障股东权益。

在我国,最早采用通信表决的是小飞乐。中国证监会 2004 年颁布《上市公司股东大会网络投票工作指引(试行)》,基本默认了股东网络投票,并且对网络投票的提案、投票程序以及涉及社会公众股股东事项的强制适用均有规定。2006 年证监会发布的《上市公司股东大会规则》则明确确认了网络投票的地位,另外其对于程序规定更合理。上海证券交易所和深圳证券交易所分别在 2004 年和 2006 年出台了各自的《上市公司股东大会网络投票实施细则》,对在各自交易所内上市交易公司股东大会网络投票作了详细规定。上述规章和文件为股东网络投票行为的规范提供了依据,但是问题在于这些规则层次较低、刚性不足,且并非专门针对虚拟股东会议。

四、我国虚拟股东会议制度的构建

(一)我国已具备召开虚拟股东会议的条件

虚拟股东会议的迅捷性、经济性以及跨越时空的特性有助于股东出席股东会议行使权利以及提升公司治理。我国已具备召开虚拟股东会议的条件：(1)公司技术条件的成熟。网络技术的飞速发展和普及使公司运营呈电子化、网络化之势,股东行使权利也越来越多利用电子形式。网络视频会议系统则为虚拟股东会议召开提供了最关键的基础设施。实践中,大公司已经建立和使用自己的网络视频会议系统,小公司则可采取租用方法,目前国内几大电信运营商直接提供公共视频会议租用业务。此外,网上证券交易、网上银行等已经较好地解决了网络信息安全问题,虚拟股东会议系统运行有了安全保障。我国股东网络投票制度和网上证券交易制度实践也为虚拟股东会议运行积累了经验。(2)股东具备了参加虚拟股东会议的条件和素质。随着物质生活水平的提升,具备上网条件的股东数量急剧上升,网络交易媒介日益得到股东认可;股东网络知识和应用技能的不断提高为股东参与虚拟股东会议奠定了基础。(3)证监会2006年《上市公司股东大会规则》第20条规定,上市公司可以采用安全、经济、便捷的网络或其他方式为股东参加股东大会提供便利。股东通过上述方式参加股东大会的,视为出席。据此,虚拟股东会议没有现场,不符合股东大会要求。不过,该条允许公司采用网络方式为股东参加股东大会提供便利,意味着允许部分网上股东会议,而部分网上股东会议距离虚拟股东会议只有一步之遥。(4)其他国家和地区虚拟股东会议实践为我国建立虚拟股东会议制度提供了经验和教训,特别是美国特拉华州的立法及实践对我国相应制度建设具有借鉴意义。

(二)我国虚拟股东会议运行程序规则的设计

虚拟股东会议与传统股东会议程序有共同之处,此处主要介绍其特殊之处。

1. 会议通知及会议信息披露

我国《公司法》规定,召开股东大会会议,应该将会议召开的时间、地点和审议事项提前通知各股东。在虚拟股东会议中,利用电子方式通知是通用且恰当的选择。公司可以在网站上公示股东大会会议召开的通知,但是如果仅仅是在网页上公布,不能保证每个人都能收到通知,因此,公司需要以电子邮件方式(经股东同意)单独通知有通信信息登记的股东,而对那些无法单独通知的股东,则以在规定网站公示作为通知。在通知生效时间上,笔者认为投寄即送达,即公司确认通知信息确实已经发送就视为送达,这符合电子技术的实际。

会议信息披露对于股东参会十分重要。《上市公司股东大会规则》第16条规定:“股东大会通知和补充通知中应当充分、完整披露所有提案的具体内容,以及为使股东对拟讨论的事项作出合理判断所需的全部资料或解释。拟讨论的事项需要独立董事发表意见的,发出股东大会通知或补充通知时应当同时披露独立董事的意见及理由。”在虚拟股东会议情形下,信息披露只需上传到规定网站,简单迅捷、成本低廉。

2. 股东身份认证

虚拟股东会议股东身份认证可以借鉴现行证券交易系统以及股东网络投票系统的身份认证机制。目前,股东身份认证方案主要有两种:一是密码方式,通过将股东账号与唯一密码相对应方式确认股东身份。二是CA认证方式,由权威公正的第三方机构即CA(Certificate Authority)认证中心签发数字证书确认股东身份。数字证书安全级别较高,是目前技术上最好的身份认证方式,银行业在网上银行中对这种认证方式的采用比较普遍。

3. 股东发言权与质询权的行使

公司召开虚拟股东会议应该在其网站上设置电子论坛版块以便股东发言与质询。通过认证的股东可以利用网络摄像头、电话、邮件或者其他通信技术提出问题,所有问题将由管理层亲自在网上实时回答。公司可以作出相应规定,股东提问可以基于股东级别或者持股比例优先得到答复。例如,持有一定股份的股东所提问题可以优先得到回答,其合理性在于,大股东往往比那些容易廉价出售股份的小股东更有兴趣知悉投票和公司经营情况。所有股东提问与管理层答复将条理清晰地编辑在虚拟股东会议网站“提问与回答”目录下,供股东查阅。当然,涉及商业秘密的除外。

4. 股东投票权的行使

虚拟股东会议中投票表决可以采用网络投票方式,这已经在我国上市公司中推行。利用互联网投票系统投票表决的有效时间一般为：开始时间不得早于现场股东会议召开前一日 15:00，结束时间不得早于现场股东会议结束日 15:00。虚拟股东会议的网络投票环节的时间可以与虚拟股东会议的起始时间与结束时间一致，也可以根据公司虚拟会议系统或者中介机构会议系统进行具体设置。另外，应该允许股东通过电子邮件进行投票。电子邮件可以全天候发送，时间更灵活，可以避免虚拟会议系统工作时间的限制。

5. 虚拟股东会议记录存档

有些公司会将虚拟股东会议记录在网上存档一段时间。例如，联合应用平台（UAP）公司的代理规则指出虚拟股东会议存档在会议结束之后 1 周内观看。科胜讯（Conexant）公司在会议结束后 1 个月内可以观看网上直播。[4] 还有一些公司规定了更长的会后阅览会议存档的时间。阿尔提奥（Artio）和笔克（Pico）两家公司存档时间是 7 个月，亿明达（Illumina）和英蓝（Winland）公司存档时间是 1 年。建议我国虚拟股东会议记录要在网上存档一段时间，以供股东观看，具体存档期间由公司根据情况自行决定。

（三）参会主体瑕疵及责任认定问题

参会主体瑕疵一般源于他人盗用股东账号、密码，在股东不知情下进入虚拟股东大会系统，进行投票表决操作。实践中，公司与股东需要约定采用同一程序、指定特定会议系统，公司不能实质审核股东身份，只能通过密码来确认股东参会资格。如果公司在验证股东身份时能够保证网络系统安全，只要股东身份符合形式要求，则公司不承担任何法律责任，行为后果只能由被盗股东承担。

（四）股东中途退出对计算法定数的影响

我国《公司法》规定，股东大会作出决议，必须经出席会议的股东所持表决权过半数通过。《上市公司章程指引》要求上市公司股东大会拟出席会议的股东所代表的有表决权的股份数需达到公司有表决权的股份总数的 1/2 以上，但允许公司在章程中选择是否规定这一程序。表决法定数以出席法定数为计算基础。虚拟股东会议利用网络系统，有较强灵活性，股东中途退会情况要多于

---

[4] Lisa M. Fairfax, Virtual Shareholder Meetings Reconsidered, 40 *Seton Hall L. Rev.* 1367, 1391 (2010).

现场股东会议。股东中途退会是否影响出席法定数并进而影响据此计算的表决权数?

股东中途退会有两种情况:其一,股东自己主动退出会议。股东主动退出会议系统属于主观放弃行使股东权利,可以推定他们不支持退出后的议案,否则他们就会积极行使投票权促使其通过。其二,技术原因如网络意外中断、系统故障等导致的无法继续参会。如果会议最初达到法定数,但由于系统故障、病毒入侵等原因使股东无法正常参会而退出,“一般规则是,一旦形成了法定数,那么它将持续存在,即使部分股东退出会议,也不影响其余的股东继续开会。但是计算表决权数时,仍应以出席法定数为基础。这样,既不因个别股东的退出而轻易导致会议流产,避免造成公司资源浪费,又符合资本多数决原则。”[5]可以参照《上市公司股东大会网络投票实施细则》第11条予以处理,股东仅对股东大会多项议案中某项或某几项议案进行网络投票的,视为出席本次股东大会,其所持表决权数纳入出席本次股东大会股东所持表决权数计算,对于该股东未表决或不符合本细则要求的投票申报的议案,按照弃权计算。由此,对中途退会的股东一般是按照弃权处理。实践中,发生网络故障的概率相对较小,并且虚拟股东会议持续时间不长,不能因为个别股东中途退会而影响整个股东会议进程,因此,按照弃权对待具有合理性。但是,如果该个别股东退会是由于公司单方原因所致,即使股东大会作出决议,个别股东仍然可以根据《公司法》请求法院认定决议无效,此时网络会议系统的中断成为股东大会决议瑕疵的依据。例如,公司董事会或者管理层为了私人利益,通过破坏虚拟股东大会系统的正常进行来阻止某些股东行使投票权。

(五)技术瑕疵法律责任认定

技术瑕疵是指在股东大会进行中,由于股东、网络会议系统中介服务商的电脑、网络软硬件故障导致的损害,主要包括:(1)股东电脑系统故障、病毒感染、被非法入侵、电脑设备或软件系统与网络会议系统不匹配因而无法参会而产生损失;(2)股东操作失误造成的投票偏差或者信息发送不成功导致的损失;(3)互联网故障导致网络中断,会议过程中信息中断、延迟、错误等,使股东

---

〔5〕 钱玉林:《“资本多数决”与瑕疵股东大会决议的效力——从计算法则的视角观察》,载《中国法学》2004年第6期。

无法正常参会行使股东权利的损失;(4)通信线路繁忙、服务器负载过重,股东不能及时进入网络会议系统的损失;(5)股东重复或者错误发送指令。上述损失处理应当采用何种责任归责原则?如果适用过错责任原则,“谁主张,谁举证”,这显然不利于股东特别是中小股东,网络会议系统的复杂性和专业性使股东难以举证。如果适用无过错责任原则,显然对公司不公平,即使公司主动采取相应措施,仍然难以避免上述问题。采用过错推定归责原则比较合理,无论是公司还是股东,只要证明自身操作无过错,尽到了合理注意就可免责。

就上述会议技术瑕疵法律责任而言:第一种及第二种情形中,风险存在于股东一方,股东应当维护自身网络设备的稳定,避免系统故障,防止病毒侵入,熟练掌握参会操作程序。登录网络会议系统参与股东大会一系列行为属于股东行为,股东应该承担该行为的法律后果。公司和网络中介服务商对此风险发生没有过错,故不承担责任。第三种及第四种情形是由于网络服务商预防措施不充分以及自己系统设施不足造成的,但是公司选择网络会议系统服务商时也有失误,因此应该由网络中介服务商和委托公司共同承担责任。第五种情形产生原因复杂,应当具体分析。《上市公司股东大会网络投票业务实施细则》第30条规定,因地震、台风、水灾、火灾、战争及其他不可抗力因素或不可预测或无法控制的系统故障、设备故障、通信故障、停电等突发事故给有关当事人造成损失的,本公司(中国证券登记结算有限责任公司)不承担责任。据此,网络服务商对不可抗力及突发事故造成的损失不承担责任。此时,责任由公司承担更为公平合理:公司利用虚拟股东会议技术的便利性,也要承担相应的风险;股东由于其技术的相对弱势地位,不可能控制这类风险。

电子股东论坛制度之探讨*

为确保股东权益实现,股东必须获得充分信息,股东知情权和公司信息披露义务对实现股东权利和投资者保护非常重要。电子股东论坛为股东行使权利和参与公司治理提供了极大便利,有些国家已经通过立法或司法实践对此予以规范提供制度支持,具有积极意义。本部分在探讨这一有助于股东和公司交流机制和制度概念和实践基础上,试图为我国电子股东论坛制度的建立提出些许建议。

一、电子股东论坛含义及其实践形式

(一)电子股东论坛的界定

对于电子股东论坛的定义,理论界和实务中没有一个统一、明确的界定。在美国,联邦委托书规则并未界定"电子股东论坛"及其形式,实践中对电子股东论坛主要有三种认识:[1]第一,是一个在线"市政厅",作为一种股东提出和关注公司以及从管理层得到回应的工具。该种电子股东论坛重点在于便利股东交流公司信息,服务于股东和公司利益。这种电子股东论坛话题不受限制,如同一个在线聊天室,或者论坛话题更多地集中于电子股东论坛资助人指定的一个或几个话题。第二,一种某一特定话题例如公司高管薪酬的扩大专题讨论会,目标在于促进股东对给定话题的深入理解。该种电子股东论坛也可以用来组织电话会议和面对面会议,尽管不会得到 SEC 委托书修正案豁免。第三,可能是一种在线投票平台,这种论坛用于股东年会之外对规则14a－8 项

---

* 本部分原载于郭峰主编:《证券法律评论》(2016 卷),中国法制出版社 2016 年版,第 542 ~ 556 页。

〔1〕 A Practitioner's Guide To Electronic Shareholder Forums, http://shareholderforum.com/Reference/20080129_Latham & Watkins.pdf, visited on Sep. 8, 2012.

下非约束性提案[2]的讨论和进行投票。2008 年 SEC 电子委托书规则并未规定电子股东论坛具体形式,但是那些允许在线信息交换的网站诸如问答讨论与(或者)在线投票等似乎是 SEC 预期的电子股东论坛类型。[3]在美国,电子股东论坛范围非常广泛,实践中有三种形式更容易在投资者间传播信息和交流,同时也容易出现谣言和流传,即用于投资讨论的公共用户网络群组、参与人可以发布消息的公告板或讨论小组以及投资者间实时互动的聊天室。[4]

与美国不同,德国联邦司法部于 2005 年 11 月 22 日制定《股东论坛规则》对股东论坛形式及其他细节予以明确、具体规范。股东论坛设立在"电子联邦公告"网站中,该网站首页上设有各公司的股东论坛链接,投资人可以根据登录规则登录进入公司论坛获取信息或者进行交流等。可知,德国电子股东论坛形式限于特定网站内,在该电子股东论坛中股东进行信息交流和沟通等。

笔者认为,电子股东论坛这一概念在理论上可以不同,广义上可以指一切便于股东、投资者和公司进行信息交流、组织会议的电子媒介。属于这一范畴的有学者所称的"股东交流平台"[5]、"投资者交流平台"、网络讨论区[6]等,实际生活中的"股东吧""股吧"等,一般包括 BBS(Bulletin Board System)和聊天室(Chatrooms)。[7] 狭义上应当限于法律意义上的一种制度,需由立法予以严格界定,德国电子股东论坛是一个典型。

(二)电子股东论坛的实践形式

在各国公司实践和资本市场上,电子股东论坛形式多种多样。在美国,2008 年 SEC 电子股东论坛规则通过前,电子股东论坛主要有三种形式:[8]第

---

〔2〕 关于规则 14a-8 项下的提案之范围的中文内容,参见刘连煜:《公司治理与公司社会责任》,中国政法大学出版社 2001 年版,第 183~193 页。

〔3〕 A Practitioner's Guide To Electronic Shareholder Forums, Accessed November 2, 2011. http://shareholderforum.com/Reference/20080129_Latham&Watkins.pdf.

〔4〕 See Howard M. Friedman, *Securities Regulation in Cyberspace*, Chapter 13.04 *Tips And Rumors Through Cyberspace Discussion Groups*, ASPEN Publishers, Third Edition, 2007 supplement.

〔5〕 洪秀芬:《股东交流平台建立之探讨——以德国股东论坛为例》,载《兴大法学》2007 年第 1 期。

〔6〕 冯果:《网上证券交易法律监管问题研究》,人民出版社 2011 年版,第 192~194 页。

〔7〕 同上书,第 192 页、第 323 页。

〔8〕 See Blake Smith, Proxy Access and The Internet Age: Using Electronic Shareholder Forums To Improve Corporate Governance, 2008(3) *Columbia Business Law Review*, 1124-1131(2008).

一,由其他公司资助设立的公开论坛与投资者消息公告板。这些形式可以算作最早的电子股东论坛,他们得到诸如雅虎公司与彩衣弄臣(The Motley Fool)公司资助。不过,这些早期电子股东论坛与公司实际缺少真正关联。雅虎在雅虎财经网页上为每个公司提供相应的投资者消息公告板,任何一个注册用户都可在该消息公告板上发表评论。最终结果是,消息公告板上大部分评论都是垃圾评论,消息公告板对投资者和公司失去了任何价值。[9] 第二,由股东创办的独立运行的电子股东论坛。这类电子股东论坛对所有参与股东和管理层开放,其运营效果显著,在公司陈述(present)财务信息方式上作用独特。这类电子股东论坛还处理其他公司治理问题,包括董事选举、商业决策、管理层薪酬、委托书资料发送以及公司与股东一般信息交流等。[10] 第三,公司自己创办的电子股东论坛。典型情况是皇家壳牌集团(Royal Shell)公司以网页博客形式创办的电子股东论坛,名为"Dell 股份",在该论坛中雇员与管理人员对企业各方面问题发表评论,股东可以直接回应论坛文章。该网页博客结构松散,可能称其为"电子股东论坛"并不正确,但是雇员与股东的参与却非常积极踊跃。

2008 年 SEC 电子股东论坛规则出台后,上述电子股东论坛继续存在。实践中,SEC 与联邦、州级法院对于信息发布人的责任、发行人对第三人的责任、发行人对其雇员发布信息的责任以及网站创办人对网络讨论区的责任予以监管和处理,调整网络讨论区相关当事人的权利、义务和责任关系。[11]

由于采用成文法规制方式,德国电子股东论坛在形式、基本构造和运行规则等方面有很强的统一性。根据德国联邦司法部《股东论坛规则》(AktFoV),电子股东论坛设置在"电子联邦公告"网站中,由联邦公告出版社及联邦司法部负责经营,联邦行政机关、法院、各类商业登记事项或法定公告事项的发表、公告都必须在该网站进行。投资人如果想获悉公司的公告事项时,可以随时、

---

〔9〕 See Roundtable Discussions Regarding the Federal Proxy Rules and State Corporation Law, U. S. Sec. & Exch. Comm'n (May 7, 2007), http://www. sec. gov/spotlight/proxyprocess/proxy-transcript050707. pdf.

〔10〕 See Blake Smith, Proxy Access and The Internet Age: Using Electronic Shareholder Forums To Improve Corporate Governance, 2008(3) *Columbia Business Law Review*, 1125 – 1128(2008).

〔11〕 See Howard M. Friedman, *Securities Regulation in Cyberspace*, ASPEN Publishers, Third Edition, 2007 supplement, § 13.04.

不限地区登录电子联邦公告网站,浏览各家公司公告。在该网站首页上设有诸公司的电子股东论坛选项,投资人可以点击感兴趣的公司选项来获得股东登录的邀请事宜,信息的取得非常容易。[12]

二、电子股东论坛的作用

电子股东论坛的作用既包括对股东的影响,又包括对公司(或者管理层)的影响,而每种影响既包括积极影响,又包括消极影响。

(一)电子股东论坛对公司的作用

公司一方面可能受益于电子股东论坛,另一方面也面临着电子股东论坛所带来的风险。[13]

通信和网络技术的进步使交流越来越方便。公司管理层、董事会与股东交流形式多种多样,包括亲自会面、电话和书面交流(包括电子邮件)、投资者会议电话和网络播放、投资者讨论会、新闻发布会、向 SEC 报备以及通过公司网站进行交流。根据 SEC 委托书规则,在这些交流中,大多数并不被视为"征集",例如,股东对公司营业现状的陈述一般不被视为构成"征集"。相应地,许多公司也不需要或者要求与股东有更加有效和经济的交流。如果交流内容与股东年会或者特别会议相关,则构成"征集",需要适用委托书规则的特别规制。即使是在电子股东论坛上的交流,如果交流发生在60天禁止期内,电子股东论坛一般也不能适用"征集"豁免。可见,对于公司而言,通过电子股东论坛与股东进行交流,一般情况下会免于"征集"的适用和规制,显然有利于公司运营。

对于一些公司,电子股东论坛可能还具有其他作用。例如,当公司收到规则 14a-8 项下的提案[14]或者成为机构投资者股东批评对象时,可能要求考虑利用"专题讨论会"式电子股东论坛作为与投资者沟通的渠道以便缓和事态。再如,一些受到投资者和公共利益集团严格监督的公司可能相信创建电子股

---

〔12〕 洪秀芬:《股东交流平台建立之探讨——以德国股东论坛为例》,载《兴大法学》2007 年第 1 期。

〔13〕 A Practitioner's Guide To Electronic Shareholder Forums, Accessed November 2, 2011. http://shareholderforum.com/Reference/20080129_Latham&Watkins.pdf.

〔14〕 关于规则 14a-8 项下提案范围的中文内容,参见刘连煜:《公司治理与公司社会责任》,中国大学出版社 2001 年版,第 183~193 页。

东论坛会有益于增进投资者关系。

电子股东论坛可能会给公司带来两类风险:其一,设计不好的电子股东论坛可能会成为利益当事人对管理层发起言论攻击的场所。其二,电子股东论坛规则给公司治理积极主义者、对冲基金及类似的积极投资者提供了一个更好的发动攻击公司的平台。

(二)电子股东论坛对股东的作用

对股东而言,电子股东论坛积极作用主要有两方面:

一是股东通过电子股东论坛进行的交流可促进股东行使权利。〔15〕 从公司本质看,作为公司所有权人,股东享有不可剥夺的系列权利,特别是股东参与权。〔16〕 在股东行使权利前以及行使过程中,股东不可避免地会对公司经营和管理提出意见或建议,公司经营者对此不应忽视。根据经济合作与发展组织(Organization for Economic Cooperation and Development,OECD)《公司治理原则》,公司应当重视股东的意见或建议,鼓励股东积极参与公司经营管理,提高公司治理水平。

股东特别是中小股东行使股东权利要面临着系列困境,包括集体行动中的搭便车、公开收购股权环境下的囚徒两难、股权分散及国际化导致股东难以参与公司经营、股东开会日无充裕时间交流、少数股东权行使门槛限制等等。〔17〕 这些问题都可以影响股东权利的行使。因此,一方面,在法令规范及公司实务上应创造友善的权利行使环境,使股东仅须付出极少代价便得以行使权利;但另一方面,亦应重视股东意见交流的可能性,使股东在行使权利之前,能先彼此互通讯息,交换意见,以帮助股东作出正确判断来行使权利,或是使股东有机会串联达到权利行使的门槛。为保障股东权益,2004 年的 OECD《公司治理原则》特别提出,除为防止滥用外,应允许包括机构股东在内的所有股

---

〔15〕 洪秀芬:《股东交流平台建立之探讨——以德国股东论坛为例》,载《兴大法学》2007 年第 1 期。

〔16〕 股东参与权是指在所有权与经营权相分离的背景下,股东在参与公司组织体系建构以及经营管理事务等过程中所享有的各种权利的总和。参见王旭东:《股东参与权研究》,吉林大学法学院 2007 年博士学位论文。

〔17〕 参见洪秀芬:《股东交流平台建立之探讨——以德国股东论坛为例》,载《兴大法学》2007 年第 1 期。

东相互商议沟通本原则中所定义有关其基本股东权利的问题。[18]

在推动股东与公司之间、股东之间的交流和沟通方面以及股东行使权利的集体行动方面，电子股东论坛具有其独特优势，突出表现为：(1)作为股东与公司之间更有效的交流渠道，增强了公司管理层与股东间交流的机会。(2)电子股东论坛推动股东之间的交流，减少集体行为的成本。(3)电子股东论坛为股东低成本参与公司治理提供重要机会。(4)创办的低成本优势。

二是电子股东论坛更便于股东参与公司治理。电子股东论坛为股东低成本参与公司治理提供了重要机会，为改善股东、公司董事会及管理层的关系提供机会，同时又无须大大改变股东、管理人员和董事在公司中的角色，因此可以成为公司治理的一个良器。股东通过电子股东论坛参与公司治理，具体可以分为委托书征集和非委托书征集两种情形。[19]

第一，在存在委托书征集的情形中，电子股东论坛的积极影响或者优势主要有：(1)有利于节省公司资源与避免干扰公司经营。在公司委托书征集时，将股东提名董事候选人记载于公司委托书资料中会产生大量成本，董事会会面临日益增加且成本巨大的选举竞争，这会转移董事会经营公司的注意力。使用电子股东论坛可能会避免这种成本与干扰，从而使董事会在选举中作用会更大。可以将电子股东论坛设计为推动股东参与董事会选举的评论，在该论坛上，股东有机会提出问题，董事会有机会直接回应，不满股东可以提出董事候选人并征求评论。股东或者董事会可以对特定候选人进行非正式投票，据此，董事会可以判断其候选人支持率并且可以协调作出适当反应。当董事会认为一个潜在候选人会获得股东大力支持时，公司则要承担大量辩护成本。利用电子股东论坛推动股东参与董事会选举会产生一些成本，包括创办论坛的启动成本、需要雇用管理团队维持论坛有效运行以及摆脱垃圾评论等。如果不要求董事会和管理层必须参与电子股东论坛，就不能确保论坛的有益参与，因为股东可能会对公司施加压力要求制定交流政策和程序并提供某些特定信息，这种情况下，与股东实质持续性对话成了董事与管理层的一大负担。

---

〔18〕 参见洪秀芬：《股东交流平台建立之探讨——以德国股东论坛为例》，载《兴大法学》2007 年第 1 期。

〔19〕 See Blake Smith, Proxy Access and The Internet Age: Using Electronic Shareholder Forums to Improve Corporate Governance, 2008(3) *Columbia Business Law Review*, 1131 - 1141(2008).

然而,随着论坛发展,通过监督可以解决这一问题。新交流渠道以及其新互动类型,可能会给公司造成一些“干扰”。另外,在电子股东论坛上,股东与管理层进行直接交流可以抵消“更多辩护、更加正式且通常更加不公开”行为的这种趋势,[20]董事与管理层通过提供争论的公司信息,减少了辩护的必要性,也会产生减少成本和减轻负担的效果。对于成本与干扰问题的认识应当考虑那些流向股东、管理层和董事会信息的价值。管理和监督论坛需要成本,但论坛产生信息的价值仍然很有可能超过这些成本,并且会降低公司的选举成本。在电子股东论坛不发达的情况下,一定程度上的“浪费与干扰”不可避免,但是电子股东论坛信息的流动可能强化选举中的股东和董事双方,这会导致更高质量的知情决策。(2)电子股东论坛可以削弱大机构股东的影响力,从而利于公司和个体股东的长远利益。在电子股东论坛早期,由于缺乏论坛技术和鼓励分散投资者参与的方法,机构投资者和大股东因为拥有与公司和股东交流的复杂手段,可能是唯一有时间和资源直接利用电子股东论坛的人,这可能使其对公司治理事务和股东判断产生不必要的重大影响。但是,随着电子股东论坛的发展,电子股东论坛的全年候特性使股东和管理层有机会讨论和判断机构股东的提案,提出问题并且讨论,机构投资者会面临证明提案正确和回应质疑的压力。从公司和个体股东角度看,上述情形无疑可以减少特殊利益集团以其他股东为代价谋取私利的提案和改革数量。此外,电子股东论坛为竞争候选人和现任董事提供了与股东低成本交流的手段,现任董事可以立即直接回应竞争候选人所提问题。电子股东论坛使相关当事人可以在公司表决前公开讨论提案或者候选人,这种信息交流有利于阻止那些不符合公司长远利益的提案获得成功。(3)对聘任董事的影响。电子股东论坛对董事任职的影响从实践来看,可能存在一定问题:在电子股东论坛早期,董事候选人出于对监督的担忧,可能不愿意任职于具有积极股东论坛的公司;在电子股东论坛发展晚期,论坛发达了,要求董事参与同股东实质持续性对话,这种独特耗时的要求也可能会阻止候选人任职公司。然而,鉴于电子股东论坛的潜在优势,其

---

〔20〕 See Lucian Arye Bebchuk, The Case for Shareholder Access to the Ballot, 59(1) *Bus. Law*, 45 (2003). See also Blake Smith, Proxy Access and The Internet Age: Using Electronic Shareholder Forums to Improve Corporate Governance, 2008(3) *Columbia Business Law Review*, 1136(2008).

对聘任董事的影响应是积极的。使用电子股东论坛没有改变委托书投票程序,只是提供了信息交流的机会。发达的电子股东论坛提供与股东交流的有效手段,可能会提供给董事更多安全感。与股东继续对话可能成为董事的负担,但是从实践来看,论坛并没给董事造成实质性负担,并且这种担心会随着公司论坛的发展而得到解决。(4)股东有效参与公司选举。通过电子股东论坛参与公司选举,竞争候选人可能会面临论坛创始成本、通知该论坛存在的成本以及进行交流的负担。但是,与传统通过邮递进行委托书征集相比,成本更低。此外,电子股东论坛使竞争候选人有机会协调委托书竞争支出水平,使竞争支出水平与支持水平保持一致。在电子股东论坛上,可以进行非正式投票演练,这会减少委托书竞争的不确定性,对竞争候选人和现任董事都有利。

第二,电子股东论坛在非委托书征集情形下的作用。在实践中,在立法规制之前,一些股东自愿创建电子股东论坛,这充分显示出电子股东论坛某种意义上是市场选择的产物。鉴于此,即使在法律规制出现之后,股东集团仍然可能继续创建电子股东论坛。对于股东创建的论坛,公司董事会应当考虑如何应对。那些不考虑可能发展电子股东论坛的公司会面临被认为“冷漠甚至不负责任”这一风险。[21] 就公司管理人员和董事而言,考虑那些有助于电子交流的政策和常识是一个明智选择。

在大多数股东投票在公司决策中发挥作用的领域,即在需要股东批准的请求性提案和重要商业决策领域,电子股东论坛有助于信息交流。如上所述,基于电子股东论坛上股东与公司间的全年候交流互动,公司可以利用电子股东论坛获得股东对公司政策的意见并判断股东对这些政策的感情,这使股东在影响公司事务上有直接发言权。同样,电子股东论坛可以促进股东与公司之间反复性交流,鼓励公司与股东间的真正对话,为股东提供了一个影响公司事务的工具。此外,电子股东论坛的存在,使分散的、单个的股东可以以论坛为中心结成联盟,共同支持提高公司价值的提案并可同时筛掉那些质量较低或者成本较高的提案,这对于公司治理的影响不容小觑。在不存在委托书征

---

〔21〕 See Dominic Jones, Boards Should Adopt Shareholder Forum Policies, IR Web Report (Jan. 10. 2008), http://www.irwebreport.com/daily/200801/10/board-should-adopt-shareholder-forum-policies/. See also Blake Smith, Proxy Access and The Internet Age: Using Electronic Shareholder Forums To Improve Corporate Governance, 2008(3) *Columbia Business Law Review*, 1140(2008).

集的情形下,电子股东论坛也能发挥上述作用。

三、域外电子股东论坛法律实践

美国和德国电子股东论坛规则的出现某种意义上等同于肯定了电子股东论坛的积极作用。

(一)美国立法对股东交流的态度:从抑制到鼓励

正如《OECD公司治理原则》所示,股东之间交流以及股东与公司之间的交流可以促进股东参与管理公司事务的积极性和便捷性,应当在法制上予以鼓励和保障。历史上,美国公司股东交流存在法律障碍。根据SEC委托书规则,任何委托书征集都必须提交委托书说明。美国委托书征集定义广泛,“征集”一词被界定为包括:(1)对委托代理的任何请求,不论是否附随或包括在一个委托代理表格中;(2)去实施或不去实施或去撤销一个委托代理的请求;(3)在合理导致委托代理的获得、不持有或撤销的情形下对证券持有人提供或以其他方式传达委托代理表格。〔22〕 虽然该规则后来经过几次修订,将诸多情形排除于“征集”范畴,但是其范围总体而言仍然很宽泛,〔23〕实际上包括影响委托投票的任何行为。基于这一界定,股东间的许多交流都可以视为委托书征集,必须遵照委托书规则报备委托书说明。由此可知,SEC委托书规则抑制了股东之间的交流。

2007年11月28日SEC投票表决修改联邦委托书规则的两种方案:第一种方案明确公司可以将股东提名董事候选人的提案排除于公司委托书资料之外;第二种方案鼓励公司与股东之间的电子交流。2008年1月28日SEC公布委托书规则修正案,简称电子股东论坛规则,自2008年2月25日生效。〔24〕 该规则旨在推动电子股东论坛的使用,推动因特网的试用、创新和扩大使用以促进股东交流。通过推动股东之间以及股东与公司之间在因特网上的交流,SEC

---

〔22〕 规则14a-1(1)(1),转引自[美]路易斯·罗斯、乔尔·塞里格曼:《美国证券监管法基础》,张路等译,法律出版社2007年版,第391页。

〔23〕 参见[美]路易斯·罗斯、乔尔·塞里格曼:《美国证券监管法基础》,张路等译,法律出版社2007年版,第391~392页。

〔24〕 See Electronic Shareholder Forums, Exchange Act Release No. 57,172, Investment Company Act Release No. 28,124,73 Fed. Reg. 4450(Jan. 25,2008).

希望以一种可能对股东和公司更为有效和低成本的方式……挖掘利用技术潜力来更好地维护股东根据州法所享有的权利。[25]

2008 年 SEC 电子股东论坛规则实际上以两种方式清除了股东间以及股东与公司间交流可能存在的法律障碍。其一,修正案解决了电子股东论坛组织者对第三人发布的内容承担责任的担忧。新的规则 14a－17(b)规定:任何代表股东或注册登记人行为的股东、注册登记人或者第三人,都不能因为建立、维持或者运营电子股东论坛,而对他人在该电子股东论坛的任何陈述或者信息,根据联邦证券法承担责任。[26] 其二,修正案解决了电子股东论坛上发帖会被认定为违反委托书规则构成征集。根据规则 14a－1,"征集"包括"提供……与证券持有人的交流,如果根据当时情形被合理的认为会产生请求、不持有或撤销委托书。"SEC 认识到这一概念范围太广,可能会将几乎任何股东对公开公司的观点表达都纳入委托书征集予以规制。除非对此予以豁免,否则股东会被要求按照委托书规则准备和报备委托书说明并向那些认为被征集的人发送委托书说明。[27]

根据电子股东论坛规则,只要符合特定条件,电子股东论坛上的交流免予适用委托书规则。此种豁免意味着参与电子股东论坛的股东不需遵守报备委托书说明的程序,节省了相关成本。根据该规则,在电子股东论坛上进行的任何委托书征集都将得到豁免,只要该委托征集发生在股东会议日期前的 60 天,或者该声明在会议前少于 60 天,但在该日期宣布后不超过 2 天。这无疑为在股东论坛中进行"征集"提供了安全港。另外,该规则还确保:当事人在电子股东论坛进行征集后仍可以要求委托书授权。同时 SEC 制定了规则 17 规定:维护或者运行电子股东论坛的人不会为参与其论坛的第三人所提供的说明和信息承担责任。SEC 规则 17 实际上为那些举办电子股东论坛的人提供责任保护。因此,SEC 实质上消除了使用电子股东论坛的法律不确定性,由此鼓励股

〔25〕 A Practitioner's Guide to Electronic Shareholder Forums, Accessed November 2, 2011. http://shareholderforum.com/Reference/20080129_Latham&Watkins.pdf.

〔26〕 在通过的公告中,SEC 表明:这种保护不仅仅适用于公司和股东,也适用于"其他类型的论坛创办人或运营商,如网络服务供应商与股东或者公司协会,应股东或者公司请求并代表其行为"。

〔27〕 多年来,这种发送要求印刷和邮寄委托书说明,而 SEC 最近通过的规则允许电子委托书发送,除非涉及商业合并交易。

东积极参与电子股东论坛。

(二)德国《股东论坛规则》对电子股东论坛的规制[28]

德国联邦议会于2005年9月通过《企业完整与撤销权现代化法》(UMAG),根据该法案,在《股份法》增订第127条之a,股东或股东协会可以在公司进行公告的"电子联邦公告"的股东论坛中邀请其他股东共同或通过代理来行使股东权利。电子股东论坛的外在形式及其他细节,UMAG则授权联邦司法部通过行政命令予以规范。联邦司法部于2005年11月22日制定《股东论坛规则》(Aktionärsforumsverordnung),共计10条,并于2005年12月1日生效。

根据《股份法》第127条之a与《股东论坛规则》,电子股东论坛的立法目的在于,设置股东论坛使股东或股东协会与其他股东间进行接触,并可借此让公司股东彼此间能合作共同或通过代理来提议或行使表决权。且经由现代科技网络之应用,更易促成股东共同行动,而使股东有机会能更积极参与公司事务,而得以加强公司所有权人对公司的影响力,以期能借此使股东或股东会成为公司治理中的重要监控机制。其主要规则如下:

第一,电子股东论坛系设置在"电子联邦公告"网站中,由联邦公告出版社与联邦司法部负责经营,供发表和公告联邦行政机关、法院、各类商业登记事项或法定公告事项。

第二,电子股东论坛的登录者限于股东、股东协会及登录事项所涉及的公司。

第三,电子股东论坛的注册与登录。股东或股东协会必须依规定先向电子股东论坛经营者注册,之后才可以登录进行浏览或者发布邀请事项。注册的股东或股东协会在登录论坛时应当输入使用者姓名和密码或遵守其他确认程序要求。登录只能通过电子股东论坛中所提供的制式表格以电子形式传输登录,并且为避免对国外股东的歧视,登录事项可用德文或英文进行。登录邀请事项者应尽可能依照制式表格的内容来填写,如果邀请陈述内容在制式表格中没有规定,则可用自由表达方式输入内容,但最多以500记号为限。

第四,可以登录的邀请内容。在电子股东论坛中,可以登录的邀请内容只

---

〔28〕 洪秀芬:《股东交流平台建立之探讨——以德国股东论坛为例》,载《兴大法学》2007年第1期。

能是邀请其他股东共同或通过代理向公司提议、要求或提出对股东会议案表决权行使的建议。邀请理由不能直接在股东论坛中发表,邀请人可以指引其理由所在的网页及其电子邮件地址。

第五,电子股东论坛的登录费用或者其他费用。股东论坛经营者可以和登录者采用合同形式约定合理的登录、变更或者涂销费用,应当采用统一的费用缴纳方式,不得不利于住所或所在地在国外的股东。[29]

第六,登录事项的更正与涂销。登录事项的更正必须由登录者进行,登录事项的涂销可以由登录者在任何时间内进行。可由股东论坛经营者涂销的情形如下:对登录者的股东或股东协会资格产生怀疑,限期要求提出证明而未能提出者;经营者经由登录者注册的电子邮件向其寄送登录及其后刊登的确认通知,而通知不能送达被退回时;滥用股东论坛的邀请应立即涂销,所谓滥用情形如邀请明显不符合《股份法》第127条之a的先决条件、邀请所包含的陈述或意见表达超过法律规范的内容、邀请非源自股东、股东协会或公司、邀请含有误导或可受刑罚的陈述、对邀请人错误的陈述或含有商品广告及与执行邀请无关的服务等;登录内容中所指引参照的网页违反设计规定或网页内容有滥用者,可将登录事项涂销;登录事项须在刊登后维持3年可供阅览,之后涂销;未缴费的登录事项立即涂销等。

第七,电子股东论坛的设计内容与结构。在股东论坛登录的事项应根据公司字母顺序来编排及在同一公司内按时间次序来显示。在数据搜寻时,可用登录事项的全文或利用至少下列之搜寻特征来进行搜索:公司名称或名称的一部分、有价证券代号(WKN)、国际证券识别码(ISIN)或商业登记号码等。股东论坛的使用者接口应该采用德文形式,并备有英文形式,以支持国际性投资人也可以轻易使用股东论坛。

第八,电子股东论坛的阅览。任何人于任何时间无须事先注册即可通过网络免费阅览股东论坛。

第九,信息安全。电子股东论坛经营者应当通过组织化及符合当时科技

---

〔29〕 目前登录一次(包括邀请、指引或更正)的费用为20欧元,但涂销登录不须缴纳费用,而登录费用不能向公司请求补偿或归还。登录费用的支付方式可规划经由电子化之银行扣款、信用卡或可比拟之付款方法来进行,且通常应排除非电子化之书面往返的付款方式。

水平的技术措施保障登录事项在股东论坛刊登期间保持不受破坏和完整性，以及其可在任何时间依照它的来源被归类。此外，经营者应当通过技术防范措施确保股东论坛在错误功能出现时，经营者可以立即得知并能立即排除错误。

从“股东论坛规则”生效以来至2006年12月8日为止，德国境内有150件左右的登录，主要是股东协会所为。首先，邀请内容最多的是请求股东将表决权交付给进行登录的股东协会来代理行使表决权（委托书征求），且授权不限当次股东会，可长期授权直到股东撤回代理权为止。其次，最多的邀请内容是对当年度股东会特定议案表决权行使的建议，此外还有邀请其他股东来共同向公司要求召开股东临时会、对董监事损害赔偿的请求、选任检查人等。

四、我国电子股东论坛制度建立的构建

（一）建立电子股东论坛需要解决的问题

建立电子股东论坛必须具备下列条件：利用容易；使用成本低廉；使用资格限制不应过严；论坛应中立不受公司或他人控制。可供用作电子股东论坛的有公司网页、公开信息观测站、网络上之其他利用方式以及其他媒体。[30] 从目前电子商务和网络实践看，我国已经具备了可以作为电子股东论坛的网络设施。但是建立电子股东论坛面临着一些问题，有待法律予以确定。[31]

第一，股东身份的确认。股东身份确认关乎确保电子股东论坛的中立性和公信力，设置身份确认程序能够确保追查股东论坛的滥用。问题在于电子股东论坛经营者不掌握股东名册，后者属于公司机密为公司所有，因此股东身份确认程序必须有公司配合才能运行。如果公司股票是由证券集中保管机构保管，在后者未将股票所有人数据汇整通知公司前，如果要确认电子股东论坛登录者是否为登录事项所涉及的该公司股东，则可能须通过证券集中保管机构的协助来加以确认。在德国，为避免公司不配合或者股东身份确认时间过长，原则上只需登录者保证其确系公司股东即可进行登录，然而如果有具体根据对登录者股东资格产生怀疑，股东论坛经营者可以要求登录者提出资格证

---

〔30〕 洪秀芬：《股东交流平台建立之探讨——以德国股东论坛为例》，载《兴大法学》2007年第1期。
〔31〕 同上。

明,如果该登录者未在期限内提出资格证明,经营者应立即将登录内容涂销。德国做法可资借鉴。

第二,电子股东论坛中征集行为的界定。电子股东论坛中征集行为的界定应当同于电子委托书征集行为,即通过网络请求股东向自己或他人做出投票的授权委托,或者请求股东不向他人签发授权委托书,或者请求股东撤销已经做出的授权委托。此外,股东通过网络公开发表自己的投票倾向、投票理由,或是对在任管理层决策提出不同意见和看法等行为不属于电子委托书征集。对于电子股东论坛登录者提出股东会投票权行使建议,其他股东在与登录股东意见沟通后,决定将股东会委托书交与登录股东代理自己行使投票权,是否属于“征集”？对此,应当作出具体明确规定:(1)如果登录内容包括请求其他股东直接将委托书交付登录股东代替行使投票权,或者登录内容虽然只是对股东会议案提出投票建议,但登录股东在与阅览电子股东论坛内容的股东进行沟通时提出请求交付委托书者,均属征集行为。(2)如果登录内容只是对股东会议案提出投票建议,并且登录股东没有通过任何方式主动请求阅览电子股东论坛内容的股东将委托书交付给他,而是阅览股东主动请求登录股东代替自己行使投票权,这种行为应当不属于征集行为。(3)如果登录内容是建议将委托书交与第三人来共同行使投票权,而该第三人正在依法从事委托书征集,因此登录者在电子股东论坛中建议只是表达了其对征集人投票态度的支持,不应属于征集行为。如果该第三人并非从事委托书征集者,恐有该第三人利用登录股东来为自己从事委托书征集的嫌疑,应对此种情况予以明确规定是否属于征集,这取决于国家对委托书征集的鼓励或抑制政策态度。

第三,投票权契约的效力。如果股东通过电子股东论坛交流而达成意思表示一致进行一致性投票,甚至约定将委托书交由第三人来共同行使投票权,这种投票权契约效力如何？各国和地区立法和司法实践规范不一,但是总体上经历从禁止到许可的过程。[32] 我国台湾地区似仅承认于公司进行企业并购时,股东以书面方式所为之表决权契约方具有效力,而非以书面方式或非在并购时所为之约定似不具效力。我国台湾地区法院对于非并购时的股东表决权

---

〔32〕 梁上上:《论股东表决权——以公司控制权争夺为中心展开》,法律出版社 2005 年版,第 278 ~ 286 页。

契约效力持否定见解。[33] 就公司治理而言,为强化股东参与公司经营,应允许股东约定一致共同行使投票权,对各种股东会权限内的公司事务应该都允许股东达成投票权契约。

第四,避免电子股东论坛的滥用。电子股东论坛可能会改善股东监督公司以及参与公司经营管理的能力,但同时它也可能会被滥用从而干扰公司经营、损害公司利益。因此建立电子股东论坛制度时,必须制定相关配套措施避免或降低公司受损害的可能性,例如,电子股东论坛经营者主动通知公司登录内容使公司能立即作出回应以及论坛经营者对登录内容进行涂销等。

(二)我国电子股东论坛制度的框架

美国对建立电子股东论坛缺乏一个明确模式,这可称为不确定性或者灵活性。不确定性对于试图有效利用论坛的公司和股东而言意味着成本;灵活性则意味着寻求利用电子股东论坛的公司和股东在技术上具有选择性。这种环境下的电子股东论坛提供了一个真正机会"调整公司治理安排使之符合公司特定需要……"[34] 德国电子股东论坛制度以成文法形式出现,立法目的明确,旨在便于股东之间沟通交流,促使股东共同行动提出提案或者行使投票权,使股东有机会更积极参与公司事务,从而更强化公司所有人的影响力,成为公司治理的重要监控机制。德国立法具有框架清晰、体系完善、内容丰富具体、可操作性强等特点。

我国法律属于大陆法系,立法注重体系性、全面性,在建立电子股东论坛制度时宜借鉴德国经验,予以全面规范。第一,在电子股东论坛的适用范围、设置与经营方面,鉴于规范性问题,可以考虑电子股东论坛立法规则适用于上市公司。第二,在中国证监会指定或认可的网站设置电子股东论坛,这些网站承担上市公司信息披露的功能,由证监会指定或认可网站的运营商负责经营。第三,投资人可以不受时间、地域限制登录这些网站,在这些网站首页上设立电子股东论坛选单,投资人可以点击该链接进入感兴趣的公司来获取登录的邀请内容。此外,就电子股东论坛登录者、电子股东论坛的注册与登录、可登

---

〔33〕 洪秀芬:《股东交流平台建立之探讨——以德国股东论坛为例》,载《兴大法学》2007 年第 1 期。

〔34〕 See Blake Smith, Proxy Access and the Internet Age: Using Electronic Shareholder Forums to Improve Corporate Governance, 2008(3) *Columbia Business Law Review*, 1139 - 1140(2008).

录的邀请内容、电子股东论坛的登录或其他费用、登录事项的更正与涂销、电子股东论坛设计内容与结构、电子股东论坛的阅览以及信息安全等方面规范而言,德国《股东论坛规则》可谓科学、合理,对此我国可以予以借鉴。

五、结语

当代社会,日益重视股东行使权利参与公司治理,股东之间以及股东与公司之间的交流影响着股东权利的行使。电子股东论坛表征着可以借助现代网络技术和通信技术打造一个良好的交流平台,突破时间与空间障碍,提高股东获取的信息质量,使股东、管理层和董事间的低成本、方便快捷的交流成为可能。作为大陆法系国家,我国运用成文法形式规范电子股东论坛运作具有科学性和合理性。相信随着电子股东论坛的发展并且整合进入公司治理结构,股东、董事会和管理层都可以从这种创新性尝试中获益,资本市场上投资者保护水准也会得到提升。

高管薪酬的股东投票控制*

何谓公司高级管理人员(以下简称高管人)? 学者认为,高管是在层级组织的公司中,以纵向和横向的分权方式,行使公司权力和权威的人。各国公司法一般均明确界定高管的范畴,如公司CEO或总裁、公司秘书、财务主管等人。[1] 高管一般包括总裁、首席执行官、董事会主席或董事长、副总裁或副总经理、公司秘书、司库、主计长、CFO或财务负责人。[2] 在澳大利亚,《2001年公司法》对于包括董事、公司秘书及高级管理人员在内的重要管理人员的薪酬规定了一个投票程序。该法将高管界定为"作出或者参与影响公司全部或者实质部分营业的决策;或者有能力实质影响公司财务状况的人(董事或者公司秘书不在此列)"。[3] 我国《公司法》对董事和高级管理人员分别定义,其中第217条规定,高级管理人员是指公司的经理、副经理、财务负责人,上市公司董事会秘书和公司章程规定的其他人员。

高管薪酬指公司向高管支付作为其服务对价的现金、非现金等形式的酬劳。对管理层追求股东利益的主要报酬是由合同而非法律来创设的。尽管如此,法律可以促进报酬对策,有时甚至强制性规定。[4] 高管薪酬本来是作为降低代理成本、激励公司高管的工具,但在实践中,高管薪酬不但没有发挥激励作用,反而成为代理成本的一部分。随着权力的扩张,公司高管不断侵蚀和影响董事会决策,而独立董事缺乏独立性又导致高管薪酬决定过程中董事会倾

---

* 本部分原载于《比较法研究》2016年第3期,作者为赵金龙、Jenny Fu(堪培拉大学商务、政府与法学院高级讲师)。

〔1〕 邓峰:《普通公司法》,北京大学出版社2009年版,第588页。

〔2〕 同上书,第589~591页。

〔3〕 Australian Corporations Act 2001(Cth),s9.

〔4〕 See Reinier Kraakman Et Al., *The Anatomy of Corporate Law: A Comparative and Functional Approach*, Oxford University Press 2004, at 51.

向于高管。公司治理改革的重要成果就是在董事会中设立由独立董事组成的薪酬委员会,使其发挥隔离利益冲突的作用,如果独立董事的独立性得到保证,那么董事会关于高管薪酬的决策则完全值得股东信赖,也就没有“问题薪酬”存在的可能性了。[5] 问题在于日益增大的高管权力破坏了利益冲突隔离机制,从而产生高管自定薪酬现象。

目前就高管薪酬事前规制措施而言,各法域依据股东民主赋予股东对高管薪酬投票权已成为一条重要路径。股东投票权制度,一方面,可以保障股东参与高管薪酬决定过程,监督董事会履行勤勉义务,修复高管薪酬决定的利益隔离机制,切断董事会与高管间的利益链;另一方面,高管薪酬决定过程的股东参与对发挥高管薪酬激励作用、实现高管薪酬与公司绩效挂钩具有积极意义。股东对公司高管薪酬实行投票控制依据何在?股东对高管薪酬投票制度需要哪些配套制度?本文拟在阐述股东对高管薪酬控制的理论依据、路径及该制度比较法考察的基础上,对于我国高管薪酬制度的完善提出一些建议,以期有助于我国公司治理水准的提升。

一、股东控制公司高管薪酬的理论依据和路径

(一)股东对公司高管薪酬投票是股东民主应有之义

1. 公司高管薪酬决定程序的关键点

高管薪酬制度作为一个系统性制度,由制定、实施、救济等制度共同组成,其中薪酬决定机制发挥基础性、根本性作用。高管薪酬问题往往出现在决定过程。程序性公正的缺失是公司高管薪酬问题的关键。程序公正对于高管薪酬的正当化具有决定性的意义。[6] 建立具有公平性、独立性和透明度的薪酬决定程序,对于解决高管薪酬问题至关重要。高管薪酬决定程序的公正,可以有效地防止高管自我交易和自我激励,从而有助于实现高管薪酬的实质性公正。[7] 在高管薪酬决定程序公正性方面,决定主体和决定标准至关重要。

一是高管薪酬决定主体。根据各国公司法,高管由董事会聘任和决定其

---

〔5〕 朱奕锟:《论高管“问题薪酬”的董事问责》,载《现代法学》2010 年第 4 期。

〔6〕 周云帆、朱羿锟:《经营者薪酬的程序控制论》,载《当代财经》2005 年第 2 期。

〔7〕 邓辉、张怡超:《公司高管薪酬信息披露制度功能之辨正》,载《当代法学》2010 年第 6 期。

薪酬,根据董事会授权经营管理公司。美国公司法规定,由董事会决定高管薪酬,在大型上市公司中,董事会下设薪酬委员会负责处理高管薪酬。英国由公司章程授权董事会任命高管,并确定其薪酬,薪酬细节通常出现在高管与公司签订的服务合同中。我国《公司法》就董事及董事以外高管薪酬的决定权分别作出规定。《公司法》将高管薪酬决定权授予股东会,将对董事以外的高管薪酬决定权授予董事会。根据《公司法》第38条及第100条,股东会选举非由职工代表担任的董事、监事,决定其薪酬事项;而根据第47条,董事会决定聘任或者解聘公司经理及其薪酬事项,并根据经理的提名决定聘任或者解聘公司副经理、财务负责人及其薪酬事项。根据《上市公司治理准则》第71条,董事报酬的数额和方式由董事会提出方案报请股东大会决定。在董事会或薪酬与考核委员会对董事个人进行评价或讨论其报酬时,该董事应当回避。而根据第79条,经理人员的薪酬分配方案应获得董事会的批准,向股东大会说明,并予以披露。董事会下设薪酬委员会研究和审查董事、高管的薪酬政策与方案。薪酬委员会对董事会负责,应将关于董事和经理的薪酬提案提交董事会审查决定。经理人员的薪酬方案应当获得董事会批准,在股东大会上说明并向股东披露薪酬情况。现有规则并不要求该委员会提交专项报告并予以披露。此外,我国上市公司还采取股权激励方式,但该计划须经股东大会通过。[8] 从上数规定和实践可知,除股权激励计划须经股东大会通过外,我国高管薪酬一般由董事会决定,股东对高管薪酬的发言权极其微弱。

二是高管薪酬决定标准。对薪酬的关注主要是高管薪酬是否合理,即高管薪酬是否与公司绩效呈正相关关系。"合理性"一直被视为审查高管薪酬的重要标准,而"公司自治"和"商业判断原则"是这一审查标准的重要内容。职业经理人市场作为市场经济和公司制度的产物,主要依靠市场调节,法律无法规定高管薪酬数额,这属于"公司自治"范畴。董事会享有公司经营权并负责

---

〔8〕 根据中国证监会《上市公司股权激励管理办法(试行)》的规定,上市公司董事会下设的薪酬和考核委员会专门负责拟订股权激励计划草案。在董事会审议通过股权激励计划后,上市公司应将有关的材料报送中国证监会进行备案,同时还应当抄报证券交易所及公司所在地的证监局。证监会自收到完整的股权激励计划备案申请材料之日起20个工作日内,如果证监会对此提出异议,则上市公司不得发出召开股东的大会的通知以审议并实施该计划;如未提出异议,上市公司则可以发出召开股东大会的通知,审议并实施股权激励计划。股东大会就股权激励计划等事项作出决议,必须经出席会议的股东所持表决权的2/3以上通过。

公司经营管理,有权选任高管负责公司日常事务,目的在于提高公司效率,促成公司最大限度盈利,使股东利益最大化。

如何判断高管薪酬是否与公司绩效相挂钩?美国《国内税收法典》的规定可资参考,根据该法典,如果公司高管薪酬超过100万美元的部分是以绩效为基础,则该部分薪酬可以享受税收扣减,但是这种情况需要具备四个条件:(1)薪酬是达到一项或多项预定客观绩效目标取得的;(2)完全由两名外部董事组成薪酬委员会,并由薪酬委员会设定绩效目标;(3)绩效的主要目标必须向股东充分披露并且在支付高管薪酬前经股东大会批准;(4)支付高管薪酬前,薪酬委员会应以书面方式向股东会说明高管已经达到绩效要求。[9] 我国没有规定高管薪酬的绩效标准,也没有规定评定绩效的程序,在源头上不能保证高管薪酬与公司绩效相挂钩,因此,我国相关规定是否能够保证高管薪酬的合理性存在疑问。

2. 股东对公司高管薪酬投票表决乃股东民主应有之义

股东是公司所有人,他们选举董事经营管理公司,尽管后者可以任命经理人员管理公司日常事务。公司目的在于为股东赚取利润,董事在经营管理中的目标必须是股东财富最大化。[10] 尽管股东为公司所有人,但是长期以来法律却规定公司必须通过董事会来行为。需要注意,这种规则并非真正要剥夺股东权利,因为股东可以选举董事,董事对股东负责,至少在理论上如此。董事与公司、股东的关系是什么?理论上有多种说法,大致有代理说、信托说、委任说。不管董事以何种身份控制公司经营,都没有否认股东是受益所有人这一事实。根据传统观点,董事对股东负有信托义务,并且直接对股东负有这种信托义务。在公司治理中,没有足够空间容纳“利益相关人”或“其他成员”,债权人、雇员以及社区等都被简单地视为第三人。没有人对他们承担信托义务并且他们在公司治理中没有合法的角色。[11] 第三人可以对公司产生影响,他

---

〔9〕 Mark A. Salky, The Regulatory Regimes for Controlling Excessive Executive Compensation: Are Both, Either, or Neither Necessary?, 49 *U. Miami L. Rev.* 795, 819 - 22 (1995).

〔10〕 Dodge v. Ford Motor Co., 170 N. W. 668, 684 (Mich. 1919); E. Merrick Dodd, Jr., For Whom Are Corporate Managers Trustees?, 45 *Harv. L. Rev.* 1145, 1145 (1932); Milton Friedman, A Friedman Doctrine—The Social Responsibility of Business Is to Increase Its Profits, N. Y. Times, Sep. 13, 1970, at SM17.

〔11〕 Id.

们可以与公司进行合同谈判或者拒绝订立合同,或者可以寻求法律管制公司行为。但是,这些影响都是外在的;在公司内部,只有股东利益才重要。

不管如何,公司中两权分离的出现和理性人的存在,使公司代理问题成为一个必然。在两权分离的情形下,经营者(高管)掌握着最有价值的经营决策信息,拥有越来越多的权力,公司权力不断集中到其手中,导致其权力不断膨胀,代理问题不可避免。股东是公司所有人和公司主权者,公司制度的运作一切为了股东利益行事。法律总是通过一组基本法律对策解决代理问题、控制经营者,通常分为两组六类,即规制性对策(包括规则与标准、代理关系的准入和退出)与治理性对策(包括任命权中的选举和罢免、决策权中的作出和否决、对代理人的激励即信托和报酬激励)。[12] 薪酬激励属于治理性对策,后者目的在于改变代理人积极性而非扩张本人权利,因而属于激励对策。薪酬对策即对成功提高本人利益的代理人给予报酬。[13]

高管薪酬制度作为一种重要的激励机制本为解决代理问题而生。问题在于,如果薪酬制度特别是新型薪酬形式不加适当控制,高昂而不合理的薪酬本身就会成为代理成本的一部分。因此,应当重视股东的公司所有人角色,提倡股东对经营者的有效监督,通过内部机制的充分运行,实现股东利益最大化和公司利益最大化。对强化股东严格监督或者严格监督活跃的收购市场而言,强有力的报酬是一个理性选择;或者,也可以说慷慨的报酬是股东监督无效率的结果。[14] 由此,公司制度要真正反映公司本质、真正反映股东民主、真正保障股东在公司中的主权地位,对于高管薪酬的强力监督就是一个必然选择。

(二)股东对公司高管薪酬投票控制的路径

1. 股东大会作为股东控制高管薪酬的平台

公司治理结构的目的即在于监控控制公司的经营管理者而不是公司所有者,[15] 使其忠诚勤勉尽责,实现股东利益和公司利益最大化。要解决公司高管薪酬问题,需要重构高管薪酬风险的控制机制,其中之一便是发挥股东大会的作用。“世界各国改革公司治理的趋势,均在于修复中断的股东民主链条,恢

---

〔12〕 Kraakman et al., supra note 4, at 23 – 27.

〔13〕 Id. at 26.

〔14〕 Id. at 51 – 52.

〔15〕 宁金成:《公司治理结构:控制经营者理论与制度研究》,法律出版社 2007 年版,序言第 2 页。

复股东大会和董事会在法律设计上的正常功能,监督经营者更好地为股东利益服务。”[16] 股东大会的职权大致可分为三类:第一类是基础性的规则型事项,如公司章程修改和公司重组决议事项;第二类涉及一些具体的重大商业决策,如解散公司或出售公司重大资产等;第三类属于公司特殊商业决策,如公司利润分配、薪酬政策等事项,与前两类相比这一类决策的特点是需要依赖更多的内部信息以及解决股东与董事之间的利益冲突。[17]

在公司治理中,强化对经营者的干预和控制要通过公司治理结构中的分权制衡对经营者监督约束以及以股东为主导的对经营者激励约束,两者须共同发挥作用才能有效指引经营者履行职责,其中,加强股东对高管薪酬决定过程中的发言权正越来越成为一种消除代理行为的重要手段。

股东大会是一项保护股东利益的法律制度,在股东大会上股东根据自己的意志对公司事务进行表决,这体现的不仅是股东权的行使,更体现的是一种制度安排,而这种制度安排成为股东民主的重要表现形式。[18] 在公司高管薪酬决定机制上如何体现股东民主?就各国公司法律制度的设计而言,最合理的平台应该是股东大会,股东主要通过股东大会这一平台参与对高管薪酬的控制。

2. 股东对公司高管薪酬的表决权作为控制高管薪酬的手段

股东行使决定权一般有两种方式:一种是由股东提出议案并进行表决后交由公司有关机构实施,称为发起;另一种则是公司董事或管理层议案在获得股东会批准后由董事会或管理层实施,称为表决。[19] 完善公司高管薪酬决定机制主要涉及第二种,一方面股东能够在高管薪酬决定上表达意愿,另一方面又要尊重董事会经营权,不能侵夺董事会权利。在完善高管薪酬制度路径选择中,一个有效途径是要赋予股东对高管薪酬的表决权,即由董事会制定高管薪酬政策,提交股东会表决,获得股东会批准后实施。

---

〔16〕 参见郭富青:《论股东民主的异化和公司治理变革的趋向》,载北大法宝网:http://www.pkulaw.cn/fulltext_form.aspx? gid=335579304,最后访问日期:2015年5月8日。

〔17〕 刘赟:《高管问题薪酬的股东控制——对合理性审查标准的修正》,载《法学杂志》2011年第10期。

〔18〕 石纪虎:《论股东大会的概念》,载《北方法学》2010年第3期。

〔19〕 刘赟:《高管问题薪酬的股东控制——对合理性审查标准的修正》,载《法学杂志》2011年第10期。

在股东权益中,对股东最有价值的莫过于股利分配请求权和董监选举权,前者可满足股东的经济需要,后者则可满足股东对公司经营阶层的人事控制需要。而这两种权利之实现莫不以股东表决权之行使为前提。因为股东可通过表决权之行使,将内心的需要和愿望转化为法律上的意思表示,而众股东的意思表示依资本多数决原则又可上升为公司的意思表示即股东大会决议,并对公司自身及其机关产生拘束力。可以说,舍去股东之表决权,股东大会制度将沦为具文,股东大会决议即公司的最高意思表示将无法形成,公司的运作秩序将会陷于紊乱,股东权之保护亦将无从谈起。[20] 赋予股东对于高管薪酬的投票权能够使股东对董事会薪酬方案进行直接控制,并且可以根据自身对薪酬政策的考量进行投票符合公司的本质要求。

二、股东控制公司高管薪酬的比较法考察

从各国公司高管薪酬的制度实践看,建立股东对高管薪酬的投票制度已成为一个突出现象,甚至成为一种趋势。笔者认为,考察一些典型国家的相关制度实践对于解决我国高管薪酬问题具有一定的启迪和借鉴意义。

(一)英美法系代表国家的制度实践

1.英国公司股东对高管薪酬的投票制度

英国是第一个对公司高管薪酬实行股东投票的西方国家。早在20世纪90年代中期,英国公众对于高管薪酬过高的愤怒已经让政治家们不能再忽视。1979年到1994年,英国大型上市公司CEO的薪酬上涨了600%,但是这与公司绩效并无相关性。与此同时,许多公司大量裁员、失业人口剧增与CEO高薪不断上涨形成鲜明对比。由于担心社会动荡,重要商业议员一再呼吁对高管薪酬作出限制。[21] 1995年英国制定《格林伯里守则》(Greenbury Code)[22],该自律性公司治理守则规定,上市公司应设立由非执行董事担任的薪酬委员会。薪酬委员会每年要向股东提供一份高管薪酬年度报告,对公司薪酬政策及每

---

〔20〕 刘俊海:《论股东的表决权》,载《法律科学》(西北政法学院学报)1995年第6期。

〔21〕 Deborah Gilshan, Railpen Inv. & PIRC Ltd. , Say on Pay: Six Years on, Lessons from the UK Experience 7(2009), http:// www. pirc. co. uk/publications/SayonPay. pdf.

〔22〕 The Greenbury Committee, 1995, Directors' Remuneration—Report of a Study Group Chaired by Sir Richard Greenbury(the GreenburyReport)(London: Gee & Co.).

位董事薪酬构成作出充分披露。但该守则并未包含股东对于年度报告的批准。该守则规定仅在特殊情况下,即当薪酬政策发生变化或对薪酬组成存在争议的情况下,董事会允许股东对高管薪酬进行投票。《格林伯里守则》主要成绩在于要求对高管薪酬进行充分披露。

1999 年英国政府审计发现,270 个公司中仅有 7 个公司选择在年度股东大会上批准薪酬报告。2002 年政府引入股东对董事薪酬报告的投票制度,当年修订的公司法要求上市公司就下一会计年度及未来会计年度董事薪酬政策、公司在本会计年度向每位董事支付薪酬的构成及数额向股东提交年度董事薪酬报告(Directors' Remuneration Report,DRR)。DRR 要在年度股东大会上提交大会投票表决,但是表决结果没有约束力。[23] 这些措施在 2003 年生效,规制对象涵盖了除替代投资市场(Alternative Investment Market)外所有在英国上市交易的公司。随后几年,这项制度产生很大影响,主要有如下方面:(1)公司和大股东之间或者至少与主要机构投资者团体和代理服务公司之间的磋商会议增加。磋商形式从原来敷衍了事发展到认真对待股东意见。(2)在所有公司中,股东否决薪酬报告罕见,在新制度实行的 6 年中只有 8 个案例。在调查对象中,只有 10% 的公司收到了 20% 的反对票。有证据表明,公司薪酬政策如果在 1 年内收到反对票,而在随后 1 年内得到更多的支持票,往往表明了这些公司迎合股东意见而修改了薪酬政策。(3)主要机构投资者协会如英国保险协会(Association of British Insures, ABI)和全国养老基金协会(National Association of Pension Funds,NAPF)通过对薪酬指导方针规定系列黄色和红色界线,扩展了其对公司高管薪酬的影响。这些股东权力很像足球比赛中的黄牌和红牌。建议投票属于亮黄牌。大股东投票反对薪酬报告相当于对董事会掏黄牌警告。如果公司董事会对该警告不予理会或者不对高管薪酬制度进行改革以及薪酬没有更好地与绩效挂钩,之后股东就会更换公司董事,这相当于亮红牌。股东通过这种形式告诫薪酬委员会委员:如果他们还想继续留在董事会,必须重视股东对于公司薪酬政策的担心。

英国是第一个要求公司将高管薪酬报告提交股东大会投票表决的西方国家,该探索为公司治理带来了重大改革。但是,在 2003 年开始生效的这种建议

---

〔23〕 UK Companies Act,s234B,s241A,schedule 7A.

性投票制度不能保证股东建议能够被董事会听取。尽管媒体十分关注葛兰素史克公司案,但是这种仅具有建议性的股东投票权没有保障,股东也将是一直作为一个倾听者。[24] 例如,在2009年5月,因为公司未能达到绩效目标,持有皇家荷兰壳牌公司59%股份的投资者投票反对给高管支付奖金。根据该公司长期股权激励计划,如果公司在同行业中排名降低,高管不会得到分红奖励。2008年该公司在同行业中的排名下降了,但是薪酬委员会仍然决定给予公司高管部分股份。[25]

2013年情况发生重大改变,4月25日英国通过《2013年英国企业与规制改革法案》(Enterpriseand Regulatory Reform Act),并于10月1日开始生效。该法案对英国公司法中关于上市公司执行及非执行董事薪酬的批准和披露制度作出重大修改,主要是赋予股东就公司董事薪酬政策进行有约束力的投票表决权。[26] 该法案规定,上市公司董事薪酬报告分两部分:(1)公司本会计年度董事薪酬政策建议,包括确定董事薪酬的依据、衡量董事业绩标准、薪酬构成及预计薪酬支付数目等;(2)对于上一会计年度董事薪酬执行情况的总结,包括公司支付给每位董事的实际薪酬的构成及数额、董事业绩和过去10年公司每一会计年度向首席执行官(CEO)支付的薪酬数额及其与公司业绩的对比等。

根据该法案,在2013年10月1日之后开始的第一个会计年度,公司薪酬政策必须在股东大会年会上交由股东投票表决。之后,薪酬政策至少每3年交由股东批准,或者如果公司希望修改薪酬政策(即使只是轻微修改)可以提前由股东投票;如果在股东大会年会上薪酬实施报告没有获得通过,那么要求公司在下一次股东大会年会上公司薪酬政策要获得股东同意。公司薪酬政策必须获得公司股东普通决议的通过,即获得投票总数的简单多数。一旦薪酬政策获得通过,公司不得进行与该薪酬政策不一致的薪酬支出或者失去职位的支出,除非这些支出经过股东特别准许;否则,进行这些支付的董事要对由此

---

〔24〕 James Herron, Controversial Head of Shell Remuneration Committee to Retire, Dow Jones Newswire, Sept. 11, 2009.

〔25〕 Jeffrey N. Gordon, "Say on Pay": Cautionary Notes on the U. K. Experience and the Case for Shareholder Opt-In, 46 *Harv. J. on Legis.* 323, 590 – 591 (2009).

〔26〕 UK Enterprise and Regulatory Reform Act 2013, s 79; UK Companies Act 2006, s 439A.

造成的公司损失承担无限连带责任。

与上述股东对薪酬政策具有约束力的投票一样,股东对公司上一会计年度薪酬政策实施情况进行的建议性投票也是获得简单多数通过。由于该种投票决议只具建议性,因而公司薪酬不必遵守通过的投票结果。[27]这种投票实质上是允许股东就他们对公司薪酬政策实施情况是否满意发出信号。如果公司没有通过这一建议性投票,公司必须在下一年将其薪酬政策在同一股东大会年会上交由股东重新进行有约束力的投票(除非在同一股东大会年会上虽然薪酬政策实施报告未获建议投票多数通过,但是该薪酬政策获得了股东投票多数的支持)。

英国的上述改革并非源自任何欧洲或者其他超国家组织的指导或要求,相反,这些改革是英国政府经过与公司、股东、机构投资者及其他利益当事人协商之后在国家层面上作出的一个创新。[28]英国上述改革对于公司治理的效果,仍未见书面文献记载,这意味着仍有待于进一步观察。不过从股东民主发展趋势看,应当会对英美法系产生一定的影响。[29]

2. 澳大利亚股东对高管薪酬的投票制度实践

澳大利亚高管薪酬的规制经历了一个发展演变过程。从 20 世纪 80 年代中期一直到 2015 年,由于公司治理结构安排和市场因素影响,高管薪酬规制历经数变。[30] 2004 年前立法变动集中于高管薪酬的披露,2004 年出台《公司法律经济改革规划法案》(CLERP 9),经该法案修订的澳大利亚公司法要求公众公司年度报告要包含一份清晰可识的董事薪酬报告。该报告须就以下事项进行充分披露:(1)董事会在决定董事高管(key management personnel)薪酬性质及数额方面遵循的政策;(2)该政策与公司业绩的关系;(3)公司在本会计年度向

---

〔27〕 UK Companies Act 2006, s 439.

〔28〕 Cleary Gottlieb Steen & Hamilton LLP, Binding Shareholder Say-on-Pay Vote on Route to Reality in the UK: US Companies Take Note(9 July 2012), http://www.cgsh.com/files/News/3b4b3be5-0f26-49ce-9c95-0bfd5207e8df/Presentation/News Attachment/2339ed13-5b2d-4e59-9830-0ce4ed80a645/CGSH%20Alert%20-%20Gov%20UK%20Binding%20Say%20on%20Pay.pdf.

〔29〕 Id. 笔者认为,英国的改革实践如能最终实施,对于寻求对高管薪酬进行改革的美国投资者而言可能是一个有力的示范。

〔30〕 Vito Giudice, Yesterday, Today and Tomorrow: Executive Remuneration and Say-on-Pay in Australia, paper presented at the 2015 Australia Corporate Law Teachers Association Conference, 1-3 February, University of Melbourne.

每位董事高管及收入前五名的公司管理人员(executives)支付薪酬详情。[31]与英国2013年之前的规定相似,该薪酬报告要经过股东建议性表决。[32] 2007年全球金融危机期间和之后,澳大利亚对于高水平高管薪酬批评不断,金融危机的爆发进一步强化了公众关于高管薪酬助生金融危机的认识。另外,全球金融危机表明,尽管采用立法控制高管薪酬的数量,但是现行制度仍然有不当之处,需要审查。[33]

2007年澳大利亚政府宣布授权生产力委员会调查高管薪酬实践,主要任务包括:考虑澳大利亚与国际上高管人员薪酬的趋势、评估高管薪酬规制框架的效果、调查使用各种不同报酬结构诸如激励计划和以股权为基础的报酬、评估金融危机后国际上对高管薪酬问题的回应。2009年12月19日生产力委员会提交报告共计17条建议,其中包括引入"两步否决"规则(two-strike rule)使股东在高管薪酬问题上有更大发言权。[34]

澳大利亚于2011年通过《公司修订(提高董事和高管人员薪酬的责任机制)法案》。被该法案修改的公司法在"两步否决"规则的基础上引入"两步否决"和重新选举董事表决的程序,这一程序如下:(1)如果公司当年董事薪酬报告得到25%或者更多否定票,公司下一年度薪酬报告必须解释董事会的回应行动,或者如果董事会不提议任何行动,要说明原因。[35] (2)如果公司下一年薪酬报告得到25%或者更多否决票,公司必须将一项解散董事会的决议案(spill resolution)在同一股东大会年会(Annual General Meeting, AGM)上提交给股东表决。[36] (3)如果该解散董事会决议案在AGM上获得50%或者更多有效投票而得以通过,公司须在该次AGM召开90日之内就解散董事会召开股东会会议(spill meeting)。[37] (4)在该解散董事会的股东会议(spill meeting)上,股东在最近AGM讨论董事薪酬报告时那些担任董事职务的个人

[31] Australian Corporations Act 2001(Cth), s 300A.

[32] Id. at 250R.

[33] Guidice, supra note 30.

[34] Productivity Commission, Commonwealth of Australia, Executive Remuneration in Australia(2009) Report.

[35] Australian Corporations Act 2001(Cth), 250U.

[36] Id. at S250V.

[37] Id. at s 250W.

要重新参加董事选举。[38] “两步否决”和重新选举董事表决程序在某种意义上使股东对高管薪酬投票表决具有一定的约束力,这一动向应当引起注意,显然股东在公司中的话语权较以前更有分量。

3. 美国股东对高管薪酬的建议性投票实践

在美国,从20世纪80年代开始,公司管理层薪酬就成倍增长。很多评论家认为这样的薪酬是一种社会不公,政府应当干预高管薪酬、限制高管薪酬的增长。这种主张当时并未得到政府的认同。相反,投资者、管理者和立法者认为,只要是薪酬属于高管应得范畴即只要薪酬与绩效挂钩,他们就可以接受。

20世纪90年代初,美国开始对高管薪酬采取一些管制措施,例如国税局对于与绩效不挂钩的薪酬部分进行税收惩罚。2003年美国SEC核准股票上市规则时,要求公司薪酬计划要获得股东支持。2006年SEC要求披露和解释更多的薪酬细节,以确保公司薪酬委员会真正独立,并要求董事会控制薪酬顾问间的分歧。然而,很少有证据表明这些措施约束了高管薪酬从而维护了股东利益。

美国国会从2007年开始一直积极进行股东建议性投票权立法活动。事实上,这种建议性投票可以追溯到1992年,1992年SEC准许股东按照规则14a－8对高管薪酬提出提案,如果股东提案旨在干涉公司日常经营,SEC允许董事会予以排除。在1992年规则适用期间,股东对高管薪酬问题并不感兴趣。例如,在1994年对高管薪酬提案表示支持的仅为12.8%;从1993年到1997年,股东薪酬提案赞成票的平均比例只有11.3%,而且没有一个提案获得了足够的支持票。2007年在8个公司中有大约50个高管薪酬提案得到40.8%的支持率。2008年在至少11个公司中,有90多个高管薪酬提案得到41.7%的支持率。[39]

改革一直在进行,2007年美国众议院通过高管薪酬的股东投票法案,2009年美国国会再一次提出赋予股东对高管年度薪酬以及对离职高管提供“黄金降落伞补偿”(golden parachute remuneration)[40]的投票权,2009年7月美国众

[38] Id. at ss 250U,250R(2),250V.

[39] Randall S. Thomas & Kenneth J. Martin, The Determinants of Shareholder Voting on Stock Option Plans, 35 *Wake Forest L. Rev.* 31,50(2000).

[40] 在公司控制权变动时采取该补偿措施。

议院通过《公司及金融机构薪酬公平法案》。这些法案的一个突出和共同内容就是赋予股东对高管薪酬的投票权。虽然该项权利行使的结果只有建议性，但仍得到大力支持。承认或者允许股东对高管薪酬的投票权使股东有权监督受管理层过度影响的董事会决议，有利于保护股东权益。这项措施通过多种路径得到认可，例如，在法院作为一种薪酬方面的“商业判断”条件、在股票上市中作为上市规则、通过立法将其写入法律条文。SEC 批准了纽约证券交易所（New York Stock Exchange，NYSE）和纳斯达克（National Association of Securities Dealers Automated Quotations，NASDQ）的新规则，赋予股东对高管薪酬的投票权：(1)所有与资本相关的薪酬计划必须提交股东大会审议通过才能实施；(2)任何涉及资本增加的薪酬计划必须通过股东大会批准；(3)如果实施经营者薪酬计划必须出售库存股票，也必须经过股东大会批准；(4)禁止代理人对资本相关薪酬计划进行投票。

2010 年美国国会通过《多德—弗兰克华尔街改革和消费者保护法》，该法案规定，2011 年 1 月 21 日之后，以各公司相继召开年度股东大会为起点，所有上市企业必须每 3 年至少 1 次将公司高管薪酬方案提交股东大会进行建议性投票，每 6 年就是否将投票频率增加为 1 年或 2 年 1 次提请股东表决。[41] 在公司有兼并收购或任何类型重组时，也应让股东就公司为高管提供的黄金降落伞补偿方案进行投票。上述投票结果没有约束力，但是，参与投票的国内养老基金和其他大型机构投资者必须公示他们的投票结果并解释原因。[42]

实践中，在 2012 年委托书征集季，股东对高管薪酬投票呈积极态势，公司的平均股东支持率为 91%，即使那些在 2011 年其高管薪酬报告未获得股东投票支持的公司在 2012 年也取得积极进步。这一结果产生的原因似乎归于公司更积极地与股东接触，就股东对高管薪酬的担忧予以回应以及改变薪酬政策使其强化报酬和业绩间的相关性。尽管如此，在 2012 年委托书征集季中薪酬报告未能通过股东投票的公司数量仍然增加了。[43] 对于产生原因，众说纷纭。有人将其归结为公司报酬与业绩日益脱节，委托书咨询公司的负面建议更加

---

〔41〕 Dodd-Frank Wall Street Reform and Consumer Protection Act of 2010, s 951.

〔42〕《“股东决定薪酬”：美国企业高管的薪酬能否获得公司股东的首肯?》，载 http://www.knowledgeatwharton.com.cn/index.cfm? fa=article&articleid=2347&languageid=4。

〔43〕 Cleary Gottlieb Steen & Hamilton LLP, supra note 28.

重了这一态势；有人认为是源于股东对公司业绩的不满，或者薪酬水平绝对或者相对太高所致。总体上，在公司、业者和机构股东中存在一个共识：美国现行股东对高管薪酬投票制度的态势是将公司薪酬规划在包括委托书说明及附加资料中，更多与股东沟通以及就其薪酬措施加强与股东联系的结果。另外，公司也明显放弃了不受股东欢迎的薪酬措施诸如税收增长补贴和某些额外津贴。[44]

(二)欧盟与欧洲国家股东对高管薪酬的投票制度实践

1. 欧盟对于股东投票效力从建议性到约束性的倡导

2003 年 5 月，欧盟委员会通过《公司法现代化与提高欧盟公司治理：前进计划》，提出系列强化股东权利和董事会现代化的建议，包括提供一项创新措施旨在鼓励正确的规制制度。该文件确认董事薪酬的形式、结构和水平应当属于公司和股东权利能力范围。最终，欧洲委员会在 2004 年提出薪酬政策应该交由股东进行建议性投票。[45] 为使此项改革更适用于商业，欧洲委员会表示：若持有至少 1/4 公司股票的股东要求，公司可以决定进行投票，换句话说，如果有足够数量股东作出这一选择，那么股东就可以对薪酬政策进行投票。[46] 2007 年，欧洲委员会发现大多数成员国的股东有权决定董事薪酬，但是很少国家采取对高管薪酬的投票制度。2009 年欧洲委员会提出言辞更强硬的建议，在相关公报中建议股东特别是机构投资者行使其对高管薪酬的投票权。显然，欧洲委员会打算更有力地指导成员国加强股东对高管薪酬的控制权。[47]

为提高股东在该领域的权力和地位，欧洲委员会一直尝试各种努力，如《2012 年欧洲公司法与公司治理行动计划》(IP/12/1340)和 2014 年 3 月 27 日

---

〔44〕 Cleary Gottlieb Steen & Hamilton LLP, supra note 28.

〔45〕 Commission Recommendation of 14 December 2004: Fostering an Appropriate Regime for the Remuneration of Directors of Listed Companies, 2004 /913 / EC, Preamble Clause 8 (Dec. 29, 2004), available at http:/ / eur-lex. europa. eu / Lex Uri Serv / Lex Uri Serv. do? uri = CEL-EX:32004H0913:EN:HTML.

〔46〕 Guido Ferrarini, Niamh Moloney & Maria Cristina Ungureanu, Understanding Directors'Pay in Europe: A Comparative and Empirical A-nalysis 28 (ECGI Working Paper 126/2009, 2009), http://papers. ssrn. com/sol3/papers. cfm? abstract_id = 1418463&rec = 1&srcabs = 1425469.

〔47〕 Commission Recommendation Complementing Recommendation 2004/913/EC and 2005/162/EC as Regards the Regime for the Remunera-tion of Directors of Listed Companies 3, COM (2009) 211 (Apr. 30, 2009), http://ec. europa. eu/internal_market/company/docs/di-rectors-remun/COM (2009)_211_EN. pdf.

公布《关于欧洲经济长期融资的通讯》(IP/14/320)。上述法律文件出台后，2014年欧洲委员会公布一份新指令草案，强化股东介入公司治理并在欧洲上市公司中引入股东对高管薪酬的投票制度。[48] 该草案建议成员国公司就董事薪酬政策及上一年度薪酬政策实施情况进行清晰、可比和全面的披露，并建议成员国赋予股东对董事薪酬政策至少每3年1次进行有约束力的投票表决。该草案还建议各成员国赋予股东就上一年度董事薪酬政策实施情况进行建议性投票的权利。该指令草案进展如何有待观察，但是它明确无误地揭示出欧盟对公司高管薪酬问题提高股东话语权的意图。

2. 荷兰实行对高管薪酬有约束力的股东投票制度

在荷兰，2003年零售商皇家阿霍德国际集团(Ahold)公司会计丑闻导致夏季消费大幅缩水，然而对即将上任的CEO却保证了固定分红，[49]公众对于“为失败而买单”的薪酬政策愤怒至极。鉴于此，荷兰政府在2003年成立公司治理委员会(Tabaksblat Committee)，该委员会负责制定一个与英国《格林伯里规则》相似的规则即《公司治理守则》(Tabaksblat Code)，该守则于2004年通过。总体上，《公司治理守则》与《格林伯里规则》有相同之处：在总体监督模式上，遵循“遵守或解释”原则，即守则条款应被无条件适用，对任何违反条款的事项都必须给予充分解释。[50] 不过，荷兰模式也有其特点：(1)投票只针对薪酬政策不包括薪酬报告细节，并且只对制定的下一年度薪酬政策投票。在英国，股东对薪酬报告的两个方面即下一年度薪酬政策与上一年度薪酬实施情况都进行投票表决。(2)股东投票不一定是一年一次，倘若公司不改变现有薪酬政策，则不需要对现有政策进行投票。(3)股东对薪酬政策的投票具有约束力，如果股东否决新的薪酬政策，那么现有薪酬政策仍然有效。[51]

与荷兰一样，瑞典、挪威和丹麦都对下一年度高管薪酬政策实行有约束力

---

〔48〕 Proposal for a Directive of the European Parliament and of the Council amending Directive 2007 / 36 / EC as regards the encouragement oflong-term shareholder engagement and Directive 2013/34/EU as regards certain elements of the corporate governance statement, http://ec. europa. eu/internal _ market/company/docs/modern/cgp/shrd/140409-shrd_en. pdf.

〔49〕 Trouble in Store, Economist, May 17, 2003, at 55.

〔50〕 Neil Baker, In Europe, CEO Pay Gets Complicated, Compliance Wk., May 20, 2008.

〔51〕 Kate Burgess & Richard Milne, European Investors Balk at Director Pay, Fin. Times, June 2, 2009, at 15.

的投票制度。与荷兰做法不同的是,瑞典和挪威要求每年都进行股东投票,即使每年的薪酬政策并没有变化。

此外,瑞士公司股东对高管薪酬的表决权也经过了从建议性到约束性的转变。2013 年,瑞士经全民公决,通过抵制上市公司过高薪酬法令(Swiss Ordinance against Excessive Compensation in ListedStock Companies, OAEC)。该法令赋予在瑞士注册的上市公司的股东对高管薪酬有约束力的投票表决权。根据该法令,上市公司董事会向股东提交的年度薪酬报告中必须详细披露公司向董事会、管理层及公司咨询委员会(advisory board)成员支付薪酬的情况。在年度股东大会上,股东就公司在下一会计年度将向全体董事、管理层及全体咨询委员会成员的年薪总额分别予以表决。[52] 公司董事、管理层或咨询委员会成员违背股东大会决议或公司章程支付或领取薪酬的,最高可被判处 3 年有期徒刑并处罚金。[53] 该法令允许上市公司通过公司章程,就高管薪酬支付选择股东预先批准、事后批准或两种批准方式相结合的模式。到目前为止,大多数公司选择预先批准模式。[54] 如果采用预先批准模式,但是批准的高管薪酬总额不足以支付实际所需,公司只有在公司章程作出相应规定的情况下才能向高管支付额外薪酬。[55]

3. 德国、西班牙等国对高管薪酬的非强制性投票制度

顾名思义,非强制性投票意味着不强制要求对高管薪酬实行股东投票,而是给予公司更大的选择权。在符合一定条件时,如果股东希望行使投票权,就可以发起对高管薪酬的投票。采取这种制度的国家有德国、西班牙等。

2009 年 9 月德国通过《管理委员会薪酬法》(Act on the Appropriateness of Management Board Re-muneration),根据该法的规定,在下面两种情况下,股东可以发起建议性投票:(1)公司自愿就公司薪酬进行投票;(2)持有至少 5% 或

---

〔52〕 Swiss Ordinance against Excessive Compensation in Listed Stock Companies, s 18.

〔53〕 Id. at s 24.

〔54〕 Swiss Ordinance against Excessive Compensation in Listed Stock Companies—First Experiences after the Shareholder's Meeting Season 2014, http://www.lexology.com/library/detail.aspx? g = c82d510c-cd4b-41aa-a941-8312628ee7bf.

〔55〕 Swiss Ordinance against Excessive Compensation in Listed Stock Companies, s 19.

是价值50万欧元股份的股东提出对高管薪酬进行投票的要求。[56] 德国股东对高管薪酬的投票制度实际上是响应欧洲委员会在2009年的号召,对公司高管薪酬予以投票。从上述德国法律的规定来看,股东投票权可以由公司主动发起,同时持有一定股份的股东也可自己主动提出要求,后者显然旨在确保股东利益。

德国采用非强制性投票制度是基于其特有的董事会结构。德国实行双层董事会制度,股东选举监事会,董事会由监事会选举并向其负责。传统上监事会成员的薪酬由股东会决定,董事薪酬由监事会决定。采用非强制性投票制度的目的是赋予股东对监事会确定董事薪酬更大的监督权,但并不剥夺监事会在此方面的决定权。

西班牙立法也未对股东投票权进行强制性规定,但是公司治理准则建议董事会向普通股东会议提交薪酬政策报告进行建议性投票,而不是将对薪酬实施情况的投票写入公司年度会计报告。公司治理准则建议投票不仅对现行薪酬政策,还要就薪酬报告所解释的现行政策与上一年度薪酬政策发生的最重要变动进行投票,其中包括薪酬委员会制定薪酬政策的细节以及薪酬顾问身份。[57]

(三)国外股东对公司高管薪酬投票制度的启示

综观国外高管薪酬的股东投票权制度,各有特色。在英美法系国家,初期,英国对于当前薪酬政策和下一年度薪酬政策采取建议性投票。但时至今日,英国股东投票政策变成了有约束力的投票制度;澳大利亚初期也属无约束力投票,但现在"两步规则"的采用使股东投票具有了迫使董事参加重新选举的效果,因此等同于有一定约束力;美国针对高管薪酬投票制度不断出台系列法案,经历了倡议非强制性股东投票到实行强制性股东投票制度的变化,这充分体现了对股东权利的日益重视。大陆法系国家中,荷兰只针对下一年度高

---

〔56〕 Fresh-fields Bruckhaus Deringer, Briefing: Remuneration and Corporate Governance in Financial Institutions 8(2009), http:/ / www. freshfields. com / publications / pdfs /2009 / oct09 /26798. pdf(for Germany).

〔57〕 European Corporate Governance Institute, Answers to Questionnaire on Directors'Remuneration in Listed Companies, Spain(2008), http:/ / www. ecgi. org / remuneration / questionnaire / spain_update_2008. pdf.

管薪酬政策实行有约束力的股东投票,它所施行的有约束力投票在世界范围内首开先河,意义重大;德国、西班牙不强制公司实行股东投票,而是通过法律规定股东发起投票的条件,给予公司选择的空间。欧盟作为一个地区性国际组织,一直倡导强化股东权利和改善公司治理,通过出台系列公司指令等规范性文件指导欧洲公司和成员国公司的运作。欧盟就股东对公司高管薪酬投票从无约束力到有约束力的建议应当会对欧洲公司及成员国立法有着一定的影响。鉴于欧盟最新指令草案的公布,对下一年度高管薪酬政策实行有约束力的股东投票在欧盟成员国内可能形成趋势。从世界范围看,股东对高管薪酬的投票权越来越受到重视,将其作为解决高管薪酬问题和完善公司治理的一个重要手段,也是落实股东民主、强化股东权利的重要体现。我国仅规定了股东对高管股权激励拥有决定权,股东大会作用似乎受到忽视。然而,事实是我国公司股东大会对董事薪酬的决定权并不小于其他国家,但规定有待细化。就有关国内高管薪酬研究成果而言,学者对高管薪酬决定问题缺乏应有的关注,这应该是学界的一个不足。其他国家加强股东对高管薪酬控制、赋予股东对高管薪酬投票权的立法和实践,我国解决类似问题时可以予以参考。

三、我国公司高管薪酬决定机制的现状

(一)我国公司高管薪酬决定机制存在的问题

目前,我国公司高管薪酬决定机制存在的问题主要有两方面,即公司高管薪酬与公司绩效不挂钩以及公司高管自定薪酬。

第一,在我国上市公司中,高管薪酬与公司业绩关联度低甚至不相关现象严重。尽管几乎所有公司都在章程中强调经营者薪酬与绩效考核挂钩,但是2003 年至 2008 年的数据显示,高管薪酬均值保持上涨态势,且与公司业绩不成正比。通过观察我国在此期间的经济发展与高管薪酬实践,发现高管薪酬增速明显快于经济发展的速度。判断高管薪酬合理性最根本的标准是高管薪酬与公司绩效呈正相关,即高管薪酬取决于高管为公司创造价值的业绩;支付高管薪酬的基本原则应该是“业绩涨、薪酬涨,业绩降、薪酬降”。但是历年的《荣正中国企业家价值报告》显示,高管薪酬变化的幅度与公司业绩变化的幅

度并不一致,公司业绩对高管薪酬的影响存在很强的滞后性。2008 年沪深两市 1624 家上市公司实现归属母公司净利润总额为 8209.14 亿元,相比 2007 年整体下滑 16.88%,但高管薪酬不仅没有下降,反而呈现小幅增加。2011 年年报披露期间高管薪酬成为投资者最关心的话题。一直徘徊在亏损边缘的 ST 天龙 2010 年再度亏损 639.4 万元,而公司支付的高管薪酬却从 2009 年的 79.46 万元升至 111.01 万元。这一现象反映了我国一些上市公司的现状。这些上市公司不一定能给社会和股东带来多少利益,但是无论公司的经营状况如何,公司高管都可以从公司得到高额薪酬。高管薪酬增长脱离公司的经营状况,只与时间有关,公司实际上成了高管的摇钱树。〔58〕 高管薪酬无法真正体现公司的业绩,这无疑损害了股东和公司的利益。根据德勤公司的相关调研报告,我国上市公司 2013 年至 2014 年高管薪酬总体态势表现为,"2013 年 A 股全行业上市公司高管最高薪酬均值延续 2012 年增长态势,各行业增长幅度差异减小。企业内部高管薪酬差异连续 3 年呈进一步缩小趋势,最高薪酬获得者岗位近半数为公司董事长,总经理/总裁获最高薪酬企业数量增多……股权激励实践市场分析发现:上市公司采纳的激励工具分布首次呈现均衡分布特点,同时采纳股票期权和限制性股票的复合激励方式的上市公司数量明显增多。截至 2013 年年末,A 股上市公司规范股权激励实践的 8 年里,累计公告数量突破 600 家,其中 2011 年至 2013 年集中公告了近 400 家,2013 年一年之内共有 156 家上市公司公告了股权激励方案。"〔59〕不过,该调研报告没有指出高管薪酬是否与公司业绩相符或者相符的程度。

第二,公司高管自定薪酬现象严重。依据我国《公司法》,股东大会决定董事薪酬,董事会决定董事以外的高管薪酬。实践中,股东在高管薪酬制度上发挥一定的作用,有权决定公司股权激励计划。除此之外,每一年度高管薪酬决定权则属于董事会。此外,在一部分上市公司中,由于存在董事会成员兼任公

〔58〕 《上市公司严重亏损　高管的工资为何能够倍增》,载雅虎网:http://biz.cn.yahoo.com/ypen/20110407/296552.html,最后访问日期:2012 年 3 月 25 日。

〔59〕 德勤管理咨询(上海)有限公司:《2013~2014 中国 A 股上市公司高管薪酬调研报告》,载 http://www2.deloitte.com/content/dam/Deloitte/cn/Documents/human-capital/deloitte-cn-hc-sharemgntwagesreport-zh-100914.Pdf,最后访问日期:2012 年 3 月 25 日。

司高管的现象,“内部人控制”出现的概率很高。[60] 在这种情形下,作为股东利益代表的董事会在决定高管薪酬的过程中完全倾向于高管,高管自定薪酬现象的出现成为一种必然。我国《上市公司治理准则》规定,董事会应当设立薪酬委员会负责研究和审查董事、高管的薪酬政策与方案。在实践中,薪酬委员会未能发挥其应有的作用,主要原因有:其一,薪酬委员会缺乏独立性。专门委员会的独立性依赖独立董事的独立性,在目前独立董事的独立性受到普遍质疑的情况下,薪酬委员会的独立性无法得到保障。其二,实践中常常出现独立董事人数不足、一个独立董事在公司多个专门委员会任职的情况。在这种情况下,薪酬委员会的专业性受到削弱。这就使薪酬委员会形同虚设,加之其本身缺乏足够的知情权和调查权,难以完成研究和审查董事、高管薪酬政策与方案的任务。董事会本为股东利益的代言人,实践中却被掌控公司权力的高管所左右,加上其他因素的影响,董事会在高管薪酬的决定上很难忠实履行职责。结果,高管薪酬的确定一定程度上偏离股东利益,甚至董事会可能与高管沆瀣一气,侵夺股东利益。

(二)高管薪酬问题的产生原因

高管薪酬问题产生的原因复杂,诸如相关法律制度不健全、股权结构不合理导致内部人控制、传统家文化导致内部人主导薪酬制度等。从实践来看,高管薪酬问题最直接、最根本的原因在于高管薪酬脱离股东控制,主要表现为:一方面,股东对高管薪酬的决定缺乏直接监督;另一方面,股东对某些薪酬虽然有决定权,但是中小股东缺少表达诉求的制度支持,致使其权利形同虚设。需要明确,即使相关配套制度健全,“理性冷漠”和“搭便车”心理的存在仍然可以导致股东怠于行使权利。在我国上市公司中,呈现股东大会监督作用逐渐弱化、董事会权力扩大之势,除大股东及担任董事、监事的股东外,大多数股东并不关心公司的经营及日常事务。我国公司高管薪酬除了股权激励计划需要股东会批准外,其他均由董事会决定。股东对高管薪酬的控制主要通过董事会和监事会来进行,但是实践中的董事会形式化、董事会“内部人控制”、监事会形式化等现象,使董事会和监事会对高管的监督职能形同虚设。由于中小

---

〔60〕 曾小青:《公司治理、受托责任与审计委员会制度研究》,东北财经大学出版社 2005 年版,第 114 页。

股东的"理性冷漠"和"搭便车"心理以及由于董事会和监事会监督职能缺失，致使高管薪酬脱离股东控制、高管薪酬畸高问题凸显。不仅股东不满，职工也很不满，然而制度缺失使股东日益变得像"局外人"，对畸高的高管薪酬束手无策。尽管高管股票期权计划须经过股东会同意，在这一方面股东对高管薪酬能够实现有效干预，但是我国的股票期权制度仍不完善，仅仅依靠对股权激励的控制无法达到对高管薪酬的有效控制。与域外对公司高管薪酬的股东控制实践相比，可知缺少股东对高管薪酬投票的控制是我国高管薪酬问题产生的一个重要法律原因。当然我国还缺乏便利中小股东行使权力的其他法律制度支持或者相关制度不完善，如委托书征集制度（含电子委托书征集制度）、股东网络投票制度不完善、缺乏电子股东论坛制度等。

四、建立我国股东对公司高管薪酬的投票制度

参照其他国家的实践并结合我国的实际，我国公司高管薪酬的股东投票制度设计主要解决以下问题。

（一）投票对象包括未来高管薪酬的政策和上年度高管薪酬政策的实施情况

建立股东对高管薪酬的投票制度并非让股东干预公司日常经营，而是体现股东的意志和意愿，因此股东投票对象首先应当是薪酬政策。股东对高管薪酬政策的评价标准是高管薪酬是否与公司绩效呈正相关。对公司而言，对高管薪酬的绩效评价应当包括以下方面：(1)生存能力。公司生存是公司能够运营的基础条件，只有能够存续下去，才能谈得上盈利、创造价值、公司规模扩张以及创新成果等问题。保障公司生存的条件有很多，但是最重要的是公司必须具有充分的偿债能力。当然，公司遵纪守法也是其得以生存的底线之一。(2)盈利能力。公司存在的本质和缘由是为股东赚取利润，这是公司的出发点和归宿所在。公司盈利能力强弱可以直接反映公司创造剩余产品的能力，一定程度上反映了公司的经济效益、高管管理水平以及公司对社会所作的贡献。(3)创造价值能力。创造价值包含两层含义：一是公司高管为公司创造的价值，二是公司高管为股东创造的价值。必须明确，创造价值能力已成为上市公司衡量经营者业绩的主要标准。(4)成长能力。成长能力包括公司目前成长

能力和公司未来成长能力。成长能力强弱决定着公司的竞争力以及公司未来的发展空间。(5)竞争能力。竞争能力是指公司具备的各种竞争优势,竞争能力强意味着公司能够获得超过其他公司的利润、价值以及成长机会。股东根据上述指标,对高管薪酬政策进行投票表决,体现出股东的意志。需要股东批准的薪酬政策应该包括确定薪酬的依据、衡量业绩标准、薪酬构成以及预计薪酬支付数目等内容。其次是对公司上年度高管薪酬政策的实施情况投票。这一投票主要反映公司是否切实执行了体现股东意志的高管薪酬政策。需要明确,股东对上一年度薪酬实践投票可能会给公司带来一些混乱,这要从理论上予以明确。其一,股东对高管薪酬的投票旨在控制失控的高管薪酬,并非事后完全取代董事会通过的薪酬方案。投票权源于股东对公司的所有权,股东作为公司的所有者,将经营权授予董事会,但是股东有权监督公司经营,股东投票权就是股东监督公司经营的一种重要体现。不过,这种干预不能代替董事会对高管薪酬的决定权。其二,高管薪酬制度涉及许多法律问题。在采纳有约束力投票制度的国家,股东投票对象为未来薪酬政策,在这种模式下,投票既能发挥股东对高管薪酬的控制作用,又不会使董事会面临被揭开的混乱劳动合同问题。

(二)股东对高管薪酬投票的效力

股东对高管薪酬投票的效力主要有两方面:一是对高管薪酬政策的股东投票具有约束力;二是对上年度高管薪酬政策实施情况的股东投票具有建议性。笔者建议,我国采行对高管薪酬政策的股东投票具有约束力。其理由有三点:第一,实行有约束力的投票制度,能够确保董事会尊重股东意见,从而董事会受到一定的约束。建议性投票制度对于董事会无法形成约束,董事会完全可以不予理睬,从而该项制度的实践价值会大打折扣。目前,我国上市公司中,经营者控制现象严重,股东大会"形骸化"凸显,股东要么对经营者过于信任,要么对公司事务选择"用脚投票",不关心公司业务与执行情况,股东大会成了摆设,经营者成了公司权力的代表。有约束力的股东大会投票使股东大会在公司中的重要地位落到实处,有利于对董事会形成约束。第二,股东通过公司高管薪酬投票制度能够更好地监督董事会,迫使后者恪尽职守、勤勉尽责。在高管薪酬决定过程中,董事会倾向于高管利益的主要原因是高管薪酬决定过程缺乏股东干预。有约束力的投票为股东控制高管薪酬决定机制提供路径，可以切断董事会与高管间的利益链，促使董事会为股东利益而行为。第三，相对于建议性投票制度而言，有约束力的投票制度有助于解决股东“理性冷漠”和“搭便车”现象，能够激发股东关心公司事务的积极性。如果选择建议性投票制度，股东在参与公司治理的过程中，股东明知投票权只有建议性，即使股东否决薪酬报告，董事会也可能不会采纳股东投票表决的结果；如果明知投票会被忽视，股东就会对高管薪酬政策持冷漠态度，消极对待投票权。有约束力投票制度有助于股东积极行使权利，有利于董事会对股东负责，这也符合当今公司领域股东对高管薪酬进行投票控制的发展趋势。高管薪酬政策投票的约束力主要表现为：薪酬政策必须经过半数以上股东投票赞成才有效。如果薪酬政策未能通过股东投票，公司有三种选择：(1)继续执行上次通过的薪酬政策；(2)继续执行上次通过的薪酬政策并就特定薪酬支付变动单独寻求股东许可；(3)对于法律变动之后第一个会计年度的公司而言，要召开股东大会寻求股东通过薪酬政策。对于上年度高管薪酬政策实施情况的股东投票具有建议性，投票只是允许股东对经他们批准的公司薪酬政策实施情况表达是否满意。根据英国法律，如果公司上年度薪酬政策实施情况未能通过股东投票，那么公司下一年须将其薪酬政策交由股东重新投票。我国公司高管薪酬政策实施情况的投票制度也可采用这种模式。当然，英国法律还规定，任何违背薪酬政策的报酬都要返还给公司，这种做法体现了对股东决定公司薪酬政策的尊重，符合公司的本质要求。股东对高管薪酬政策投票的约束力以及对上一年度高管薪酬政策实施情况投票的建议性并没有剥夺我国《公司法》第47条所规定的董事对高管薪酬的决定权，公司董事根据股东通过的高管薪酬政策决定高管薪酬的合理性在于：一方面，由于高管薪酬政策问题在公司实践中日益增长的重要性而成为公司重大事项，对此作为公司所有人的股东直接干预具有必然性；另一方面，董事会遵循高管薪酬政策决定高管具体薪酬的支付也具有一定的自由裁量权，利于公司经营。股东对于上一年度高管薪酬政策实施情况的建议性投票则体现了股东对董事会和董事的监督，虽然不具有刚性约束力，但是可以形成一定舆论力量，对董事会和董事也是一种软性约束。

(三)强制性投票制度的界定

公司高管薪酬的股东投票立法范式有两种：一是制定强制性规范，强制推行立法者认为适当的薪酬政策或者薪酬水平；二是通过诱导性规范，引导当事人建立立法者认可的薪酬体系。劳动力市场是要素市场的有机组成部分，而职业经理人市场则是劳动力市场的重点。高管激励机制作为市场经济的一部分，应当通过市场调节达到完善，法律不能取代市场调节的作用，激活公司内部控制机制才是解决问题的关键。如果薪酬管制的目的在于保护股东利益，那么立法者就不应逾越权力边界，代替股东作出高管薪酬边界的判断。对高管薪酬的投票制度应当赋予公司、股东一定的选择空间，毕竟众多公司特点不一，法律“一刀切”的强制性规定缺乏合理性。这里所说的“强制性规范”是一种实体性规范，是一种直接涉及薪酬政策内容或者水平的国家意志的直接干预，与股东对高管薪酬投票制度所说的“强制性”有明显区别，后者只是针对股东投票程序的这种强制，对此，我们必须有充分的认识。如第二部分所述，对于高管薪酬投票程序的强制性问题，各法域规范不一。总体上看，英国、美国、澳大利亚大致可以归入强制性投票制度范畴，荷兰《公司治理守则》自律文件的性质决定了其非强制性的特性，德国和西班牙则属于非强制性投票制度范畴，赋予股东一定的选择权。不过，从股东民主在世界范围内复兴发展的趋势来看，将股东对高管薪酬的投票权从立法上界定为强制性制度更能顺应时代潮流，更能直接有助于高管薪酬问题的解决。因此，我国公司立法在此问题上应该将股东对高管薪酬的投票明确界定为强制性制度。

五、结语

自20世纪90年代以来，全球公司治理机制发展出现了趋同趋势，具体表现之一就是“股东运用投票权对管理层约束成为潮流”。[61] 进入21世纪以来，股东对高管薪酬的干预和控制呈现日益强化的态势。从比较法视角看，在高管薪酬事前规制方面，依据股东民主理论赋予股东对高管薪酬投票权予以控制已成为一条重要路径。“在我国破产机制和企业收购市场还不能对企业管理人员进行有效的制裁时，企业高管报酬方面的改革就变得非常重

〔61〕 胡汝银等：《中国上市公司治理面临的问题与对策》，载郭锋编：《公司法修改纵横论》，法律出版社2000年版，第179页。

要。"[62]股东对高管薪酬的投票控制一方面可以修复高管薪酬决定的利益隔离机制,另一方面有助于高管薪酬与公司业绩挂钩,从而使高管薪酬激励机制发挥作用。当然,良好制度的运行必须有配套措施予以保障,否则缺乏良好的环境也会出现"水土不服"的现象。我国在大环境上应当进一步建设符合市场经济要求的法治文化,改革我国公司所有权结构,从而为公司的良性运作营造一个良好的氛围。此外,大力发展机构投资者、进一步完善高管薪酬披露制度、制定和完善各种便利股东行使权利的制度以及完善税法控制机制都具有积极意义。

〔62〕 郁光华:《公司法的本质:从代理理论的角度观察》,法律出版社2006年版,第190页。

图书在版编目(CIP)数据

股东积极主义诸问题与新展望 / 赵金龙著. -- 北京：法律出版社，2020
(法学与法治建设研究文丛)
ISBN 978-7-5197-4683-4

Ⅰ. ①股… Ⅱ. ①赵… Ⅲ. ①股权管理－公司法－研究－中国 Ⅳ. ①D922.291.914

中国版本图书馆 CIP 数据核字(2020)第 108292 号

股东积极主义诸问题与新展望
GUDONG JIJI ZHUYI ZHUWENTI YU XINZHANWANG

赵金龙 著

策划编辑 陈 妮
责任编辑 陈 妮 贾方武 黄 筝
装帧设计 马 帅 臧晓飞

出版 法律出版社
总发行 中国法律图书有限公司
经销 新华书店
印刷 固安华明印业有限公司
责任校对 马 丽
责任印制 吕亚莉
编辑统筹 法治与经济出版分社
开本 710 毫米×1000 毫米 1/16
印张 13.25
字数 220 千
版本 2020 年 8 月第 1 版
印次 2020 年 8 月第 1 次印刷

法律出版社/北京市丰台区莲花池西里 7 号(100073)
网址/www.lawpress.com.cn
投稿邮箱/info@lawpress.com.cn
举报维权邮箱/jbwq@lawpress.com.cn
销售热线/400-660-8393
咨询电话/010-63939796

中国法律图书有限公司/北京市丰台区莲花池西里 7 号(100073)
全国各地中法图分、子公司销售电话：
统一销售客服/400-660-8393/6393
第一法律书店/010-83938432/8433 西安分公司/029-85330678 重庆分公司/023-67453036
上海分公司/021-62071639/1636 深圳分公司/0755-83072995

书号：ISBN 978-7-5197-4683-4 **定价**：66.00 元
(如有缺页或倒装，中国法律图书有限公司负责退换)